应用型本科院校"十三五"规划教材/就业指导类

Career Development and Successful Employment of College Students

大学生职业发展与成功就业

主 编 安滨江
副主编 武录齐 张学斌
参 编 张 乐 葛 琳 孙通泽

 哈尔滨工业大学出版社
HITP HARBIN INSTITUTE OF TECHNOLOGY PRESS

内 容 简 介

本书共十三章,由职业生涯规划、求职择业指导、创业教育三方面主要内容组成,具体包括:大学生应该未雨绸缪——建立职业规划的意识;知己——职业规划中的自我认知;知彼——职业社会认知;参考与借鉴——国外职业发展与职业匹配理论;如何选择未来——大学生职业决策;大学生成功就业的决定因素——就业能力和职业素养;毕业生宏观保障和市场环境——就业政策和就业市场;不打无把握之仗——大学生求职择业准备;求职应聘实战准备——应对笔试和面试;大学毕业生学会保护自己——就业权益与法律保障;从学生到职业人——大学生的角色转换;改变传统观念的全新选择——大学生自主创业;开展你的创业活动——大学生创业准备与过程。

本书不仅对大学生在规划自己的职业生涯,明确职业目标以及提高就业能力方面有所帮助,同时也可为刚踏上职业规划和就业指导教学岗位的年轻教师提供教学参考。

图书在版编目(CIP)数据

大学生职业发展与成功就业/安滨江主编. —哈尔滨:哈尔滨工业大学出版社,2016.8(2018.7 重印)

应用型本科院校"十三五"规划教材

ISBN 978-7-5603-6097-3

Ⅰ.①大… Ⅱ.①安… Ⅲ.①大学生—职业选择—高等学校—教材 Ⅳ.①G647.38

中国版本图书馆 CIP 数据核字(2016)第 148998 号

策划编辑	杜 燕
责任编辑	苗金英
出版发行	哈尔滨工业大学出版社
社　　址	哈尔滨市南岗区复华四道街10号 邮编 150006
传　　真	0451-86414749
网　　址	http://hitpress.hit.edu.cn
印　　刷	哈尔滨市工大节能印刷厂
开　　本	787mm×960mm 1/16 印张 18.75 字数 400 千字
版　　次	2016年8月第1版 2018年7月第3次印刷
书　　号	ISBN 978-7-5603-6097-3
定　　价	34.80 元

(如因印装质量问题影响阅读,我社负责调换)

《应用型本科院校"十三五"规划教材》编委会

主　任　修朋月　竺培国

副主任　张金学　吕其诚　线恒录　李敬来　王玉文

委　员　（按姓氏笔画排序）

丁福庆　于长福　马志民　王庄严　王建华
王德章　刘金祺　刘宝华　刘通学　刘福荣
关晓冬　李云波　杨玉顺　吴知丰　张幸刚
陈江波　林　艳　林文华　周方圆　姜思政
庹　莉　韩毓洁　蔡柏岩　臧玉英　霍　琳

序

哈尔滨工业大学出版社策划的《应用型本科院校"十三五"规划教材》即将付梓,诚可贺也。

该系列教材卷帙浩繁,凡百余种,涉及众多学科门类,定位准确,内容新颖,体系完整,实用性强,突出实践能力培养。不仅便于教师教学和学生学习,而且满足就业市场对应用型人才的迫切需求。

应用型本科院校的人才培养目标是面对现代社会生产、建设、管理、服务等一线岗位,培养能直接从事实际工作、解决具体问题、维持工作有效运行的高等应用型人才。应用型本科与研究型本科和高职高专院校在人才培养上有着明显的区别,其培养的人才特征是:①就业导向与社会需求高度吻合;②扎实的理论基础和过硬的实践能力紧密结合;③具备良好的人文素质和科学技术素质;④富于面对职业应用的创新精神。因此,应用型本科院校只有着力培养"进入角色快、业务水平高、动手能力强、综合素质好"的人才,才能在激烈的就业市场竞争中站稳脚跟。

目前国内应用型本科院校所采用的教材往往只是对理论性较强的本科院校教材的简单删减,针对性、应用性不够突出,因材施教的目的难以达到。因此亟须既有一定的理论深度又注重实践能力培养的系列教材,以满足应用型本科院校教学目标、培养方向和办学特色的需要。

哈尔滨工业大学出版社出版的《应用型本科院校"十三五"规划教材》,在选题设计思路上认真贯彻教育部关于培养适应地方、区域经济和社会发展需要的"本科应用型高级专门人才"精神,根据前黑龙江省委书记吉炳轩同志提出的关于加强应用型本科院校建设的意见,在应用型本科试点院校成功经验总结的基础上,特邀请黑龙江省9所知名的应用型本科院校的专家、学者联合编写。

本系列教材突出与办学定位、教学目标的一致性和适应性,既严格遵照学科体系的知识构成和教材编写的一般规律，又针对应用型本科人才培养目标及与之相适应的教学特点，精心设计写作体例，科学安排知识内容，围绕应用讲授理论，做到"基础知识够用、实践技能实用、专业理论管用"。同时注意适当融入新理论、新技术、新工艺、新成果，并且制作了与本书配套的PPT多媒体教学课件，形成立体化教材，供教师参考使用。

《应用型本科院校"十三五"规划教材》的编辑出版，是适应"科教兴国"战略对复合型、应用型人才的需求，是推动相对滞后的应用型本科院校教材建设的一种有益尝试，在应用型创新人才培养方面是一件具有开创意义的工作，为应用型人才的培养提供了及时、可靠、坚实的保证。

希望本系列教材在使用过程中，通过编者、作者和读者的共同努力，厚积薄发、推陈出新、细上加细、精益求精，不断丰富、不断完善、不断创新，力争成为同类教材中的精品。

前　　言

　　大学毕业生是国家宝贵的人才资源,是我国经济建设和实现中国梦的新生力量,是振兴中华民族及经济腾飞的未来与希望。所以大学毕业生创业就业问题被提到关系到我国经济发展、社会稳定和高等教育持续协调发展等一系列问题的高度上。目前全国高校每年都有几百万毕业生离开校园走向社会,就业形势的严峻和就业竞争的压力是显而易见的,作为高校大学生就业教育工作者,有责任和义务为大学毕业生的成功就业做出贡献。

　　大学生就业工作是一项系统工程,并不是等到大学生临近毕业才开始指导如何去求职、如何去找工作,这种临阵磨枪、突击性的就业培训是起不到实质性作用的。现在越来越多的高校已经充分意识到,解决大学生就业问题其中一个有效的促进措施,就是从大学生入学开始全程开展大学生职业发展与就业创业指导工作,按照教育部《大学生职业发展与就业指导课程教学要求》和国务院印发的《关于深化高等学校创新创业教育改革的实施意见》文件精神,帮助和指导大学生在校期间为以后的成功就业和创新创业做好知识、素质、能力等方面的储备,让同学们在学习过程中学会认知自我、了解社会,对自己未来的职业生涯有一个明确的规划,确立一个清晰的职业目标。

　　目前关于大学生职业规划和就业创业指导方面的教材很多,各有特色。本书编者都是从事第一线大学生就业指导的工作者,书中的很多案例都是编者所在高校学生的亲身经历。本书内容力求贴近大学生的实际,阐述观点通俗易懂、语言流畅清晰,具有较强的可读性和可操作性,既生动又真实。本书不仅对大学生在规划自己的职业生涯,明确职业目标以及提高就业能力方面有所帮助,同时又可为刚踏上职业规划和就业指导教学岗位的年轻教师提供教学参考。

　　本书共十三章,由职业生涯规划、求职择业指导、创业教育三方面主要内容组成。

　　本书由安滨江担任主编,武录齐、张学斌担任副主编,张乐、葛琳、孙通泽参编。具体编写分工如下:安滨江负责编写第十一章、第十二章、第十三章;武录齐负责编写第一章、第三章、第八章、第九章和附录;张学斌负责编写第二章、第四章、第五章和第六章;张乐、葛琳、孙通泽负责编写第七章和第十章。

　　由于编者水平有限,难免存在不足之处,敬请读者批评指正。

编　者
2016 年 6 月

目 录

第一章 大学生应该未雨绸缪——建立职业规划的意识 ... 1
- 第一节 了解职业生涯和职业生涯规划 ... 1
- 第二节 职业生涯规划要遵循的原则和步骤 ... 8
- 第三节 规划职业生涯的方法 ... 13

第二章 知己——职业规划中的自我认知 ... 17
- 第一节 自我认知是大学生的必修课 ... 17
- 第二节 自我认知与职业匹配 ... 20

第三章 知彼——职业社会的认知 ... 33
- 第一节 职业基本概况 ... 33
- 第二节 职业与专业、行业、企业的关系 ... 39
- 第三节 职业环境分析 ... 44

第四章 参考与借鉴——国外职业发展与职业匹配理论 ... 50
- 第一节 职业发展阶段理论 ... 50
- 第二节 职业选择匹配理论 ... 54
- 第三节 职业锚的理论 ... 57

第五章 如何选择未来——大学生职业决策 ... 60
- 第一节 职业决策概述 ... 60
- 第二节 影响职业决策的因素 ... 64
- 第三节 大学生职业决策中的困难 ... 66

第六章 大学生成功就业的决定因素——就业能力和职业素养 ... 69
- 第一节 大学生就业能力的内涵 ... 69

第二节　如何提升大学生自身的就业能力 …………………………… 74
第三节　培养大学生的职业素养 ……………………………………… 79

第七章　毕业生就业的宏观保障和市场环境——就业政策和就业市场 … 86
第一节　大学生就业政策 ……………………………………………… 86
第二节　大学生就业市场 ……………………………………………… 90

第八章　不打无把握之仗——大学生求职就业准备 ……………………… 99
第一节　大学生职业选择的原则 ……………………………………… 99
第二节　就业信息的获取和筛选 ……………………………………… 102
第三节　求职材料的准备 ……………………………………………… 109
第四节　求职的心理准备 ……………………………………………… 118

第九章　求职应聘实战准备——应对笔试和面试 ………………………… 123
第一节　自我推荐 ……………………………………………………… 123
第二节　笔试的准备 …………………………………………………… 128
第三节　求职面试 ……………………………………………………… 132

第十章　大学毕业生学会保护自己——就业权益与法律保障 …………… 155
第一节　大学毕业生就业权益 ………………………………………… 155
第二节　大学毕业生就业权益法律保障 ……………………………… 161

第十一章　从学生到职业人——大学生的角色转换 ……………………… 167
第一节　学生角色向职业人角色转换的认知 ………………………… 167
第二节　毕业生在角色转换过程中的主要任务 ……………………… 173
第三节　角色转换中的职业发展规划和管理 ………………………… 181

第十二章　改变传统观念的全新选择——大学生创新创业 ……………… 187
第一节　了解创新创业 ………………………………………………… 187
第二节　大学生创业的现状 …………………………………………… 202

第十三章　开展你的创新创业活动——大学生创业准备与过程 ………… 214
第一节　创业项目选择 ………………………………………………… 214

第二节　组建创业团队……………………………………………………… 225
　　第三节　创业融资…………………………………………………………… 229
　　第四节　创业机会识别与创业风险防范…………………………………… 234
　　第五节　创业计划…………………………………………………………… 239
　　第六节　创业企业的建立…………………………………………………… 246
附录一　气质测试……………………………………………………………… 257
附录二　性格测试……………………………………………………………… 260
附录三　职业兴趣测验………………………………………………………… 263
附录四　职业能力测试………………………………………………………… 278
附录五　职业倾向测试………………………………………………………… 282
参考文献………………………………………………………………………… 284

Chapter 1 第一章

大学生应该未雨绸缪
——建立职业规划的意识

【本章导读】

一个国外著名的调查公司曾经对瑞士100位退休人员进行了一次问卷调查,其中有一个问题是:"截至目前你最遗憾的事情是什么?"调查的结果显示,有70%以上的退休老人选择的是在自己的一生中没有从事过自己喜欢和真正适合自己的职业。

从这个例子中我们可以得出这样一个结论:一个人在一生中如果能从事自己喜欢并适合自己的职业,那将是幸福和幸运的事情。

对于很多大学生来说,进入大学后学习很努力,学习成绩也很优秀,对选修双学位、计算机等级考试、外语等级考试、参加社团等也非常热衷,但当被问及以后离开校园走向社会准备从事什么职业、什么职业适合自己、在学校期间如何规划自己的职业生涯等问题时,却有不少大学生感到很困惑、很迷茫。为了解决这些问题,本章从什么是职业、职业生涯、职业生涯规划和职业生涯规划的原则、步骤以及方法等方面进行概述,让大学生对职业规划有一个初步的了解,并开始建立职业生涯规划的意识。

第一节 了解职业生涯和职业生涯规划

相信很多大学生都会被问到或思考到一个问题:上大学为了什么?这个问题的答案既简单又复杂。大学生一般都会很朴素地脱口而出:为了学知识、长见识、提高能力和素质、以后能找到一个好工作。没错,其实就是这么简单,但其看似简单却包含了很多复杂而需要深思的道理。大学生毕业后终究要离开校园、步入社会,那么在学校这几年与以后的职业和职业生涯有什么关联?需要什么样的职业生涯状态?是否能实现自己的职业理想和社会价值？在大学期间要为以后的人生目标做些什么呢？这一系列的问题正是大学生需要认真思考的。可遗憾的是，现在有不少大学生对职业和职业生涯没有清晰的认识，更缺乏对以后职业发展的正确规划。

一、职业与职业生涯

(一) 职业

职业是日常生活中使用频率较高的词语，因为通常每个人都要从事一定职业的社会工作。人们对职业的含义虽然有不同的观点和看法，但综合起来可以将职业理解为以下几方面：

①职业(Career)是参与社会分工，利用专门的知识和技能，为社会创造物质财富和精神财富，获取合理报酬作为物质生活来源，并满足精神需求的工作。

②职业有三个基本要素：一是劳动；二是有固定的报酬；三是要承担一定的职责并得到社会的承认。

③工作(Job)就是在一定职业的范围内从事的具体活动。

职业对于绝大多数人来说具有无可取代的意义。从大学生毕业后踏入社会做第一份工作起，每天就有三分之一的时间在职场度过直至退休，如果按平均寿命70岁来计算，有近40年工作时间，工作时间占了整个生命的一半以上。

职业作为谋生手段是被大多数人认可的，这也是人们工作最基本的目的之一。那么是不是意味着，如果人们衣食无忧，就不需要工作了呢？美国一位社会学家曾进行过这样一项调查：当你拥有一笔不必工作也能维持生计的财产时，你会不会脱离职业人的行列？调查结果显示，有80%的人认为，即使自己生活富裕，仍然愿意继续工作。这是因为：

①工作是乐趣和快乐的过程。
②工作能保持自己内心的充实感和满足感。
③工作可以保持自己的健康。
④工作可以促进人际交往。
⑤工作可以证明自己是社会中的一员。
⑥工作能够使人们保持自尊心，实现自我价值。

美国著名心理学家马斯洛也曾指出：人是永远不能满足的动物。他提出的著名的"人生需求理论"认为，人的需求由低级向高级依次推进，即从生理需求—安全需求—归属和爱的需求—受尊重需求—自我实现需求依次递增，而所有这些需求很大程度上都要通过职业活动来实现。

由此我们可以看出，职业对每个人而言，除了谋生的功能外，还具有更为重要的意义，那就是证明自己的社会存在感和实现自我价值。

(二)职业生涯

职业一词在英文中,既有职业的意思,又有生涯的含义。在汉语中,"生"指生命;"涯"指边际、宽度;"生涯"就是"一生"的意思。在生涯发展理论中,生涯是整合了人一生中依次发展的各种职业和生活的角色,它不仅包括职业角色,也包括与工作有关的其他角色,如家长、配偶、子女、学生、公民、休闲者等。美国职业生涯管理专家萨珀认为,生涯是人的一生从始至终所扮演角色的整个过程,在这个过程中,职业生涯是生涯的重要组成部分。这是从广义上来看生涯,而我们从职业方面所说的生涯主要是指狭义的概念,即通常用职业生涯来指代。

职业生涯是指一个人一生连续从事和承担的职业、职务、职位的过程。职业生涯是一个人一生中所有与职业相联系的行为与活动,以及相关的态度、价值观、愿望等的连续性经历的过程,也是一个人一生中职业、职位的变迁及工作理想的实现过程。简单来说,职业生涯就是一个人终生的工作经历。

根据美国职业管理专家舒伯的生涯发展理论,职业生涯发展可以划分为成长期、探索期、建立期、保持期和衰退期五个阶段。由于我国传统的教育体系中没有生涯规划指导内容的设置,在中学阶段更缺乏对职业生涯探索的启迪,从我国的教育背景和针对大学生职业生涯教育情况来看,大学生的职业生涯应该开始于大学生步入大学校园,经过大学的学习和培训,到从事某职业工作,并终止于退休。

一个人的职业生涯是一个漫长的过程,也许一生中只从事一种职业,也许会从事多种职业,对每个离开校园步入社会的大学生来说,都希望找到一个适合自己的、有发展空间的职业。如何选择自己的职业生涯,往往受学识、能力、爱好、价值观、机遇、社会环境、家庭等主客观条件的影响和制约,但最主要的是,大学生是否在大学期间为自己制订了明确的职业目标,是否对自己的未来进行了合理有效的规划。

二、职业生涯需要我们认真地规划

1976年的冬天,当时我19岁,在休斯敦太空总署的太空梭实验室里工作,同时也在总署旁边的休斯敦大学主修计算机。纵然忙于学校、睡眠与工作之间,但只要有多余的时间,我总是会把所有的精力放在我喜欢的音乐创作上。

我知道写歌词不是我的专长,所以在这段日子里,我处处寻找一位善于写歌词的搭档,与我一起合作创作。我认识了一位朋友,她的名字叫莎拉,她的作品总是让我爱不释手,当时我们合写了许多很好的作品,一直到今天,我仍然认为这些作品充满了特色与创意。

一个周末,莎拉热情地邀请我到她家的牧场吃烤肉。莎拉知道我对音乐的执着。然而,面对那遥远而神秘的音乐界及整个美国陌生的唱片市场,我们只有一片茫然。

突然间,她冒出了一句话:"想象一下你五年后在做什么?"

我愣了一下。

她转过身,用手指着我说:"嘿!你心目中最希望五年后的你在做什么,你那个时候的生活是一个什么样子?"我还来不及回答,她又抢着说:"别急,你先仔细想想,完全想好,确定后再说出来。"我沉思了几分钟,告诉她:"第一,五年后,我希望能有一张唱片在市场上出售,而这张唱片很受欢迎,可以得到许多人的肯定。第二,我住在一个有很多音乐的地方,能天天与一些世界一流的乐师一起工作。"

莎拉说:"你确定了吗?"

我慢慢地回答:"是的。"

莎拉接着说:"好,既然你确定了,我们就把这个目标倒算回来。如果第五年,你有一张唱片在市场上,那么你的第四年一定是要跟一家唱片公司签上合约。你的第三年一定是要有一个完整的作品,可以拿给很多很多的唱片公司。你的第二年,一定要有很棒的作品开始录音。你的第一年,就一定要把你所有要准备录音的作品全部编曲,排练就位准备好。你的第六个月,就是要把那些没有完成的作品修饰好,然后让自己可以逐一筛选。你的第一个月,就是要把目前这几首曲子完工。你的第一个礼拜,就是要先列出整个清单,排出哪些曲子需要修改,哪些需要完工。那么,我们现在不就已经知道你下个星期一要做什么了吗?"莎拉笑着说。

莎拉接着说:"喔,对了。你还说你五年后,要生活在一个有很多音乐的地方,然后与许多一流的乐师一起工作,对吗?"她急忙地补充道,"如果,你的第五年已经与这些人一起工作,那么你的第四年照理应该有一个你自己的工作室或录音室。你的第三年,可能是先跟这个圈子里的人在一起工作。你的第二年,应该不是住在德州,而是已经住在纽约或是洛杉矶了。"

次年(1977年),我辞掉了令许多人羡慕的太空总署的工作,离开了休斯敦,搬到洛杉矶,开始努力实施我的规划。

说也奇怪,不敢说是恰好五年,但大约可说是第六年。1983年,我的唱片在亚洲开始销售。我一天几乎全都忙着与一些顶尖的音乐高手日出日落地一起工作。

每当我在最困惑的时候,就会静下来问自己:"五年后你最希望看到自己在做什么?"

这是一个美国女孩关于职业规划与实现梦想的故事。

当一个人树立和规划了一个目标并希望达到这个目标的时候,就会一直为实现这个目标而努力。作为刚刚踏入大学校门的大学生来说,一般都会对未来充满憧憬和梦想,都希望能像上面故事中的主人公那样从事自己喜欢的工作,并实现自己的愿望。

可是现实往往背道而驰。很多大学生直到大学毕业也不知道自己喜欢干什么、能干什么,什么职业适合自己、什么不适合,甚至毕业几年了也没有找到自己的职业方向。这是为什么呢？其中很重要的原因就是他们在大学期间对自己的未来职业发展缺乏明确的目标，更谈不上对自己的职业生涯认真地进行规划和设计了。

那么什么是职业生涯规划呢？

职业生涯规划也可以简称为职业规划或生涯规划，主要是指个人发展与社会发展相结合，在对个人主客观条件进行测定、分析、总结的基础上，对自己的兴趣、能力、个性、价值观等进行综合分析与权衡，结合社会时代的特点，根据自己的职业倾向，确定其最佳的职业奋斗目标，并为实现这一目标做出行之有效的安排。

大学生职业生涯规划的目的不仅仅是帮助个人按照自己规划的思路找到一份合适的工作，更重要的是帮助大学生真正了解自己、了解社会，为自己定下事业大计，筹划好未来，从而提高综合素质，增强就业能力和职业发展能力，制订并实现一生的职业发展目标。

大学生在大学阶段不仅要充分地了解自己，还要了解职业、了解劳动力市场以及当前的就业形势，保持积极的心态，为将来的职业规划做好准备。

大学生规划自己的职业生涯，要根据个人不同的情况，可以制订一个整体生涯规划，作为一个纲领性的长期规划；可以制订一个3～5年的生涯规划，作为一种发展的中期规划；也可以制订一个一年的规划，作为一个可操作性强、变化较小的短期规划。有了明确的规划，学习和生活就有了目标，就不会迷失前进的方向。

职业生涯规划是人生规划的主体部分，一定要同个人、家庭和社会生活紧密结合在一起，职业生涯规划是和个人追求幸福生活和社会需要是密不可分的。

当今社会处在迅猛发展的变革时代，充满着激烈的竞争，物竞天择、适者生存，职业活动的竞争非常突出，毕业生要想在这场激烈的就业竞争中脱颖而出并立于不败之地，必须在踏入职业道路之前就规划好自己的职业生涯，做到未雨绸缪。

有不少大学生并没有充分认识到职业生涯规划的意义与重要性，没有在学校期间设定自己的职业目标，并做好自己的职业生涯规划，而是临毕业时拿着简历与求职书盲目到处碰运气；有的学生认为找到理想的工作是凭借成绩、业绩、关系、口才等条件，认为职业生涯规划纯属纸上谈兵，是耽误时间，有时间还不如多跑几家招聘单位。这样做的结果是浪费了大量的时间、精力与资金，有的甚至抱怨招聘单位不能"慧眼识英雄"，叹息自己"英雄无用武之地"。

有一个应届毕业生是这样告诉老师的：

我学的是计算机专业，有时候希望能从事软件开发一类的工作，但很多时候，我又举棋不定，总觉得再多看几家，会有更好的选择。我费了九牛二虎之力终于被一家做计算机培训的公司录取，可试用了几个月后发现，每天做的工作我实在提不起兴趣。后来我又通过学习和培训获得市场营销专业的证书，感觉自己好像是什么都能做，又像是什么都不能做。真不知道该往哪个方向发展啊！

以上现象,在大学毕业生中较为普遍。

我们也曾听到不少学生自嘲地说,上小学时的职业理想是想当个举世闻名的科学家,到中学想当个风光的企业家,而上了大学后想进入一流的外企当个白领,但等到毕业找工作时只想在大城市里有口饭吃就行了。这是典型的缺乏职业规划的表现。

职业生涯在人的一生当中占有极为重要的地位,职业生涯的成功与否直接影响到人生价值能否得到充分的体现。大学生在大学期间是否对未来职业生涯有一个清晰、科学的规划,在某种程度上决定了他的职业人生精彩抑或平淡。可见,人生需要规划,职业生涯更需要规划,做好职业生涯的规划,对每个大学生来说都是十分重要的,它关乎个人的职业前途和命运。

哈佛大学有一个非常著名的关于职业目标规划对人生影响的跟踪调查,调查对象是一群智力、学历和环境等条件都相似的哈佛大学生,调查结果是这样的:

①6%的人有清晰的、长期的职业目标和规划,并一直朝着同一个方向不懈地努力。25年后,他们几乎都成了社会各界的顶尖成功人士,其中不乏创业成功者、政界领袖和社会精英。

②10%的人有较清晰的短期目标和规划,其共同特点是:不断完成预定的短期目标,生活状态逐步上升。25年后,他们大都生活在社会的中上层,成了诸如医生、律师、工程师、高级主管、中小企业主等各行各业的专业人士。

③60%的人目标模糊,没有明确的规划,25年后虽然能安稳地生活与工作,但都没有什么特别突出的成绩。

④其余的24%是那些没有目标、没有规划的人群,25年后,他们几乎都生活在社会的底层,生活过得很不如意,常常失业,靠社会救济,并且常常都在抱怨他人、抱怨社会、抱怨世界。

成就一番事业,实现人生价值,是实力与机遇的作用,但机遇往往更垂青于预先有准备的人,如果没有一个明确的职业规划和清晰的目标,很难取得职业上的成功。

三、职业生涯规划对大学生的重要意义

有两个年轻的画家,画家小A用一天的时间就画完了一幅画,然后用了一年的时间去卖它,却无人问津;另一个画家小B,则用一年的时间画了一幅画,只用了一天的时间,就将画卖出了很好的价钱。

从这个小故事中可以看出,小A和小B两位画家对待职业、事业的态度和意识的不同,带来两种不同的结果。

作为一名大学生,是利用大学的四年时间来充分地做好未来的准备,并做好大学期间的

学业规划和职业规划，树立明确的职业目标，在毕业后按照规划好的目标实现自己的职业理想，还是在大学四年的时间里休闲自得地混日子或整天在困惑、彷徨中度过，到临毕业时"临时抱佛脚"，漫无目标地到处找工作？这两种不同的态度和意识，必将带来两种不同的结果。

平时，相当一部分大学生除了正常上课外，在头脑中没有职业规划和职业目标的意识。在就业指导课中，老师曾问大三和大四的学生离开校门后准备干什么、从事什么职业，有相当多的学生回答不知道。在临毕业找工作的季节里，这部分学生同样渴望找到一份好工作，结果参加无数次招聘会，投递无数次简历，结果却往往是两手空空，到处碰壁。

职业生涯伴随着我们人生的一大半，拥有成功的职业生涯才能实现一个完美的人生，大学期间是大学生职业生涯规划的最佳阶段。职业生涯规划不仅对大学生的职业选择和成功就业有着重要的促进作用，而且对实现自己的人生价值以及一生的幸福都具有重要的现实意义。

（一）职业生涯规划有助于大学生做出正确的职业选择，明确职业方向，实现自己的职业目标与理想

在我国高等教育从精英化到大众化的背景下，大学生的职业发展和管理的责任更多地落在大学生自己的肩上。大学生既不能机械地按照教学计划的要求完成学业，也不能被动地只按照家长的意愿去找工作，而是要站在对自己人生负责的高度上，主动地关注自己的职业发展。如果在大学期间能做出一份行之有效的职业生涯规划，就会有助于大学生对自己所学的专业以及自身的优势与劣势进行综合分析和对比，并通过对职业世界的了解，做出适合自己的职业选择，进而树立明确的职业发展目标与职业理想，通过评估个人目标与现实之间的差距，运用科学的方法，采取切实可行的步骤与措施，不断缩小目标与现实之间的差距，增强其就业竞争力，最终实现自己的职业目标和理想。

某高校韩语专业的学生李毅然，虽然进入大学后从零起点学习韩语，但他除了刻苦学习、积累韩语单词量、锻炼口语和笔译外，还积极利用课余时间参加学校开设的职业规划课。从大二就开始拟定自己的职业方向，做出了要从事韩语翻译及有关工作的职业规划，并按照所规划的目标逐步实施。在毕业前，学校外事处要招聘一名韩国留学生的生活接待翻译，由于他笔试、面试的出色表现，在众多应聘者中脱颖而出，被学校外事处录用，实现了自己职业目标的第一步。

（二）职业生涯规划可以避免大学生在求职过程中的盲目性和被动性，增强就业竞争能力，提升就业成功的机会

作为用人单位，除了重视大学生的能力和品质等素质外，也非常看重大学生的职业规划是否透明，是否与公司的发展一致。

有一位毕业生在自己的求职资料中简要地描述了自己的职业规划:"服从企业的安排,愿意从最基层的工作做起,用三至五年时间熟悉企业业务,掌握相应经验和技能,然后向主管职位挑战。"在面试自我介绍中,他还把自己在步入职场后几年的职业规划明确地讲述出来。虽然这位毕业生在学校的学习成绩和在学校的知名度并不甚突出,但最终却应聘成功。

从这个例子可以看出,大学生提高就业成功机会,增强就业的竞争力,除了要具备一定的综合素质和能力,还要对自己的职业生涯有一个明确的规划,这些规划让用人单位觉得求职者的求职意向是经过深思熟虑的,用人单位愿意聘请这种目标明确、规划透明的毕业生。从另一个角度说,大学生如果在学校学习期间就能够清晰地做好自己的职业生涯规划,可以让自己在职业探索和发展中少走弯路,节省时间和精力,避免求职过程中的盲目和被动,提升大学生的就业竞争力,增加就业成功的机会,扩大自身的职业发展空间。

宝洁北京市技术有限公司高级人力资源经理透露,该公司在中国每年招聘应届毕业生100名左右,经过几年的考察,凡是在大学期间能够认真规划自己未来的毕业生,现在大多数都已成为公司的骨干,有的还当上了分公司的总监、副总监或高级经理。

(三)职业生涯规划可以激发大学生自我价值实现的需要

人们经常会想也会问这样一个问题:人活着的意义到底是什么?美国著名心理学家马斯洛认为:人活着的最终目标也是最高层次的目标就是自我价值的实现,无论是由低层次还是向高层次推进,都是由职业生涯活动来实现的。

大学生通过职业生涯规划,在自我认知的基础上,根据自己的专业特长、知识结构,结合社会环境与职业环境,对将来要从事的职业以及要达到的职业目标有一个清晰的方向,那么无论将来从事什么职业,只要是按照所规划的目标脚踏实地地坚持下去,就一定能够提升人生的主观幸福感直至自我价值的实现。

大学生能够认真地规划自己的职业生涯,除了希望能够按照自己的职业目标找到适合自己的职业外,更重要的是为了今后能够更好地实现自我价值,这也是当代大学生的一个时代特征。

第二节 职业生涯规划要遵循的原则和步骤

大学生职业生涯规划是一个复杂、动态的过程,不是听几次职业规划讲座,给自己设定一个规划前景,参加几次职业规划大赛就能完成的,需要经过长时间的思考和调查,通过自我认知、了解职业,权衡自己的优势及劣势,并付诸检测、实施、评价等一系列实践过程,才能制订出可操作的、切实可行的职业规划方案。

一、职业生涯规划的基本原则

做好职业生涯规划对大学生将来步入职业道路并得以发展至关重要,具有战略意义。规划科学、决策正确、方向明确,在以后的人生道路上就会少走弯路、增强信心并能促进事业有成。在设定自己的职业规划时要遵循以下几个基本原则:

(一)以"人职匹配"为主旨的原则

"人职匹配"理论是关于个人个性特征与职业性质尽量一致的理论。这个理论是由美国职业局的创始人帕森斯教授首先提出的。这个理论告诉我们,每一个个体都有自己的个性特征,而每一种职业由于其工作性质、环境、条件、方式的不同,对工作者的能力、知识、技能、性格、气质、心理素质等有不同的要求。大学生进行职业规划和决策时,就要根据个人的个性特征来选择与之相对应的职业种类,即进行人职匹配的过程。

大学生要规划自己的职业生涯,就要做到正确规划和选择适合自己发展的职业,这就需要坚持"人职匹配"的三个原则:

原则一:了解自我。即对自我进行探索,包括了解个人的兴趣、性格、能力、价值观、资源、优势、劣势等。最主要的是了解自己适合做什么。

原则二:了解工作。即了解职业的能力素质要求、知识经验、工作环境、薪酬、晋升机会及发展前途等。

原则三:匹配。将上述两类进行综合分析并找出与个人特质匹配的职业,也就是自己适合的工作。帕森斯认为,个人选择职业的关键就在于个人的特质要与特定职业的要求相匹配。只有匹配,个人才能更加适应职业,并使个人和用人单位同时受益。

著名电视节目主持人陈鲁豫说过:"我做事只有两个原则:一是做自己喜欢的事;二是做自己擅长的事,而电视节目主持人的工作是我既喜欢又擅长的工作。"陈鲁豫与电视节目主持的工作就是人职匹配的成功典型。

在一次就业指导课上,老师问同学们:"你们最适合从事什么职业?"一位计算机专业的女同学红着脸小声说:"我喜欢做导游。"老师问:"你了解导游这个职业吗?你具备做导游的条件和能力吗?"这位同学说不出来只是摇头。要想做导游的职业,首先要考取导游资格证书,而且要具备较强的语言表达能力和服务意识,还要通过本行业实践积累。而这位同学既不了解导游职业的性质,性格又内向,害羞、不善语言表达,因而不具备做导游应有的素质。

可见,大学生在规划自己职业生涯的过程中,首先要考虑对自己的认知以及对职业的了解,遵循个人与想从事的职业是否相匹配的原则。可以说,"人职匹配"是大学生确定自己的职业生涯目标和方向的导航标。

（二）以动态的持续性和自我调整为原则

大学生在校期间做好职业生涯规划，这是当前大力提倡的。好多高校从大一、大二就开始进行大学生职业生涯规划设计大赛等活动，这是一个好的趋势。实践证明，在大学期间为自己将来的职业生涯做出清晰的规划和充分的准备，是保证大学生顺利就业及职业发展的重要手段。

但作为大学生一定要认识到，职业生涯规划并不是一个简单的、静止的、线性的过程，不是根据某种特定的模式和步骤预先设定好目标，就一劳永逸地搁置在那里一成不变了。大学生对自己职业生涯的规划是随着社会发展、市场变化以及通过对自我了解的深入和对社会加深认识，持续进行调整的动态过程。

国际贸易专业的学生小李，在大二参加了教育部门组织的高校大学生职业规划演讲赛，他的职业目标是做一名律师。从大学期间的中短期计划至走入社会的长期规划，设计得头头是道、娓娓动听，并得了优秀奖。可从那以后这份职业规划书就被束之高阁，既没有实质的规划，也没有付诸实践，反而在毕业后找到一家做销售的公司从事了营销工作。

从这个例子来看，小李没有从发展变化的角度来分析社会对某职业需求的变化，也没有及时地调整自己的职业规划，最后这份得奖的职业规划成为一纸空文。因此，大学生在做职业生涯规划时，既要明确目标和方向，又要留有变化空间，要根据情况的发展变化及时做出调整。

（三）以实际性和可操作性为原则

大学生在大学阶段对未来充满着憧憬和理想，而在规划和设计自己的职业目标和职业理想的过程中，容易出现自己的理想与现实相脱节的情况。

确定职业目标的准确定位是大学生职业生涯规划的核心，也是实现职业理想的起点。有些大学生在职业生涯规划中对自己的职业目标有理想化的色彩，不能给予准确的职业定位，在实施过程中缺乏可操作性。

在前面的例子中，把自己的职业目标定位于律师的市场专业学生小李，除了没有及时进行职业规划的调整外，其职业目标理想与现实也存在着很大差距。老师曾问他为什么要选择律师这个职业，他的回答令老师啼笑皆非，他是因看到电视剧中律师能言善辩、风度翩翩，才喜欢上这个职业。但他没有考虑到所向往的职业在具体实施中却要付出艰苦的努力，因而最后只能放弃。

在规划自己的职业生涯目标时，要考虑到自己的性格、兴趣、特长、能力、价值观以及所学的专业、相关的环境等,判断自己制订的职业目标和理想是否切合实际,是否建立在实事求是和务实可行的基础上。

二、职业生涯规划的步骤

(一)了解自我、了解职业

了解自我是职业生涯规划的重要基础,也是首要步骤。一个行之有效的职业规划,必须建立在正确认识自我与相关环境的基础上完成,对自我及环境的了解越透彻,越能做好职业生涯规划。

作为大学生,尤其是低年级的学生,往往没有形成稳定的自我认知,对自己的兴趣、性格、能力、价值观以及专业发展和职业偏爱不能做出清楚的判断。相当一大部分学生缺乏认知自我的意识,不能清晰地了解自己、评估自己。要科学有效地规划自己的职业生涯,首先要通过各种途径来积极深入地了解自我,并做出自我评价,包括自己的兴趣、特长、性格、学识、能力、智商、情商、思维方式、价值取向、道德水准等。

在了解自我的基础上,还要充分地了解职业。例如,你想做教师,则必须了解教师职业所需要的素质和能力;你想做文秘,也同样要了解文秘这个职业对从业者的具体要求。无论你是什么特质的人,学的是什么专业,只要下功夫去探索,在纷纭的职业世界里总有适合自己的职业。

在自我了解和探索职业的基础上,还要充分地了解和分析环境,因为环境是影响个人职业发展的重要因素。

(二)确立志向、明确目标

西方有句谚语:"如果你不知道你要到哪里去,那通常你哪儿也去不了。"大学生做好自己的职业规划就是要有个目标,知道要到哪里去。美国作家盖尔·希伊在《开拓者们》一书中,通过一份内容十分广泛的"人生历程调查问卷",访问了6万多个各行各业的人士,发现那些最成功和对自己生活最满意的人有一个共同的特点,就是他们都经过努力致力于实现自己所制订的长远目标,也就是说他们是按照自己的长远目标去努力奋斗的。这些成功者的生活很有意义,比那些没有长远目标但也在努力的人更会享受生活。

作为刚刚选择完专业并踏入大学校门的大学生,可能在脑海里都有一个较为模糊的志向或目标,随着学业的深入和心智的成熟,在规划职业生涯的过程中,要学会清晰地确立志向、明确自己的目标,因为树立正确的志向和目标是事业成功的前提和驱动力。在确立人生志向的基础上,根据对自我的了解和对职业世界的认知来制订出自己的职业目标。通常目标分短期目标、中期目标、长期目标和人生目标。确立目标是制订职业生涯规划的关键,有效的职业生涯规划设计需要切实可行的目标,以便排除不必要的犹豫和干扰,全心致力于目标的实现。

(三)确定所选择的职业目标

中国民间有句谚语:"男怕入错行,女怕嫁错郎。"据有关部门调查显示,当下中国职场人士总体上的工作幸福感和满足感状况不容乐观,特别是在选错职业的人当中,有80%的人在事业上是不成功的,甚至是失败的。可见,选择职业的正确与否,可以直接影响到人生、事业的成功与失败。

社会上的职业多种多样,不同的职业对从业人员的知识、能力、技能、素质等要求不同。而大学生的自身条件和素质也存在着差异,因而大学生在职业生涯规划的过程中,在确定了总体方向后,就要通过自我认知、分析环境、了解职业世界的过程,进行综合分析,对自己的目标职业做出选择。

首先要考虑到所选择的职业目标是否适合自己的特点、是否与职业相匹配、是否从社会发展现实需要出发,同时还要考虑到自身的实际情况,扬长避短,这是大学生职业规划的着眼点。在这里必须提醒的是,很多大学生都希望一下子就找到适合自己的职业,一步到位。但这只是一种愿望。大学生的职业道路也并非一路平坦,而是曲折的、坎坷的,在前行的路上要经历很多的付出、努力和期待,这也是职业生涯规划所具有的复杂性及渐进性。

(四)制订措施、付诸行动

如果没有付诸实施,没有达成目标的行动,那么制订职业目标和规划就毫无意义。所以当确定了职业目标后,行动就变成了最关键的环节。这里的行动是指落实和实施规划目标的具体措施,主要包括找出自己与所制订的职业目标之间的差距、加强专业技能学习和培训、训练并增强相关能力、提高职业素养等。

某高校市场营销专业大四学生杨斌,他的职业目标是在毕业后五年内做一名销售公司销售部经理。为了实现这个目标,他在大二期间就制订出一系列具体行动计划和明确措施:"首先,对这个职业和职位进行充分了解和分析,从主观意识上要放平心态,毕业后从市场销售业务员做起,积累销售经验;其次,了解销售经理所应具备的素质和能力,找出自己的差距;第三,根据差距做出相应的培训和提高,如考取市场营销师职业资格证书,训练语言表达和沟通能力等;第四,在大三期间到相关销售企业做兼职,增强实践能力;第五,制订出实现这个目标的时间表。"为了实现所制订的计划措施,杨斌在大二下学期考取了市场销售师证书,在大三时利用课余时间到一家贸易公司做兼职业务员,通过兼职的实践,锻炼了沟通能力,现在他对自己毕业后的职业目标更加充满信心。

(五)评估与修订

在职业生涯规划中存在着有很多不可预测的变化因素,有些变化因素可以预测,而有些则难以预测。在个人的思维世界和现代职业领域里,只有动态的变化才是永恒的主题。因此,大学生要时刻审视自身和内外环境的变化,根据变化来不断地对自己的职业规划进行评估和修订,只有通过不断地吸收新鲜事物、学习新的知识和技能,不断调整和修订自己的目标,与时俱进,才能在竞争激烈的职场中立于不败之地。

职业生涯规划流程图如图 1.1 所示。

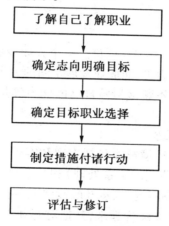

图 1.1　职业生涯规划流程图

第三节　规划职业生涯的方法

大学生在开始规划自己未来的职业生涯时,如果能够运用有效和适当的方法,将会使自己的规划更加清晰、客观、明确。规划职业生涯的方法并无固定的模式,虽然专家学者提出了很多方法可供参考,但归根结底只要适合自身的实际情况、实事求是、切实可行、适应自己发展的就是有效的方法。

下面介绍几种主要的、简明的并易于操作的职业规划方法。

一、自我规划法

自我规划法是国内职业专家为大学生推荐的一种简单易行的方法。需要大学生在规划自己职业生涯过程中,独立思考并回答以下五个问题:

1. 我是谁?

这是一个自我分析的过程。分析的内容包括个人的兴趣爱好、性格气质、身体状况、教育及家庭背景、能力、专长、志向、价值观、优点、缺点、个人经历等。经过这样的自我剖析会对自己有全面的了解。

2. 我想干什么？

这是对自己职业目标选择的一个心理趋向的检查。每个人在不同阶段的兴趣和目标并不完全一致，有时甚至是完全对立的。对于刚入学的大学生来说，对自己以后想要干什么，可能还停留在儿时的理想阶段，对自己的职业目标还模糊不清，但到了大二以后，就应该开始为自己毕业后的工作设定方向和目标，随着年龄成熟和经历的增长而逐渐固定，并最终锁定自己的终生理想。对于"我想干什么"的问题，可以结合自己所学的专业或者自己的兴趣、志向等来思考。

3. 我能干什么？

这是对自己能力和潜力的一个综合评价。一个人职业的定位，最根本的还要归结于他的能力，包括专业技能和综合能力等，而职业发展空间的大小则取决于自己的潜力。大学生在锁定自己的职业目标后，就要不断地检验自己的能力等是否与自己所制订的目标职业相适合。

4. 环境支持或允许我干什么？

这是一个环境影响的问题，环境影响包括主观和客观因素。主观因素主要是个人的人际交往关系（如与同学、同事和朋友的关系处理）和社会关系（如家庭和亲属关系），客观因素主要是职业选择地的经济发展状况、人事及政策状况、企业制度和职业发展空间等。大学生在职业选择时，要把主客观因素综合起来，并把对有利于自己发展的因素充分调动起来，作为职业选择的切入点。

5. 自己最终的职业目标是什么？

分析了前面四个问题，就会从各个问题中找到对实现有关职业目标有利和不利的条件，列出不利条件最少的、自己想做而且又能够做的职业目标，那么对于有关"自己最终的职业目标是什么"的问题自然就有了一个清楚明了的框架。

二、SWOT 分析法

SWOT 分析法是国内职业专家向大学生做职业规划时经常推荐的一种比较简单易懂的方法。

SWOT 分析法又称态势分析法，它是由美国旧金山大学的管理学教授于 20 世纪 80 年代初提出来的，是一种能够较客观而准确地分析和研究个体或企业现实情况的方法。SWOT 分别是四个英文单词的第一个字母，即优势（Strengths）、劣势（Weaknesses）、机会（Opportunities）、威胁（Threats）。

SWOT 分析法中所指的优势和劣势基于个人本身特点的内部因素分析，而机会和威胁主要基于外部的环境因素，包括社会、行业和组织的环境分析，如图 1.2 所示。

内部	优势S	劣势W
外部	机会O	威胁T

图1.2 SWOT分析法

1. 优势的分析

对大学生来说,主要是分析自己最出色和优秀的地方。比如:学习成绩突出,每学年都是奖学金获得者;组织能力强,担任学校或班级的学生干部,而且大家都愿意听从其指挥;表达能力强、交际能力出众;文字能力和逻辑思维能力强;具备文体特长;家庭社会关系有优势等。每个大学生都能归纳和挖掘出很多自身的优势,将这些优势通过客观的分析记录下来,在职业选择和就业方面充分发挥这些优势。

2. 劣势的分析

相对于优势来说,分析出自己欠缺的地方。比如:性格方面的弱点;学习方面的偏科,成绩不突出;语言表达、交际能力欠缺;家庭贫困等。能找出自己的劣势对职业规划有着十分重要的意义。如果不知道自己的劣势在哪里,在职业选择时就会出现盲目乐观和期望值过高的现象。大学生通过对自己劣势的分析,找到自己的短处及弱点,并通过努力去克服自己的弱点,改正自己常犯的错误,这样不仅可以发挥自身的优势,扬长避短选择适合自己发展的职业,同时也可以避免在有些不适合自己的职业选择上浪费时间和精力。"当局者迷,旁观者清",在分析自身劣势时应尽量多参考父母、同学、朋友、师长等的意见,力争对自我有一个全面的认识。

3. 机会的分析

通过对外部环境的分析,找出影响因素中的发展机遇。环境为每个人提供了活动的空间以及发展条件和机遇,特别是现代的社会快速变化,科技高速发展,市场竞争加剧,对个人的发展会产生巨大的影响。在这种情况下,个人如果能很好地利用外部环境,就会有助于个人发展。比如,经济快速发展为我们提供了创业发展的空间;互联网技术的发展使我们了解更多的国内外信息,出国留学深造的途径增多了;就业的双向选择给我们带来更大的自主选择权;职场竞争激烈可以在竞争中脱颖而出;家庭的优势可以带来心仪岗位的机会等,这都是大学生面对的机遇。有人说,在机会面前有五种人:第一种人创造机会,第二种人寻找机会,第三种人等待机会,第四种人错过机会,第五种人漠视机会。作为大学生,即使做不了创造机会的人,至少也要成为主动去寻找机会的人。

4. 威胁的分析

在当今社会中,除了机遇,我们也会面对各种各样的挑战和威胁。比如大学生就业市场竞争激烈;所学的专业在社会上需求饱和,用人单位不录用你这个专业的人;对自己不利的政策信息;面对更优秀的竞争者等。只有对这些不可预知或不利于自己的外部影响因素进行分析,才有可能通过努力来排除这些威胁因素,从而变成内在的动力,提高自己去适应社会的能力,在困境中寻求发展和成功。

三、斯温的生涯规划模式法

斯温(Swain)是美国伊利诺斯大学的教授,他于1989年提出了自己的生涯规划模式,其宗旨是帮助大学生对自己的职业生涯做出一个良好的规划。

斯温提出,一个规范的职业规划主要包括以下三个重要内容:

一是个人特质的澄清与了解。这主要涉及对自己的需要、兴趣、能力倾向以及价值观等的了解,只有充分地了解自己,对自己有清晰的认识,才是职业选择或职业规划的最基本要求。而对自己这些特质的了解,可以通过进一步的职业探索活动、自我评定或心理测验等手段来进行。

二是教育与职业资料的提供。这是整个职业生涯目标决定过程中不可或缺的部分。缺乏对职业世界的了解,想做好职业选择,是不切实际的;大学生的职业认定往往又受到原有印象的影响,如性别、学历、在什么学校就读、所学专业等。有的职业或专业的名称也许只有一字之差,但其内容、性质或发展却相差很多,因而,提供正确的资料,是职业生涯选择的重要依据。

三是个人与环境关系的协调。个人无法掌握或控制的社会环境,比如社会重大事件的影响、经济景气的升降、家庭情况、受其他人意见的影响等,不可能要求改变环境来适应个人的需求,因此我们要具备良好的环境适应能力,主动协调与环境的关系,保持和谐一致。

以上三种职业规划方法基本都是以分析自己、认知自我,同时了解外部职业世界和外部环境为核心的。大学生要做好自己的职业规划,首先要以知己知彼为起点,经过权衡取舍,确立目标,制订职业目标,付诸行动,评估效果,然后重新开始新的循环。

思考题

1. 回忆一下你高考时所报的专业,是按照你所选择的职业目标所报的吗?如不是,你如何来进行调整?

2. 观察和了解一下身边亲近的人,如父母、亲属、好友等,了解他们所从事的职业,如果有自己所向往的职业,如何制订目标,通过什么方法来实现这个目标?

第二章
Chapter 2

——职业规划中的自我认知

【本章导读】

在古希腊阿波罗神庙一根巨大的石柱上,刻着古希腊著名哲学家苏格拉底的一句名言:"认识你自己。"这一碑铭后来被法国启蒙思想家卢梭称为"比任何伦理学家们的一切巨著都更为重要、更为深奥"。中国古代的哲学家思想家老子说过:"知人者智,自知者明。"孙子兵法中也曾说到"知己知彼,百战不殆"。可见,自古以来,自我认知就被提到一个很高的境界。那么,自我认知对我们当代大学生来说有多重要?对大学生职业规划有多大意义?应该如何进行自我探索来认知自我呢?

第一节 自我认知是大学生的必修课

一、大学生要学会自我认知

大学生毕业前,对所要选择的职业都会有一个目标,选择了目标职业,实际上就是选择了一种生活方式,而这一切都要从大学期间规划自己的职业生涯开始。那么,是不是大学生做了职业生涯规划就一定能找到适合自己的职业和生活方式呢?职业生涯规划的核心部分"自我认知"需要大学生认真思考和分析。比如:我是一个什么样的人?我喜欢什么?我擅长些什么?我属于什么样的性格?我的价值观是什么?我的资源有哪些?我对自己的期待以及家人对我的期待是什么?我最适合的职业以及生活方式是什么?只有通过对这些问题的透彻分析,才有可能根据自己内在和外在的条件,来选择自己适合和喜欢的工作,使自己与所选择的职业相匹配。

刘晓光是往届毕业生,他经常这样抱怨:老板不好,工作不顺心,工资待遇也不理想,天天早出晚归一点休息娱乐的时间都没有等。当曾教过他就业指导的教师问他,当初为什么要选择这个工作,现在的生活是否就是自己所想要的生活时,他回答:由于当初只是为了生存找个工作,也不知道自己到底想干什么,也不知道自己能干些什么,后来做一段时间,又不愿放弃,到其他行业从零开始还不甘心,就这样一直陷在里面,想摆脱,却又下不了决心。

这种现象在毕业生里比较普遍。之所以出现这种现象,其中重要的原因就是大学生在校期间没有学会对自己进行剖析,不了解自己是什么样的人,不知道什么是自己喜欢做的,什么工作是适合自己的。毕业了毫无目的性地去找工作,找到了工作却又不满意,结果就是各种抱怨。

我们强调大学生从入大学校门就开始为自己的职业生涯进行规划和准备,实际上是强调如何通过规划来了解自己、认知自我。只有客观地认知自我,了解"我是谁",才能知道"我需要什么,我喜欢做什么,我能做什么"。只有认知自我,才能准确给自己定位,才能对职业选择有一个清晰的目标。要对自己进行全面、客观的自我分析,既要看到自己的优点,又要勇于面对自己的缺点。

自我认知并不是一个简单的过程,有人说过:"了解自己是最难的。"往往人们分析起别人来头头是道,但剖析自己时却显得很苍白。这个容易被人们忽视的问题,却是个人在事业上能否成功的一个重要的试金石,也是大学生职业生涯规划和选择职业目标的核心和基础。

大学生在为自己未来职业发展道路做规划的过程中,首先要学会对自己的剖析,充分地了解自己,然后通过对职业世界的探索,努力做到"知己知彼",这样才能规划出自己的职业"蓝图",并通过实践进行不断完善,进而达到规划的目标。

二、自我认知的方法

(一)通过自我分析来认识自己

1. 生理自我的分析

生理自我的分析主要指大学生对自己的相貌、身材、服饰装扮等自然条件状况的分析。虽然选择职业目标不是以貌取人,但也要对自己的自然状态有一个清晰的认识。有些职业对外在的自然条件是有一定要求的,比如航空服务等。认清这些就不至于对不适合自己的职业抱有不切合实际的幻想。

2. 心理自我的分析

心理自我的分析主要指大学生对自我的性格气质、兴趣爱好、能力、价值观和品质等方面的优缺点的评估与判定。这种分析对大学生非常重要,因为性格、兴趣和能力等在某种意义上决定着所选择的目标职业是否相匹配,所以大学生在心理方面要有个清醒的自我认识,这样做不仅会有利于明确自己的职业目标,更有利于自己的职业发展。

3. 社会自我的分析

社会自我的分析主要指大学生对自己在社会上所扮演的角色,在社会中的责任、权利、义务、名誉,他人对自己的态度以及自己对他人的态度等方面的评价。

(二)通过自己的活动表现来认识自己

自我的体现通常是在具体的事件和活动中表现和反映出来的。大学生可以通过对"我学习了什么,我做过什么,我最成功的或比较失败的事情是什么"等各方面表现的分析来认识自己。比如:学生在学习专业课或其他知识方面,思考一下有哪些收获及升华,又有哪些不足? 在做过的一些事情中,如担任学生干部或参加某项活动中,取得什么成绩或应该吸取哪些经验教训? 在人际交往中自己的表现如何?

(三)通过自我比较来认识自己

每个人都可以通过与过去的自己进行比较来认知现在的自己,与过去的自己相比,是进步了,成熟了,还是退步了;还可以与理想中的自我进行比较,还有哪些差距等。大学生以自己刚入学时的状况和理想作为参数,分析一下通过一段大学的学习和生活,在各个方面有哪些提高或存在哪些不足,还有哪些差距? 通过这样的比较可以进一步分析和了解现在的自己。

一个大四的学生与就业老师谈到自己有什么变化时说:"记得刚入学时感觉那么幼稚,似乎什么都不懂,也不与外界接触,只知道看书学习和爱幻想,现在成熟多了,在为人处事和对外联络方面,通过做一些社会兼职,比以前成熟和稳重了,可是到了现在又不如刚入学那时那样充满激情和好奇,现在对什么都好像有些麻木了,希望走向社会后仍然能保持那时的激情。"

这样的感慨代表了不少高年级大学生的感受。虽然临近毕业对自己的前景比较迷茫,但毕竟通过与以前的比较能够分析出自己的提高和不足。

(四)通过与别人的比较来认识自己

一个人对自己的认知可以通过自身来了解,也可以通过与他人的比较来获得。大学生与他人进行比较其实也是一个学习的过程,但要注意比较的参照系数和立足点。

其一,与他人进行比较应该是每项行动后的结果,如在同等条件下做同类工作后的效果,分析一下自己与别人在做事情方面的差距。

其二,在与他人进行比较的过程中,要考虑到没有可比性的因素,比如一个人的相貌和家庭出生等自然状况是不可更改的,若以此为比较参数就毫无意义了。

其三,比较的对象应该是与自己条件类似的人。

通过对他人的比较,不仅可以加深对自己的了解,认清自己的不足和差距,还可以开拓自己的思路,丰富自己的生活阅历和社会实践活动。

(五)通过他人的反馈来认识自己

大学生可以通过同学和熟悉自己的人对自己的评价反馈来了解自己。每个人对自己的认识都有盲点和误区,通过这种方式,可以更加全面地了解自己。当然,运用他人评价的方法,一定要找了解自己,并对自己有诚意和能进行客观评价的人群,这样才有一定的价值。

(六)通过专家的心理测试法来认识自己

心理测试是通过心理专家经过精心设定的心理测试量表,让大学生如实地按量表中的问题来填答,从而了解自己的有关情况。这种方法的特点是:简便、高效,能在短时间内对自己某几项心理特征进行有效的评估。在我国常用的几种测试方法有:人格测试、智力测验、能力测试、职业兴趣测试、职业倾向测试、人际关系测试等。这种方法也有一定的局限性,人是动态的、复杂的,但心理测试是静态的,只能反映某些层面的心理活动。所以心理测试的结果只能作为参考。

第二节 自我认知与职业匹配

大学生在职业生涯规划中充分了解自己、剖析自我的目的,就是围绕着以后的职业发展,有的放矢地规划和设计自己的职业目标,选择与自己相匹配的职业和工作。大学生认知自我,主要是从自己的兴趣、能力、价值观等方面来分析自己是否与所从事的职业相匹配。可以从职业兴趣、职业能力、职业价值观几个主要方面来分析一下自己与职业的关系。通过这样的分析和思考,可以使大学生在职业生涯规划探索和实践中,明确自己的职业目标,并经过适应、学习、实践以及不断地调整,真正寻求到与自己相匹配的职业。

一、兴趣与职业兴趣

达尔文从小喜欢玩虫子,一天他剥开一片树皮,发现两只稀有的甲虫,便用两只手各抓一只,之后却又发现第三只新种类,他舍不得放走,便把右手抓住的一只投进嘴里,甲虫分泌的极端辛辣的液体,把达尔文的舌头辣得发热,正是这种对生物的痴迷,达尔文才写出了举世闻名的著作《物种起源》。

（一）兴趣的含义

世界首富比尔·盖茨曾经说过这样一句话："成功的秘诀是把工作视为游戏，这似乎就是所有成功者的工作态度，我们可以尽力找出能令我们蓬勃兴奋的事来，把许多游戏时的方式带到工作中。"

著名科学家爱因斯坦说过："兴趣是最好的老师。"

诺贝尔物理奖获得者丁肇中教授说过："兴趣比天才重要，我完全靠工作来激发我的充沛精力，工作就是我的兴趣，兴趣使我不会疲倦。"

从心理学的角度看，兴趣是指个人对事物喜好或关切的情绪，是人们力求认识某种事物和从事某项活动的意识倾向，它表现为人们对某件事物、某项活动的选择性态度和积极的情绪反应。

我们从职业规划的角度谈论的"兴趣"，不是人们在生活中的业余休闲娱乐活动，如下棋、打球等。在这里探讨的是如何把个人的兴趣发挥到职业领域中，当人的兴趣对象指向职业活动时，就形成了职业兴趣。

（二）职业兴趣的含义

职业兴趣是指一个人对待工作的态度，对工作的适应能力，表现为有从事相关职业的愿望和兴趣。假如能拥有适合自己又有兴趣的工作，那将会大大增加工作上的愉悦感、满意度，从而获得职业稳定性和职业成就感。职业兴趣主要是回答"我喜欢干什么？"的问题，职业兴趣决定着这个职业是否是自己喜欢的职业。

职业指导和心理专家普遍认为，职业兴趣与从事职业相吻合是最理想的状况。一个人如果能根据自己的爱好去选择职业，那么他不仅会对工作愿意付出，而且会积极热忱地投入，同时也会从工作中享受到很大的乐趣；相反，如果总认为现在从事的工作和自己的兴趣不合，必定会对工作提不起兴致，感到工作起来简直就是受罪。据统计，一个人如果对某一工作有兴趣，一般能发挥出他才能的80%~98%，并且长时间保持高效率而不感到疲劳；一个人如果对某一工作没有兴趣，一般只能发挥他的才能的20%~30%，也容易疲乏。

刘丹是计算机软件方向的学生，他在学校期间参加了软件编程的培训班，本来他想毕业后从事软件编程方面相关的工作，因为他喜欢这个专业，也有信心在软件行业做出成绩。毕业前已经成功应聘到一家软件开发的民营公司，从事科技项目开发工作。可就在这期间家里父母托关系为他安排了家乡的一家国企做计算机网络维护的工作。他只好忍痛割爱辞掉公司的工作，回家乡的国企上班。虽然国企工作稳定，也不累，但该企业网络中心人浮于事、论资排辈，刘丹工作不到半年就干不下去了，因为他每天无所事事，即使积极主动地去找活干，也是帮人打打下手，或干一些杂事，实在提不起工作热情和兴趣，也不能发挥他的专长，他几次向家里提出辞职的想法,但家里人不同意。他只好变通一下,一边工作一边准备考研,这样家里才勉强同意。

从这个案例可以看出,工作岗位其实没有什么好坏贵贱之分,就看你是否喜欢和热爱。大学生通过对自己的兴趣爱好的分析和判断,将自己的职业目标与职业兴趣相结合,会对以后的职业发展起到关键的作用。上述案例中的刘丹可以通过工作慢慢地培养职业兴趣,不能说他以后就没有发展的空间。但考虑到对待工作的态度,对工作的适应能力,对于刚毕业的大学生来说,如果一开始就能够从事自己喜欢并热爱的工作,其工作的热情和成绩将会更好。

(三)职业兴趣类型与对应的职业环境

关于兴趣和职业兴趣的问题,早在20世纪40年代,美国的职业发展专家和心理学家就把人的兴趣当作职业选择以及人职匹配的一个重要组成部分和重要依据。到了70年代后,美国的著名心理学家约翰·霍兰德将这个问题发展成至今应用最为广泛、最为经典的理论。

霍兰德把人的兴趣和职业兴趣分为六种类型:现实型、研究型、艺术型、社会型、企业型和常规型,并把这六种形式归纳为一个六角模型(图2.1),并根据这六种不同的模型对人的兴趣与职业匹配情况进行有效的测评。

霍兰德职业兴趣的六种类型(六角模型)测评方法,至今还在我国的高校广泛应用。我国高校很多职业专家、心理教师和就业指导教师们经常用霍兰德的职业兴趣模型来测量大学生的个人兴趣和职业的匹配程度。

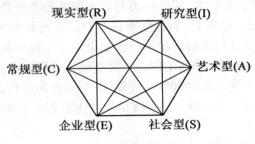

图2.1 六角模型

下面根据霍兰德的职业兴趣六种类型,简单分析一下职业兴趣所对应的职业及职业环境,以供参考。

1. 现实型(R)

善于使用各种工具、仪器等,从事操作性工作,动手能力强,做事灵活,动作协调。不善言辞,做事保守,较为谦虚。缺乏社交能力,通常喜欢独立做事。

所对应的职业:具有操作机械方面的才能,对从事与物件、机器、工具、运动器材、植物、动物相关的职业有兴趣,并具备相应的能力。如:技术性职业(机械装配工、制图员、计算机硬件维修等),技能性职业(厨师、木匠、园艺师等)。

2. 研究型(I)

抽象思维能力强,求知欲强,肯动脑,善思考。喜欢独立的和富有创造性的工作。知识渊博,有学识才能,考虑问题理性。

所对应的职业:具备智力或分析才能,并将其用于观察、估测、形成理论、最终解决问题的工作,如教师、工程师、计算机编程人员、医生、系统分析员等。

3. 艺术型(A)

有创造力,渴望表现自己的个性,实现自身的价值。做事理想化,追求完美,不重实际。善于表达,易怀旧和憧憬,好感情用事,情感波动较大,心态较为复杂。

所对应的职业:喜欢的工作具有艺术性,能体现创造力和直觉,并将其用于语言、行为、声音、颜色和形式的审美。如作家、编辑、摄影师、演员、音乐家、导演、画家等。

4. 社会型(S)

喜欢与人合作,愿意参与解决人们共同关心的社会问题,渴望发挥自己的社会作用,有责任感,敢于承担责任,愿意从事为他人服务和教育他人的工作。

所对应的职业:从事政治、行政工作,也可从事提供信息、启迪、帮助、培训、开发或治疗等事务,并具备相应的能力。如:政府工作者、教育工作者、社会工作者、社会志愿者、牧师、心理咨询师、护士等。

5. 企业型(E)

追求权力和物质财富,具有领导才能。喜欢竞争、敢冒风险、有抱负。为人务实,习惯以利益、权利、地位、金钱等来衡量做事的价值,做事有较强目的性。

所对应的职业:喜欢要求具备经营、管理、劝服、监督和领导才能,以实现机构、政治、社会及经济目标的工作,并具备相应的能力。如项目经理、销售人员、营销管理人员、政府官员、企业领导、法官、律师等。

6. 常规型(C)

尊重权威和规章制度,按计划办事,细心、有条理,习惯接受他人的指挥和领导,喜欢关注实际和细节,不喜欢冒险和竞争,较为保守和谨慎。

所对应的职业:要求注意细节、有系统、有条理,具有记录、归档和文字信息的职业。如:办公室人员、会计、行政助理、秘书、图书馆管理员、出纳员、打字员、投资分析员等。

霍兰德在职业兴趣理论中提出,某一类型的职业通常会吸引具有相同人格特质的人,如果将人格特质反映到职业上,就是职业兴趣,而职业兴趣在职业选择方面,是人职匹配的一个重要因素。然而大多数人的人格特质和职业兴趣往往是多方面的,很少集中在某一种类型上。

从霍兰德的六角模型图中我们也可以看出,每一种类型与其他类型之间存在不同程度的内在关系,大致可以描述为以下三类:

1. 相邻关系

如 RI、IR、IA、AI、AS、SA、SE、ES、EC、CE、RC 及 CR。属于这种关系的两种类型的个体之间共同点较多,现实型 R、研究型 I 的人就都不太偏好人际交往,这两种职业环境中也都较少有机会与人接触。

2. 相隔关系

如 RA、RE、IC、IS、AR、AE、SI、SC、EA、ER、CI 及 CS,属于这种关系的两种类型个体之间共同点较相邻关系少。

3. 相对关系

在六边形上处于对角位置的类型之间即为相对关系,如 RS、IE、AC、SR、EI 及 CA 即是,相对关系的人格类型共同点少,因此,一个人同时对处于相对关系的两种职业环境都兴趣很浓的情况较为少见。

人们通常倾向于选择与自我兴趣类型相匹配的职业环境,这样可以最好地发挥个人的能力和潜能,但在现实中,往往在选择职业的过程中,个体并非一定能够或者一定要选择与自己兴趣完全对应的职业环境。

第一,人的本身通常是多种兴趣类型的综合体,单一类型显著突出的情况极少,因此我们在用霍兰德理论评价大学生的兴趣类型时,要以其在六大类型中选择居前三位的类型组合为依据,组合时根据所选择的高低依次排列字母,构成其兴趣组型,比如 RCA、AIS 等。

第二,在现实中影响职业选择的因素是多方面的、不确定的,如果不能完全依据兴趣类型来选择职业,还可以参照社会的职业需求以及获得职业的可能性来进行选择。因此,在职业选择时会出现不断地妥协,从而来寻求与相邻的职业环境,甚至相隔的职业环境,在这种情况下,作为个人就需要去逐渐适应工作环境,从工作中逐渐培养兴趣。但如果选择的是与自己相适应类型相对的,也就是有极大反差的职业环境,那就意味着所进入的是与自我兴趣和适合自己的职业环境完全不同的职业环境,这样我们工作起来可能就难以适应或者适应很慢,难以做到工作时有快乐的感觉,甚至可能会感到度日如年,每天工作得很痛苦。

以上就是霍兰德职业兴趣六种模型理论的基本描述。我们可以运用霍兰德兴趣类型的理论来帮助大学生在职业生涯规划过程和职业选择中,对自己的兴趣有一个客观的分析,找到自己的兴趣倾向以及与职业兴趣相符合的职业环境。

(四)职业兴趣在大学生职业选择中的重要作用

当代大学生的兴趣爱好都很广泛,但真正地将个人的兴趣与自己的职业紧密地联系起来形成职业兴趣的却为数不多。虽然一些应届毕业生在择业应聘过程中挑三拣四,认为对这个工作不感兴趣,对那个工作不适应,问起他们到底喜欢干什么、自己的职业兴趣是什么时,却是一脸茫然、无所适从。这是因为大学生在大学期间缺乏对自我的认知,更对自己的兴趣爱好如何与职业选择相结合考虑甚少,很多大学毕业生对霍兰德职业兴趣理论一无所知。

李瑶同学是民办高校英语专业的应届毕业生,因为在校期间对英语专业的学习就不感兴趣,虽然平时能歌善舞,爱好比较广泛,但在择业应聘过程中却屡屡受挫,因为与英语有关的工作,她既找不到,也不喜欢,她自己也不知道喜欢干什么,总觉得这个没意思,那个没兴趣,因而在茫然和麻木的状态下,不断继续着自己的择业之路。

这种现象在应届毕业生求职择业中很普遍。大学生有广泛的兴趣爱好不是坏事,但更重要的是培养自己的职业兴趣。不仅需要了解自己有能力从事什么样的工作,更需要知道自己对哪类工作感兴趣,而且要将自己的兴趣和能力结合起来考虑,从而使自己的兴趣爱好有一个明确的指向性,转化为职业兴趣,这样才有可能选对自己的职业,而且会大大提高职业成功的概率。

兴趣和职业兴趣对大学生职业选择有着重要的意义和作用,主要表现在以下几个方面:

1. 兴趣指向是职业选择的重要依据

我们可以运用霍兰德的职业兴趣类型理论和其他兴趣测评方法,评估和测评兴趣即职业兴趣倾向,选择自己感兴趣的职业。

2. 兴趣可以增强职业的适应性和成就感

如果大学生毕业后能选择到自己感兴趣的职业,就可以增强工作的适应性和提高工作效率,而且可以发挥更大的能动性,逐渐体现出工作的成就感。

3. 在某种情况下兴趣对职业选择起着决定性的作用

无论个人的能力是否与职业相适应,在择业过程中首先会考虑的是对这个工作是否感兴趣。一般来说,从事自己不感兴趣的工作,不仅工作起来会令人不愉快,而且会影响大学生就业质量和职业的稳定性。如果从事感兴趣的工作,那么其工作能力也可以更好地发挥出来。

李开复先生关于兴趣对大学生择业的五点建议具有一定的指导意义,那就是:选你所爱;爱你所选;把握每一次选择兴趣的机会;忠于自己的兴趣;找到最佳的结合点。

二、能力与职业能力

根据美国"全国大学与雇主协会"在 2002 年的调查,美国雇主最注重大学生的个人素质前五项依次为:与人沟通能力、积极主动性、团队工作的能力、领导能力、学习能力。

由此可以看出,美国的雇主在招聘中所看重的条件,他们并没有把出自名校放在前五位,而是特别注重应聘者的各种能力,也就是说雇主感兴趣的是"你能做些什么?"我国的很多用人单位在招聘大学毕业生时也是把能力放在首位。

(一) 能力的含义

所谓能力,是指人们完成某项工作任务和完成某项活动所具备的本领。一般来说,能力表现在所从事的工作或活动中,如果能顺利地完成某项工作或活动,也就表现出了相关的能力。

在日常生活中,我们往往将能力和技能混为一谈,但从心理学的角度来看,能力与技能有一定的区别。能力是具有一定先天和潜能的因素,如某人具有运动能力,是因为有一定的天赋和潜能;而技能则是通过后天学习和练习发展起来的能力,是习得而来的。一般来讲,技能可分为专业知识技能、自我管理技能和可迁移技能,这里探讨的是大学生职业规划和职业发展应具备的能力问题。

根据能力的表现范围可以将能力分为一般能力和特殊能力。

1. 一般能力

一般能力是指在不同的基本活动中表现出来的能力,如思维力、想象力、记忆力、观察力、抽象概括力等,通常也可把一般能力称为智力。人们在完成任何一项工作或活动时,都离不开这些能力。不同的职业对一般能力的要求不尽相同。有些职业对从业者的一般能力(智力水平)有更高的要求,比如律师、高级工程师、科研人员、大学教师等。这类从业者都具有很高的智商,可见,一般能力的高低在某种程度上决定着你从事的职业的类型。

2. 特殊能力

特殊能力是指在某项特定的专业活动中表现出来的能力,也可称为特长,如计算能力、语言表达能力、音乐能力、运动能力、绘画能力、空间判断能力和手指灵活能力等。要想顺利地完成某项工作,除了要具备一定的一般能力外,还需要具备这项工作所要求的特殊能力。如医生除了有一定的一般能力外,还要有较强的手指灵活能力。

一般能力与特殊能力有着密切的关系。一方面,一般能力是特殊能力的基础;另一方面,特殊能力的发展可以促进一般能力的发展。

在大学生职业生涯规划和职业选择的过程中,兴趣和能力是决定工作满意和成功的两个主要因素。不同的职业对能力的要求是不同的,而且很多职业要求的是多方面的综合能力,例如,作为教师,不仅要有流畅的语言表达能力,还要有对教学的组织和管理能力,对教学问题及教学效果的分析、判断能力。

作为大学生如何将自身以及通过学校学习和锻炼而提升的能力转化为职业能力,这是大学生为以后的选择职业和职业发展需要重点思考的,并通过社会实践来得以实现。

(二) 职业能力的含义

能力只有在完成具体活动中才能体现出来,那么只有在职业中具体从事某项工作才能体现出职业能力。职业能力是人们从事某种职业必须具备的并在活动中表现出多种能力的综合,是一个人能否进入和能否胜任职业工作的先决条件。无论从事什么职业总要有一定的能力作保证。

如果说职业兴趣决定着一个人选择职业的方向,并从中获取工作上的愉悦及职业的稳定,那么职业能力则决定这个人是否能胜任这个职业,并且能否取得职业上的成功。可见职业能力对大学生来说是非常重要的。

正因为职业能力是多种能力的综合,因此我们可以把职业能力划分为以下几种。

1. 一般职业能力

从事任何职业都要具备应有的一般职业能力。一般职业能力主要是指一般的学习能力、文字和语言运用能力、数学运用能力、管理协调能力、思维判断能力、分析能力、谈判能力等。特别强调的是无论从事任何职业,在工作中都需要与人打交道,要善于沟通与合作,因此,人际交往及沟通能力、团队协作能力、对环境的适应能力以及良好的心理承受能力都是在职业活动中不可或缺的能力。这就要求指导教师在职业规划指导中,首先要注重大学生的人际交往及沟通能力的提高和培养。

2. 专业能力

专业能力主要是指从事某一职业并与本职业专业相关的能力。在求职过程中,用人单位最关注的就是求职者是否具备胜任岗位工作的专业能力。例如,你去应聘教学工作岗位,校方最看重你是否具备最基本的教学能力。

3. 职业综合能力

职业综合能力是指国际上普遍注意培养的"关键能力",主要包括四个方面:

(1)跨职业的专业能力。

跨职业的专业能力包括三个方面:

一是运用数学和测量方法的能力。

二是计算机应用能力。

三是运用外语解决技术问题和进行交流的能力。

(2)方法能力。

一是信息收集和筛选能力。

二是掌握制订工作计划、独立决策和实施的能力。

三是具备准确的自我评价能力和接受他人评价的承受力,并能够从成败经历中有效地吸取经验教训。

(3)社会能力。

社会能力主要是指一个人的团队协作能力、人际交往和善于沟通的能力。

(4)个人能力。

个人能力主要是指一个人的社会责任心、职业道德、爱岗敬业、工作负责、注重细节等职业人格。

(三)大学生如何提高职业能力

1. 明确自己的职业目标

在规划自己职业生涯的过程中,要树立明确的职业目标和理想,一旦确定自己的职业目标,就会依据职业目标的需要来规划自己的学习和实践,从而磨炼和提高自己与职业目标相适应的各种能力,并为获得理想的职业做好积极的准备。

2. 了解自己、了解职业

正确地认知自我,清晰地了解职业,做到知己知彼。自我分析即通过科学认知的方法和手段,对自己的兴趣、气质、性格、能力和价值观等进行全面分析,认识自己的优势与特长、劣势与不足,了解职业可以通过对职业分析来完成。职业分析是指在进行职业生涯规划时,充分考虑职业的区域性、行业性和岗位性等特性,比如职业所在的行业现状和发展前景,职业岗位对求职者的自身素质和能力的要求等。

3. 构建合理的知识结构

根据职业和社会发展的具体需求,并根据所学的专业和其他学习兴趣等,将已有的知识和技能科学地重组,建构合理的知识结构,最大限度地发挥知识和技能的整体效能。

4. 加强实践动手能力和职业培训

①职业能力是在实践的基础上得到发展和提高的。对于大学生来说,实践是个较为薄弱的环节,因而大学生应该有目的、有计划地通过教学实习实训以及利用假期或业余时间来进行实践活动,增强动手能力,从而促进职业能力的提升。

②大学生的职业能力除了在实践中磨炼和提高之外,另一个有效的途径就是通过相关的职业培训,掌握与目标职业有关的知识和技能,来提高和增强与职业相符合的职业能力。

三、价值观与职业价值观

我们可以看看下面经常被引用并广为流传的两个小故事。

第一个故事:

一个美国商人坐在墨西哥海边的码头上,看着一个墨西哥渔夫划着一艘小船靠岸。小船上有好几尾大鱼,这个美国商人问渔夫:"要多长时间才能捕这么多鱼?"墨西哥渔夫说:"才一会儿工夫就捕到了。"美国人接着问道:"你为什么不待久一点,多捕一些鱼?"墨西哥渔夫觉得不以为然,"这些鱼已经足够我一家人生活所需啦!"

美国人又问:"那么你一天剩下那么多时间都在干什么?"墨西哥渔夫解释:"我每天睡到自然醒,出海捕几条鱼,回来后跟孩子们玩一玩,再睡个午觉,黄昏时到村子里喝点小酒,跟哥儿们玩玩吉他,我的日子可过得充实又忙碌呢!"

美国人于是就建议渔夫:"我是美国哈佛大学企管硕士,我可以帮助你!你应该每天多花一些时间去捕鱼,到时候你就有钱去买条大一点的船,再买更多渔船,然后你就可以拥有一支渔船队,最后你可以自己开一家罐头工厂。如此你就可以控制整个生产,加工处理和行销过程,然后你可以离开这个小渔村,搬到墨西哥城,再搬到洛杉矶,最后到纽约,在那里经营你不断扩充的企业。"

渔夫问:"这要花多长时间呢?"美国人回答:"十五到二十年。"

"然后呢?"

美国人大笑着说:"然后你就可以宣布股票上市,把你的公司股份卖给投资大众。到时候你就发财啦!"

"再然后呢?"渔夫问。

美国人说:"到那个时候你就可以退休啦!你可以搬到海边的小渔村去住,每天睡到自然醒,出海随便抓几条鱼,跟孩子们玩一玩,再睡个午觉,黄昏时,晃到村子里喝点小酒,跟哥儿们玩玩吉他喽!"

渔夫疑惑地说:"我现在不就是这样了吗?"

第二个故事:

一只在粪堆里刨得悠然自得的公鸡,猛然抬头时看到展翅高飞的天鹅,那一刻,它对蓝天特别向往,于是昂起头望着天空,天鹅似乎看出了它的心思,来到它的跟前,问:"你想到天上去吗?"公鸡答道:"想!"天鹅说:"那好,你爬在我身上,我背你上去吧。"公鸡喜出望外地爬在天鹅的身上,天鹅轻挥翅膀,很快就飞了起来。刚刚飞起时,公鸡突然喊停,天鹅不解地问其原因,公鸡说:"我想问一下,天上有没有粪堆?"天鹅答道:"没有!"公鸡说:"那我不去了,你把我送到地上去吧。"

从这两个故事里我们可以深思以下几个问题:你想过什么样的生活?你需要什么样的人生?你想要什么样的工作环境?什么是你的追求?这些问题就是我们要探讨的价值观和职业价值观问题。

(一)价值观的含义

1. 什么是价值观

大学生在进行职业生涯规划和制订职业目标之前,一定要明确自己的价值观,因为价值观决定了哪些因素对你是重要的,哪些是不重要的;哪些是你需要的,哪些是不需要的;哪些是你优先考虑和选择的,哪些不是。

价值观是指一个人对周围的客观事物(包括人、事、物)的意义、重要性的总体评价,是对什么是你需要的、什么是好的、什么是应该的一个总体看法。它是人们对社会存在的反映,是推动和指引一个人做出决定、采取行动的准则和标准。价值观通过人们的行为取向及对事物的评价、态度反映出来,是世界观的核心,是驱使人们行为的内部动力。

价值观是后天形成的,形成之后就相对稳定和持久,对很多事情有一个基本的判断和评价体系,但随着人们的经历或社会阅历、经验的增加,以及环境的改变,价值观也会不断地变化和发展。

2. 价值观的类型

在同一社会环境下,人们会产生不同的价值观,而具有不同价值观的人就会产生不同的行为,比如有的人对名誉地位看得比较重,有的人则看得比较轻,而更重视工作本身带来的成就感,价值观不同追求也不同。

国内外专家学者对不同价值观做了很多种分类,我们主要选出下面几种价值观类型来了解:

(1)理性价值观。

理性价值观是以知识和真理为中心的价值观,具有理性价值观的人把追求真理看得高于一切。

(2)美的价值观。

美的价值观是以外形协调和匀称为中心的价值观,他们把美和协调看得比什么都重要。

(3)政治性价值观。

政治性价值观是以权力地位为中心的价值观,这一类型的人把权力和地位看得最有价值。

(4)社会性价值观。

社会性价值观是以群体和他人为中心的价值观,把为群体、他人服务认为是最重要的。

(5)经济性价值观。

经济性价值观是以有效和实惠为中心的价值观,认为世界上的一切,实惠的就是最有价值的。

(6)宗教性价值观。

宗教性价值观是以信仰为中心的价值观,认为信仰是人生最有价值的。

(7)教育价值观。

教育价值观指人们对教育的价值关系的认识和评价以及在此基础上所确定的行为取向标准。

以上七种价值观大致概括了人们持有什么价值观为中心,就会有什么样的追求目标。大学生正处在价值观形成和成熟阶段,可能会出现一些价值观上的模糊和认识不清的现象,这种情况属于正常现象。所以无论是社会、家庭还是学校都要重视对大学生的价值观形成和成熟的正确引导,要经常鼓励他们有意识地自我觉察和不断反思。

无论大学生自身价值观属于什么类型,我们这里主要阐述大学生价值观在职业选择方面的体现,也就是大学生的职业价值观。

(二)职业价值观的含义

1. 职业价值观

大学毕业生在制订职业目标和选择职业方面,通常以自己的兴趣和自身的能力作为参考,虽然有时不清楚自己的价值观与职业选择有什么密切关系,但实际上他们仍然有意无意地以自己的价值观来作为职业选择的驱动和衡量标准。

一个汉语言文学专业的女同学,在谈到职业选择时表示:愿意做一个行政文员,有办公桌,一台计算机,靠着窗户,可以有明媚的阳光,然后放几盆喜欢的花,将周围布置得具有诗情画意,工作时而紧张时而轻松,轻松时可以听听歌、上上网,有一个和谐愉快的工作氛围。

可以看出她的价值观在职业选择方面是追求一种舒适愉悦的工作环境。

李斌是学市场营销专业的毕业生,父母帮他联系了家乡一家国企做行政文员,可干了半年,他却说服了父母辞掉了这个工作,到了大学同学所在的深圳一家民营公司做起了销售工作,虽然起早贪黑,很辛苦,压力也很大,但他却乐此不疲,一年后成了该公司的销售精英,丰厚的个人报酬给他带来了更大的动力。后来他与母校的老师交流时说:"我在学校时就向往着以后要做具有挑战性的工作,通过自己的努力来实现自己的价值,不喜欢平平淡淡、按部就班的生活方式,在办公室里稳稳当当地做行政工作,不是我所追求的工作方式。"

这位毕业生所选择的销售工作,正是喜欢挑战的价值观在选择职业方面的体现。

这种将自己的价值观体现在职业选择上面就形成了职业价值观。

职业价值观(也称工作价值观)是价值观的重要组成部分,是一个人对某项职业的价值判断和希望从事某项职业的态度倾向以及愿望和向往。职业价值观表明了一个人通过工作想要得到的是什么,是为了财富,还是为了地位或其他因素。

由于每个人的受教育状况、家庭和环境影响以及兴趣爱好不同,人们对各种职业的主观评价也不同。由于价值观不同,因而对具体职业和岗位的选择也就不同。如有人喜欢能够经常与人进行沟通的职业,有人喜欢与机械等物体打交道的职业,有人喜欢充满挑战的职业,有人喜欢安全平稳的职业等。不同的人喜欢不同的职业,不同的职业满足不同的价值愿望,这正是职业价值观的体现。

因此,大学生要在职业生涯规划中认真分析和了解个人的职业价值观,这对明确职业目标、正确而清晰地选择职业有着重要的意义。

2. 如何认识和分析自己的职业价值观

对自己职业价值观的认识和分析是大学生职业生涯规划的基础。只有认识到自己的职业价值观是什么,才能合理地制订自己的职业生涯规划及相关策略,树立一个明确的职业方向。

关于职业价值观,国外职业专家学者通过大量的调查研究,将职业价值观分为很多类型,为了便于大学生充分认识和分析自己的职业价值观,我国职业专家把职业价值观各种类型归纳为三大因素:

(1) 发展因素。包括符合兴趣爱好、机会均等、公平竞争、工作有挑战性、能发挥自身才能、工作自主性大、能提供培训机会、晋升机会多、专业对口、发展空间大、出国机会多等,这些职业要素都与个人发展有关,因此称为发展因素。

(2) 保健因素。包括工资高、福利好、保险全、职业稳定、工作环境舒适、交通便捷、生活方便等等,这些职业要素与福利待遇和生活有关,因此称为保健因素。

(3) 声望因素。包括单位知名度、单位规模和权力大小、行政级别和社会地位高低以及个人的名誉地位等,这些职业要素都与职业和个人的声望地位有关,因此称为声望因素。

职业价值观是个人复杂而多维度的心理因素,对职业的选择和衡量有多种要素的参与,但各要素起的作用是不同的。每个人深受家庭、学校、经历、社会以及个人价值观等各种因素的影响,在职业价值观形成之后,对职业的选择和愿望各不相同。

从当前的实际来看,经过对多所高校大学生的调查显示,大学生的职业价值观越来越重视上面提到的发展因素类型,或者说将发展因素放在职业选择的首位,而对保健因素和声望因素的重视程度则因人而异,差别较大。

大学生在对自己职业价值观进行分析和测定过程中,要将个人的价值观和职业价值观与社会价值观紧密地结合起来,不仅要知道自己"想要什么",还要知道社会"需要什么"。因为人终归是社会的人,不可能脱离社会而单独存在,因此,大学生要树立一种全新的职业价值观,既要依据自己的价值观来实现未来的职业道路,又要将自己的价值观融入社会发展的价值体系之中,实现个人和社会发展的最高目标。

思考题

1. 大学生如何理解"人最大的敌人不是别人而是自己,认识自己比认识别人更重要"这句话的含义。你一般通过什么方法来了解自己?

2. 根据霍兰德的职业兴趣六种类型,做一下对号入座。

3. 回忆并写下多年来最令你值得骄傲的一件事,并用几个词描述一下做成这件事所应用的能力和技巧。

4. 根据职业价值观中的发展、保健、声望三大因素的类型,分析一下自己在职业选择方面属于哪种类型。

第三章
Chapter 3

知 彼
——职业社会的认知

【本章导读】

大学生对当今职业社会的深入了解是职业生涯规划过程中必不可少的重要环节,也是大学生离开校门踏上职业道路的必修课程。大学生不仅要充分地认知自我,还要充分地了解职业社会。只有知己知彼,才能在制订职业目标和职业选择过程中少走弯路、握有胜算,做到人职匹配。本章通过对职业社会的基本概况、职业与专业、行业、企业的关系以及职业环境等介绍和分析,让同学们从对职业社会陌生到有一个了解的过程,并通过学习和实践逐渐掌握认知职业社会的途径和方法。

第一节 职业基本概况

一、职业的内涵

职业的问题不是简单的工作问题,大学生做职业规划也不是单纯地为了找一份工作。因为职业包含着非常丰富的内涵,它不仅关系到社会的稳定和发展,也关系到大学生就业后,从事某职业工作中是否适应,是否匹配,是否有发展空间等一系列问题。

(一)职业的定义

在某高校大学生职业生涯指导课堂上,当老师让同学们讨论什么是职业时,有一位学生提出一个问题:小偷算不算是一种职业?他认为小偷的行为是为了解决自己的生活来源。老师根据这个问题引导大家对职业做深入的探讨,并明确告诉同学们,小偷以偷取财物来解决自己生活来源的手段是不正当的,途径也不合法,是法律禁止的,更是受道德所谴责的,因而小偷不是一种职业。

虽然"小偷是不是职业"的问题只是职业规划教学中的一个教学案例,但在现实中,有很多人特别是大学生对职业的含义确实模糊不清。有人认为职业就是为了获取生活来源的活动;有人认为职业就是一份工作;有人认为职业是一种等级身份等。其实这些都是对职业片面的理解。

那么什么是职业呢?我们可以从三个方面来理解职业的含义:第一,运用专门的技能参与社会分工;第二,通过合法的劳动获取合理的报酬;第三,作为物质生活来源,满足精神生活需要。这样我们就可以给职业下一个定义:职业就是参与社会分工,利用专门的知识和技能,为社会创造物质财富和精神财富,获取合理报酬,并作为物质生活来源,满足精神需求的合法工作。职业本身体现了个人在社会中权利、义务和责任的高度统一,它是一种高尚的事业。

(二)职业的特征

职业具有以下五个特征:

1. 社会性

社会性是指职业是社会发展和社会分工的产物,任何职业都脱离不开社会而独立存在,社会越发展,分工就越精细。虽然职业不分高低贵贱,但因分工不同,在社会上承担的权利、义务及职责也不同。

2. 时代性

职业的时代性是指职业的种类和发展是随着时代的发展而发展变化的,具有鲜明的时代特征。随着社会的发展、时代的进步,职业也在不断地发展变化,一些职业就是因为无法满足时代的发展要求,不断被淘汰,而一些新的职业不断地产生。

进入21世纪,随着科学技术的迅速发展,新的职业,如航空领航员、动画绘制员、景观设计师、会展策划师、数字视频(DV)策划制作师、商务策划师、客户服务管理师等职业涌现出来;那些陈旧的行业,如修钢笔、补锅、电话总机接线员等将逐渐消失。

3. 技术性

任何一种职业都需要从业者具备该职业所要求的知识和技能,不同的职业要求不同。如教师需要掌握所教科目的专业知识,还要具备教学技能和帮助学生的技能;设计师需要具备良好的空间思维能力和数学、绘画技能等;机械工必须具备机械原理以及机械操作等技能。随着社会生产力和科技的高速发展和社会分工的精细化,职业的知识含量以及技术性的要求越来越高,大多数职业都需要经过专业的学习培训,掌握专门的知识和技能,或取得职业上岗证书或职业资格证书,才能上岗从业。

4. 经济性

职业的经济性是指在职业活动中,为社会创造财富的同时,也获得一定的经济收入,用来维持自己或家人的生计和发展。职业的经济性充分体现了个人对社会的贡献和社会对个人的回报和满足的高度统一。

5. 稳定性

从职业的技术性来看,大多数职业的技能培训并非一蹴而就,需要经过一定时间进行训练和适应,所以一旦选择了某种职业就不宜轻易改动和放弃,而应保持相对的稳定,只有稳定的职业生涯才能保证持续和稳定的经济收入,这就是职业的稳定性。有些大学毕业生在步入职业生涯初期,经常跳槽,结果换一个新的职业只能从头再来,失去了职业发展空间以及收入的持续性。重视职业的稳定性,并不是说大学毕业生在职业生涯中一生都不能变动职业,而是要慎重考虑是否人职匹配。

二、职业的发展和分类

职业是人类文明与社会分工的标志,职业的产生和发展,一方面体现了社会生产力和科学技术进步的结果,另一方面,职业的发展促进了社会生产力的提高和生产社会化、专业化的发展。一个国家社会职业的构成和结构,与该国的经济结构、社会经济和科学技术发展水平有着密切的关系。

要进一步了解职业,就要大致了解职业的发展状况和职业的分类情况。

(一)职业的发展

职业产生初期,种类极少,且发展缓慢。随着社会生产力的发展和科学技术的进步,社会分工越来越细,不断涌现出不少新型的职业,职业种类增加的速度也越来越快。

在原始社会,"居山狩猎、滨水捕鱼",算是职业的雏形。封建社会初期,职业与行业是同一术语,只被分为王公(统治者)、士大夫(执行官)、百工(手工匠人)、商旅、农夫等,各种加起来,不过三四十种。到了隋朝,行业有100多个,宋朝达200多个,明朝增至300多个,人称"三百六十行",中华人民共和国成立以后,各种职业总和已发展到10 000余种。

据有关资料介绍,在20世纪70年代,全世界职业种类已超过42 000种,目前则更多。

那么职业是如何分类的呢?下面主要介绍我国的职业分类情况。

(二)职业的分类

所谓职业分类,是根据一定的分类原则、标准和方法,对各种社会职业的种类和性质进行全面、系统的划分和归类。

由于各国经济发展水平不同,职业分类的标准也有所不同,下面介绍一下我国常见的两种职业分类。

第一种按职业性质分类：

由劳动部、国家统计局、国家技术监督局于1999年联合颁布的《中华人民共和国职业分类大典》，将我国职业归为8个大类，66个中类，413个小类，1 838个细类（职业），全面系统地反映了我国当前的职业分类情况，见表3.1。

表3.1 《中华人民共和国职业分类大典》类目介绍

类 别	中类	小类	细类（职业）
第一大类：国家机关、党群组织、企业、事业单位负责人	5	16	25
第二大类：专业技术人员	14	115	379
第三大类：办事人员和有关人员	4	12	45
第四大类：商业、服务业人员	8	43	147
第五大类：农、林、牧、渔、水利业生产人员	6	30	121
第六大类：生产、运输设备操作人员及有关人员	27	195	1 119
第七大类：军人	1	1	1
第八大类：不便分类的其他从业人员	1	1	1

第二种按产业分类：

根据《国民经济行业分类》，我国把国民经济产业划分为三大产业：

第一产业是指农业，包括农、林、牧、渔业。

第二产业是指工业，包括采矿业，制造业，电力、燃气及水的生产和供应业，建筑业。

第三产业是指社会服务业，除第一、第二产业以外的其他行业。第三产业包括为生产和生活服务的部门，为提高科学文化水平和居民素质服务的部门，为管理国家、管理社会服务的部门三方面。

第一产业是国民经济的基础行业；第二产业是国民经济发展的主导行业，是国家的经济命脉；第三产业是社会服务性行业。三者互相联系，互相作用，对整个行业的健康发展起到至关重要的作用。

一个国家产业结构的变化直接影响着职业结构的变化，改革开放后，我国的第三产业发展迅速。第三产业的不断发展，使得就业空间和机会也不断扩大和增加，如金融保险、旅游、广告装潢、信息服务、职业培训以及新型行业不断涌现，为大学生提供了广阔的就业天地。

职业的分类不是一成不变的，随着社会经济和科学技术的发展进步，各种新职业如雨后春笋般地涌现出来，如电子商务师、调查分析师、项目管理师等。

从2004年起，国家根据社会经济发展需要，建立了新职业定期发布制度，2004年8月至2007年4月，国家劳动和社会保障部共发布9批96种新职业。

2007年11月22日,劳动和社会保障部在青岛召开第十批新职业信息发布会,正式向社会发布我国服务业领域近来产生的10个新职业的信息。这10个新职业是:劳动关系协调员、安全评价师、玻璃分析检验员、乳品评鉴师、品酒师、坚果炒货工艺师、厨政管理师、色彩搭配师、电子音乐制作师、游泳救生员。

大学生对职业的内涵和分类要有所了解。掌握职业的特点,对选择适合自己的职业具有非常重要的指导性作用。

【小资料】

新职业界定和国家发布的12批122种新职业

一、新职业的界定

新职业是指经济社会发展中已经存在一定规模的从业人员,具有相对独立成熟的职业技能,《中华人民共和国职业分类大典》中未收录的职业。包括:

(一)全新职业:随着经济社会发展和技术进步而形成的新的社会群体性工作。

(二)更新职业:原有职业内涵因技术更新产生较大变化,从业方式与原有职业相比已发生质的变化。

二、新职业申报审核程序

(一)建议。各级各类机关、社会团体(组织)、企业、学校以及个人可结合实际,向劳动保障部职业技能鉴定中心(以下简称"部鉴定中心")提出新职业建议,并填写新职业建议书。

(二)论证。由专家对新职业从重要性、独特(立)性、规范性、技术性、稳定性等方面进行论证、审核。

(四)公示。专家审核结果通过公共服务网络平台向社会公示,广泛征求意见。

(五)发布。劳动和社会保障部适时对外发布。

三、新职业公示和发布的公共服务网络平台:

中国劳动力市场网(网址:http://www.lm.gov.cn)

国家职业资格工作网(网址:http://www.osta.org.cn)

四、劳动和社会保障部发布的新职业名单

第一批新职业:

2004年8月19日,劳动和社会保障部正式向社会发布第1批9个新职业,具体职业名称为:形象设计师、锁具修理工、呼叫服务员、水生哺乳动物驯养师、汽车模型工、水产养殖质量管理员、汽车加气站操作工、牛肉分级员、首饰设计制作员。

第二批新职业:

2004年12月2日,劳动和社会保障部正式向社会发布第2批10个新职业,具体职业名称为:商务策划师、会展策划师、数字视频(DV)策划制作师、景观设计师、模具设计师、建筑模型设计制作员、家具设计师、客户服务管理师、宠物健康护理员、动画绘制员。

第三批新职业:

2005年3月31日,劳动和社会保障部正式向社会发布第3批10个新职业,具体职业名称为:信用管理师、网络编辑员、房地产策划师、职业信息分析师、玩具设计师、黄金投资分析师、企业文化师、家用纺织品设计师、微水电利用工、智能楼宇管理师。

第四批新职业：

2005年10月25日，劳动和社会保障部正式向社会发布第4批11个新职业，具体职业名称为：健康管理师、公共营养师、芳香保健师（SPA）、宠物医师、医疗救护员、计算机软件产品检验员、水产品质量检验员、农业技术指导员、激光头制造工、小风电利用工、紧急救助员。

第五批新职业：

2005年12月12日，劳动和社会保障部正式向社会发布第5批10个新职业，具体职业名称为：礼仪主持人、水域环境养护保洁员、室内环境治理员、霓虹灯制作员、印前制作员、集成电路测试员、花艺环境设计师、计算机乐谱制作师、网络课件设计师、数字视频合成师。

第六批新职业：

2006年4月29日，劳动和社会保障部正式向社会发布第6批14个新职业，具体职业名称为：数控机床装调维修工、体育经纪人、木材防腐师、照明设计师、安全防范设计评估师、咖啡师、调香师、陶瓷工艺师、陶瓷产品设计师、皮具设计师、糖果工艺师、地毯设计师、调查分析师、肥料配方师。

第七批新职业：

2006年9月21日，劳动和社会保障部正式向社会发布第7批12个新职业，具体职业名称为：房地产经纪人、品牌管理师、报关员、可编程序控制系统设计师、轮胎翻修工、医学设备管理师、农作物种子加工员、机场运行指挥员、社会文化指导员、宠物驯导师、酿酒师、鞋类设计师。

第八批新职业：

2007年1月11日，劳动保障部在上海召开第8新职业信息发布会，正式向社会发布10个新职业，这些职业是：会展设计师、珠宝首饰评估师、创业咨询师、手语翻译员、灾害信息员、孤残儿童护理员、城轨接触网检修工、数控程序员、合成材料测试员、室内装饰装修质量检验员。

第九批新职业：

2007年4月25日，劳动保障部发布的第9批新职业，这10个新职业是：衡器装配调试工、汽车玻璃维修工、工程机械修理工、安全防范系统安装维护员、助听器验配师、豆制品工艺师、化妆品配方师、纺织面料设计师、生殖健康咨询师和婚姻家庭咨询师。

第十批新职业：

2007年11月22日，劳动和社会保障部在青岛召开第10批新职业信息发布会，正式向社会发布我国服务业领域近来产生的10个新职业的信息。这10个新职业是：劳动关系协调员、安全评价师、玻璃分析检验员、乳品评鉴师、品酒师、坚果炒货工艺师、厨政管理师、色彩搭配师、电子音乐制作师、游泳救生员。

第十一批新职业：

2008年5月28日，人力资源和社会保障部在广州市召开第11批新职业信息发布会。公布了8个新职业信息。这8个职业是：动车组司机、动车组机械师、燃气轮机运行值班员、加氢精制工、干法熄焦工、带温带压堵漏工、设备点检员、燃气具安装维修工。

第三章 知彼——职业社会的认知

> 第十二批新职业：
> 2009年11月12日，人力资源和社会保障部在上海召开第12批新职业信息发布会，正式向社会发布8个新职业的信息。新职业是：皮革护理员、调味品品评师、混凝土泵工、机动车驾驶教练员、液化天然气操作工、煤气变压吸附制氢工、废热余压利用系统操作工、工程机械装配与调试工。
> 下一步，人力资源和社会保障部将启动《中华人民共和国职业分类大典》的修订工作，以客观反映我国职业的发展变化情况。
> （来源：北京社会管理职业学院、民政部职业技能鉴定指导中心，2010-12-03）

第二节 职业与专业、行业、企业的关系

一、专业与职业

作为一个学生在进入大学前就面临着就读什么大学和什么专业的选择，其中选择专业对学生的影响在某种程度上比选择上什么大学的影响还要大。那么是选择学生喜欢和感兴趣的专业，还是选择社会上就业热门的专业？对这个问题，目前是见仁见智。但在现实中，有很多学生和家长在选择专业上都抱有盲目从众心理，不论学生是否喜欢，只报社会上的热门专业，结果学生不喜欢本专业，也不喜欢与之相关的职业，最后毕业后选择了与专业不对口的其他职业。

在高考填志愿时，是家里人为我选择的热门专业——会计专业。家长认为女孩子学这个专业，将来工作可以安安稳稳地坐在办公室里，不用东奔西跑。可我更喜欢与人沟通、富有挑战性的工作，对会计专业并不感兴趣。可是想想父母是为了我好，也有能力为我毕业后安排到某单位做会计工作，我也就同意了报考会计专业。可进入大学后，我才发现自己根本不是学会计的料，所以连会计上岗证都没有考。我利用课余时间选修了市场营销专业，在实习期间我到了一家广告公司做业务员，毕业后留在了这家广告公司，现在做了营销部主管。虽然当初在专业选择上有些盲目，但我没有虚度，在学习中选修了自己感兴趣的专业，找到了我喜欢的职业，让我更加珍惜现在的工作。

大学生如何处理好专业与职业的关系至关重要，从长远的观点来看，可以直接影响着大学生的职业选择和职业生涯的发展。大学生该如何把握和处理好专业与职业的关系，有以下几点可以作为参考：

第一，作为高校，其学科专业的设置是人才培养规格的重要标志，大学生只有完成专业教学计划的学习任务，才能算是一个符合专业培养规格的合格毕业生。作为用人单位，其用

人标准也通常是按专业来选择,一个大学毕业生不可避免地贴上专业的标签,而这种标签也正是进入某些职业的通行证。因此,在大学期间,大学生首先要达到主修专业合格毕业生的基本要求。

第二,大学生无论选择什么主修专业,都要充分了解自己所学的专业,更要了解专业的社会需求情况。如果你喜欢所选择的专业以及所对应的职业,那么就需要在完成专业学习的同时,将对专业的学习优势转化为适应职业发展需要和提升职业能力上来;如果你对所学的专业不感兴趣,那也不要弃之不学,而要在达到主修专业合格的基础上,进一步通过第二专业或第二学位的辅修以及自学其他专业,来提高综合职业技能,努力适应多种职业对人才的要求。

第三,随着社会的发展,职业对大学生的要求越来越高,用人单位也越来越挑剔,从某种意义上讲,大学生提高职业适应性和职业能力比按教学计划学好专业更为重要。进入大学,一定要进行专业学习,但专业学习要建立在个人对职业选择和职业发展的基础上,大学生要根据职业发展的需要,选择好主修专业和辅修专业,积极参加职业培训和获取相应的职业资格证书,要合理安排专业学习计划,逐步积累和掌握职业发展需要的专业技能。

某招聘网对已毕业的大学生做了一个专业选择和职业发展关系的调查问卷:

第一,"你认为专业选择对就业的影响大吗?"①选择影响不大,占17%;②选择有一定影响的,占34%;③觉得影响很大的,占49%。

第二,"当初根据什么报的专业?"①是根据自己的兴趣决定的,占42%;②是听从父母的决定,占26%;③服从调剂分配,占24%;④根据学校老师和同学意见报的,占8%。

第三,"你目前从事的职业和大学所学的专业对口吗?"①有关系但非本专业对口工作,占43%;②专业对口吻合的,占26%;③没关系,却是我的爱好和特长,占9%;④根本没有关系的,占22%。

第四,"如果您有机会从头再来,还会选这个专业吗?"①表示会选择另外一个专业的,占52%;②在本专业基础上再学一个第二专业的,占34%;③仍旧学现在的专业的,占14%。

(来源:《中华英才网》)

二、行业与职业

我们常常听人说:"千万不要进入陌生的行业",或"隔行如隔山",还有"三百六十行,行行出状元"等。这里的"行"所指的既是行业,也有职业之意。所谓行业是指从事国民经济中相同性质的生产或其他经济活动的所有组织的集合。比如,各级各类学校和各类教育机构就构成了教育行业;各种计算机、软件、网络等公司构成了IT行业;各类建筑公司以及与建筑有关的组织就形成了建筑行业。

行业与产业的差别主要是范围不同,产业是行业的集合,是经济活动最基本的描述。

职业与行业之间的关系是相互交叉的,有时是包含的。任何一种职业都可以归于国民经济中某个行业。一个职业往往存在于一个基本行业之中,而不同的行业可以包含相同的职业。比如,会计作为一个职业,可以存在于教育行业,也可以存在于建筑行业,还可以存在于其他任何农、工、商等各种行业之中。

我国不同的行业有着不同的发展前景和不同的境遇。比如,有些行业在国民经济中正处于发展阶段,属于新兴行业或称朝阳行业,有些属于重点支柱行业,也有些属于传统行业,还有些属于夕阳行业。所以,大学生首先要充分了解所选择的行业在国民经济中的发展现状和所处的地位,这样可以避免大学生因不了解行业的情况而选错行。

【小资料】

2011年我国颁发的《国民经济行业分类》,把国民经济的行业分为20个门类:

① 农、林、牧、渔业。
② 采掘业。
③ 制造业。
④ 电力、燃气及生产和供应业。
⑤ 建筑业。
⑥ 交通运输、仓储和邮政业。
⑦ 信息传输、计算机服务与软件业。
⑧ 批发与零售业。
⑨ 住宿和餐饮业。
⑩ 金融业。
⑪ 房地产业。
⑫ 租赁与商务服务业。
⑬ 科学研究、技术服务和地质勘查业。
⑭ 水利、环境和公共设施管理业。
⑮ 居民服务和其他服务业。
⑯ 教育。
⑰ 卫生、社会保障和社会福利业。
⑱ 公共管理和社会组织。
⑲ 文化、体育和娱乐业。
⑳ 国际组织。

三、企业与职业

大学毕业生虽然有多种渠道来选择职业,如考公务员或自己创业等,但大多数选择的是去企业工作。

企业是从事生产、流通、服务等经济活动,以生产或服务满足社会需要,实行自主经营、独立核算、依法设立的一种营利性的经济组织。既然企业是一个营利性的经济组织,那么企业对招聘大学生都要有一定的标准和要求,而且是越来越高。

(一)企业用人的标准

一位经常招聘大学生的企业人力资源经理,提出企业希望大学生至少要具备以下三点素质和能力:第一,要有一定的学习能力,包括不断提高专业技能和适应能力等;第二,有良好的道德品质和敬业精神,讲诚信、吃苦耐劳;第三,要有较强的人际交往和沟通能力。

不同的企业选拔大学生有不同的标准。譬如:

联想集团坚持按两大标准选才:一是对公司核心价值的认同;二是"人岗匹配",即能适应岗位的需求。

英特尔集团:除了专业和语言的基本要求外,"学习能力"与"团队精神"是非常看重的因素。

上海汽车工业集团选拔学生的标准有四点:一是学习成绩优秀;二是社会实践丰富;三是最好是学生党员或是学生干部;四是有良好的外语功底,有的岗位要求必须精通两门外语。

诺华制药:关注七大核心能力——创新、团队协作、领导艺术、顾客为本、变革发展、沟通技巧、注重实效。

IBM公司的用人标准是:第一个是自豪感,第二个是创新,第三个是灵活性,第四个是高绩效文化即贡献及工作热情。

多维集团更看重大学生的素质有两点:一是他们的自信;二是学习能力。

从以上企业对大学生的要求来看,虽然每个企业的企业文化和背景不尽相同,对大学生的要求有不同的侧重点,但概括起来有以下几个方面:第一,要有良好的道德品质和修养;第二,有吃苦耐劳的精神;第三,必须具备一定的学习能力,掌握专业技能;第四,要善于沟通、善于合作,具有团队精神;第五,要有积极进取、勇于创新的精神。

(二)企业类型

大学生选择企业千万不要无目标、盲目地"有病乱投医",要了解企业的类型,根据自己的兴趣、能力、价值观、目标等,以及企业选用人才的标准来选择企业的类型。

这里主要介绍以下三大企业类型:

1. 国有企业

国有企业是指企业全部资产归国家所有,并按《中华人民共和国企业法人登记管理条例》规定登记注册的非公司制的经济组织,包括有限责任公司中的国有独资公司。资产的投入主体是国有资产管理部门的,就是国有企业,如中石油、中石化、中海油、中国移动、国家开发银行、进出口银行；国资委下属的国有企业如中纺、中化、中建、中粮、中国人寿、烟草等,这些都属于中国具有规模的大型国有企业。

国企的特色优势表现为管理规范、福利待遇较好,国企职工享有年休假、疗养假、生育假、病假等各种假期。但大多国有企业因政府长期大力扶持,具有一定的垄断性,导致企业缺乏竞争力与创新精神。有不少中小型国企在市场竞争中倒闭或被其他民营企业吞并。

2. 三资企业

通常把在中国境内设立的中外合资经营企业、中外合作经营企业、外资企业三类外商投资企业统称为三资企业。它是经我国有关部门批准,遵守我国有关法规规定,从事某种经营活动,由一个或一个以上的国外投资方与我国投资方共同经营或独立经营,实行独立核算、自负盈亏的经济实体。

改革开放以来,三资企业已经成为我国企业系统一个组成部分,办好三资企业,对吸引外资、引进先进技术和先进管理经验、扩大出口渠道都具有重要意义。

我们通常将三资企业称为外企,外企主要包括欧美、港台和日韩等企业类型。外企对人的综合素质与能力要求较高,重视个人气质与礼仪。

3. 民营企业

民营企业是指非公有制的所有企业,是由自然人投资设立或由自然人控股,以雇佣劳动为基础的营利性经济组织,包括按照《公司法》《合伙企业法》《私营企业暂行条例》规定登记注册的私营有限责任公司、私营股份有限公司、私营合伙企业和私营独资企业。如联想集团、阿里巴巴、森马集团、新希望集团等都是民营企业的杰出代表。

大学生特别是民办院校的大学生选择民营企业比较多,企业要求大学生要有较强的综合素质,希望一人独当多面,在民营企业发展的机会和空间较大,容易发挥个人的特长。但因有些中小型民企老板追求实际,加之大学生工作心态不稳定,跳槽频率较高。

(三)如何选择企业类型

大学生如何选择不同类型的企业,可从以下几个方面考虑:

1. 根据个人目标选择企业类型

如果有了明确的职业目标,可以依照企业类型对目标的支持程度和作用大小来确定,如果还没有明确的职业目标,那么可以结合个人的兴趣爱好、能力和价值观等因素去选择。

2. 根据企业文化选择企业类型

每个企业的类型和背景不同,企业的文化也各不相同,可以结合个人的偏好和需要,经过对企业文化的考察,看是否符合自己的需要,依此确定你选择的企业类系。

3. 根据个人发展空间选择企业类型

选择什么样的企业类型,还需要考虑未来自己的职业发展空间,不一定每个人都要选择国有企业或外企,如果民营企业、中小型企业对自己来讲未来发展空间更大,那么选择这样的企业会对自己的职业发展更有利。

4. 根据个人当前综合情况选择企业类型

大学生选择企业类型还要结合个人当前的能力、所学的专业等综合情况而定。如果你只想去外企,要考虑到现在的英语四、六级过没过,口语程度如何?有没有突出的社会实践经历;如去国有企业,那就要看你的学校和专业水平以及其他社会因素,因此在选择之初还要对自己的综合能力和素质以及社会关系、环境等进行一个客观的评估。

很多大学生对行业与企业类型、性质不甚了解,不同的行业,有其不同的特征、规模和发展前景,所代表的企业也不尽相同。而不同的企业类型,其企业文化、职业分类、岗位分工、工作制度和技能要求等方面差异较大。因此,我们在选择自己的职业目标时,要充分考虑行业与企业类型。

【小资料】

美国著名人力资源专家詹姆斯·希尔曼多年潜心研究世界 500 强企业的用人之道,发现有 13 种人是世界 500 强企业最讨厌的也是坚决不用的人:

① 没有创意的鹦鹉。
② 无法与人合作的荒野之狼。
③ 缺乏适应力的恐龙。
④ 浪费金钱的流水。
⑤ 不愿沟通的贝类。
⑥ 不注重资讯汇集的白纸。
⑦ 没有礼貌的海盗。
⑧ 只会妒忌的孤猿。
⑨ 没有知识的小孩。
⑩ 不重视健康的幽灵。
⑪ 过于慎重消极的岩石。
⑫ 摇摆不定的墙头草。
⑬ 自我设限的家畜。

第三节 职业环境分析

大学生接触社会较少,对职业环境了解得不够,因而在制订职业规划和目标过程中存在盲目性,缺乏明确的目标和针对性。因此,清醒地认识社会环境和职业环境,对大学生来说是非常必要的。一般情况下,对职业环境的分析可以从两个方面进行:社会环境分析和自身环境分析。

一、社会环境分析

对社会环境的分析一般从四个角度进行：社会背景环境、行业环境、组织内部环境和岗位环境。

（一）社会背景环境分析

社会背景环境分析主要是对大学生职业发展的宏观环境及其发展变化趋势的分析。

1. 区域环境及经济发展水平

地域环境不同，地方的经济发展水平不同，当地的文化环境也有所不同，因而人才储备状况、发展空间、竞争状态更是不尽相同。大学生选择职业和职业发展应结合自己的实际情况，综合考虑区域的优势，选择适合自己的区域。选择在经济发达城市还是在经济落后城市工作，其职业发展的机会各不相同，各有利弊。

2. 社会文化环境

社会文化环境通常是在一定社会形态下的教育水平、道德规范、宗教信仰及文化习俗、人文状况等，体现国家或地区社会文明程度的精神财富的总和。在良好的社会文化环境中，个人在工作、学习、生活等方面能受到更好的教育和熏陶，从而为职业发展打下良好的基础。

3. 社会职业价值观念

目前我国社会职业价值观念的特征为：多元并存，新旧交替。大学生充分了解和分析整体社会职业价值取向，有利于自我职业价值观的确立和调整，有利于明确自己的职业选择方向和制订适合社会发展的职业生涯规划。

（二）行业环境分析

大学生在选择职业前，要知道自己以后想进入哪个行业，有必要探索和了解一下行业的发展前景以及行业内人才的基本结构、要求、储备和竞争等状况。

1. 分析行业现状

随着经济和社会分工的不断发展，社会行业的数量、种类、结构和要求等也在不断地发生变化。行业发展还将会继续随着社会的发展不断地发生变化，因此要求我们在做职业生涯规划和职业选择的时候，要用动态和发展的眼光审视行业的现状和发展方向。

2. 行业发展前景分析

在了解目标行业的现状和发展阶段的同时，还需要进一步明确自己的目标行业是属于新兴行业还是传统行业。不能以行业的发展时间长短来判断一个行业的未来的前途，而应该看这个行业是否具有较强的生命力，是否有强大的资金技术支持，是否有相关国家政策、法律法规的鼓励和扶持，以及当前国内外形势等因素，结合自身的职业兴趣爱好等做出理性的判断和选择。

(三)组织内部环境分析

如果再分析得细致些,就要对所选择的职业的内部环境中的一个组织、一个单位和具体的公司进行分析。一般在分析一个组织内部环境时要分析组织内部人员状况,实力与规模,组织内部结构和组织文化等。

1. 组织内部人员情况

大学毕业生在确定自己的目标单位后,可以通过浏览该单位网站初步进行了解,也可以与单位普通员工访谈或到单位实地进行考察等。在考察中特别要注重观察领导人的领导风格、教育背景、处世方式以及员工的精神面貌、工作情绪等,通过这样的观察可以了解到目标单位的工作氛围与和谐程度,并与自己的预期值进行对比,从而做出正确的选择。

2. 组织实力与规模

对组织实力与规模的调查需要对组织的人员规模、设备条件、经济实力、发展前景等进行分析。这些信息一般可以从该组织的网页、相关报道、行业排行中获得,也可以进行实地考察。

3. 组织内部机构

组织内部机构是组织的基本架构,是资质管理的重要组成部分,关系到员工的能力培养、发展方向和晋升机会。大学生要了解目标组织的内部结构,并结合自己的工作理想抱负和奋斗目标具体分析,选择适合自己的组织机构,确定自己在组织中的位置以及未来的发展目标。

4. 企业文化

企业文化也可称为组织文化,是企业成员共同的价值观念和行为规范,是企业为解决生存和发展问题而树立形成的,被组织成员认为有效而共享,并共同遵循的基本信念和认知。企业文化集中体现了一个企业经营管理的核心主张,以及由此产生的组织行为。企业文化的人文力量,可以为员工创造一个具有和谐的人际关系、能够充分发挥各自能力、实现自我价值、具有丰富多彩生活的宽松工作环境。

(四)岗位环境分析

大学生在应聘或入职前,有必要在做规划时对该企业的岗位职责、工作要求、薪资情况、岗位流动状况等进行通盘的了解,特别要了解工作岗位对大学生有哪方面的要求。一般来说,任何单位的工作岗位都有两个最基本的要求:一个是通用要求,包括基本职业素质和基本技能的要求;另一个是特殊要求,包括特殊的专业技能要求。

二、自身环境分析

大学生职业生涯发展有着不同的轨迹,每个人都会有自己的职业起点和职业归宿。在大学生职业生涯发展过程中,会受到很多因素的影响;而最直接影响个人职业选择和职业发展的莫过于自身生存和生长的环境。因此在制订自己的职业生涯规划时,要充分考虑和分析自身的环境,也就是分析影响自己生涯规划发展的内在因素。

对自身环境可以从以下四方面进行分析:

(一)家庭因素

大学生在做个人的职业生涯发展规划的时候,应充分考虑自己的家庭状况及生活背景,要分析家庭状况可能给自己提供的机会以及可能会给自己造成的负担,从而避免今后产生工作与家庭的冲突。如果能充分利用好家庭的背景和关系,的确可以为大学生就业、创业及职业发展提供便利条件。

(二)专业知识和通用知识

大学生在做职业规划时,应该尽量考虑将来尽可能地应用自己的专业知识和通用知识,一般来说,用人单位招聘毕业生,首先考虑的是毕业生所学的专业,但从目前的就业形势和社会经济发展来看,职业发展的趋势是专业知识和通用知识相结合,那种通用型人才、复合型人才更具有普遍的适应性和更广阔的发展空间。因此,大学生应该在学习专业知识的同时,努力学习新知识,特别是一些通用知识和综合技能,提高自己的实际操作能力,这样才能尽快地适应工作环境并提高工作能力。

(三)个人经历

为了使自己的个人职业生涯规划更加合理、更具有可行性,有必要在学校期间尽可能多地参加社会实践活动,增加自己的社会阅历和人生经历,而这正是企业所看重的。

(四)社会关系

要仔细分析自己周围可利用的社会资源,例如学校的整体环境资源、家庭的资源、老师的资源、同学的资源、网络资源,以及自己的前辈们所能提供的资源。这些资源不仅仅是一种财力物力上的支持,更是经验上、智力上和精神上的支持。因此,大学生应该学会如何发现和利用自己周围环境的可利用因素,这也是一种基本的生存技能。

三、职业环境分析的途径和方法

大学生了解职业环境的最好途径和方法就是实践。只有通过实践,才能形成感性认识,从而指导自己的学习和生活,逐步调整和丰富自己的职业生涯规划,使自己的职业生涯规划更加趋于合理。

可以通过以下几种形式对职场进行分析,做到早定位、早准备。

（一）充分利用网络资源

利用网络资源不仅是为了获取招聘信息，更多的是要了解职业环境，并为职业规划决策服务。可以通过互联网获取很多信息，例如了解用人单位的基本概况、行业排行、单位的发展状况、用人标准等。

（二）生涯人物访谈

了解职场社会，对职场人士进行访谈，是一种最直接、最易操作的方式。大学生可以根据自己的专业或者兴趣选择不同职业人士或已毕业的学哥学姐进行访谈与调查，借鉴他们的成功经验，吸取他们教训，避免今后自己走弯路。可以将他们的生涯规划道路与自己的规划进行比较，不断地调整自己的职业生涯规划。

（三）参观、实习和感悟

大学生可以利用寒暑假，主动联系工作单位进行实习，亲身走进企业，将自己的所学运用到实际的工作环境中去，并从实际工作中发现自身所学与实际能力要求之间的差距；或者经常参加人才市场的招聘，体验和加强自身对职场的认识和理解，从而增加阅历，积累经验，用职场中所学和所感悟的来指导今后自己的职业成长。

【小资料】

2010年后十大热门职业

经过综合专业招聘网站智联招聘网和中华英才网所做的择业调研，以及雅虎中国所做的中产阶级调查，并结合我国经济发展的大趋势，请专家预计的2010年后的职场新趋势。

1. 同声传译

同声传译员被称为"21世纪第一大紧缺人才"。随着中国对外经济交流的增多和奥运会带来的"会务商机"的涌现，需要越来越多的同声传译员。随着国际交流的不断深入，入驻中国的外国大公司越来越多，对此方面人员的需求量也将不断地增加。

2. 3G工程师

据计世资讯发布的相关研究报告称，估计国内3G人才缺口将达到50万人以上。

3. 网络媒体人才

随着IT网络信息时代的不断发展，网络文化成为人类文化传播的一个主要途径，网络媒体人才的需求不断增加。目前，类似于在新浪和搜狐的网络编辑招聘岗位逐步涌现。

4. 物流师

物流人才的需求量为600余万人。相关统计显示，目前物流从业人员当中拥有大学学历以上的仅占21%。许多物流部门的管理人员是半路出家，很少受过专业的培训。

5. 系统集成工程师

用户对系统集成服务的要求不断提高,从最初的网络建设到基于行业的应用,再到对业务流程和资源策略的咨询服务。未来系统集成工程师应该是一路走高的职业。

6. 环境工程师

环境问题日益成为全球化的热点,各国都在努力改善整个地球的生存环境,环境工程师成为一个紧缺型的人才。相关资料显示,目前我国环保产业的从业人员仅有13万余人,其中技术人员8万余人。按照国际通行的惯例计算,我国在环境工程师方面的缺口在42万人左右。

7. 精算师

我国被世界保险界认可的精算师不足10人,"准精算师"40多人,在当今的国内人才市场上,精算师可谓凤毛麟角。

随着国际保险巨头在中国开拓市场以及国内企业的需要,精算师是几年后保险业最炙手可热的人才,目前在国外的平均年薪达10万美元,国内目前月薪也在1万元以上。

8. 报关员

"入世"后,我国的对外贸易的迅速增长使得对报关员的需求增加。据中华英才网、智联招聘网显示的资料,报关员目前的收入每月在5 000元至8 000元之间,目前在贸易发达的珠三角地区报关员月薪都在七八千元。

未来几年内,就业市场对报关员的需求将有数十倍的增长。报关员的工资涨幅一般在每年10%~20%。

9. 中西医师/医药销售

生活的压力使人们更加关注健康,人类在医疗方面的需求增加,使得社会对医师和医药方面的人才需求增加。医学院校毕业的学生通常有三条路可以走:一是进入医院,如急救医生、产科医生、妇科医生、眼科医生、儿科医生及牙医和理疗医师等;二是进入医药生产流通企业;三是继续深造。

10. 注册会计师

根据中国经济高速发展的需要,至少急需35万名注册会计师,而目前实际具备从业资格的只有8万人左右,其中被国际认可的不足15%。

思考题

1. 上了大学后才发现你所选择的专业不是你喜欢的,你该怎么办?
2. 分析一下用人单位最重视大学毕业生的素质有哪些?
3. 分析你的专业、兴趣、特长以及能力等方面,选择什么类型的用人单位比较适合自己?
4. 选择职业需要分析哪些环境?

第四章

Chapter 4

参考与借鉴

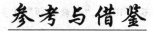

——国外职业发展与职业匹配理论

> 【本章导读】
> 本章介绍几位国外著名的职业生涯专家所阐述的关于职业发展和职业匹配等重要理论。通过学习和探索这些理论,对大学生提高职业规划和职业决策的能力具有一定的参考和借鉴作用。

第一节 职业发展阶段理论

目前,我国职业发展阶段理论主要是沿用了美国著名的职业指导专家的。在大学生职业发展过程中,由于对职业的需要和定位以及追求发展的方向存在着较大的差异和波动,因而职业发展阶段理论对大学生职业生涯不同的发展阶段具有重要的指导作用。

一、舒伯的职业发展阶段论

在我国职业规划教学中应用最广泛的是美国职业管理学家舒伯(Super)的职业发展阶段论。舒伯通过长期的研究,系统地提出了有关职业生涯发展的观点。他认为,每个人都有一个职业发展阶段,分为成长期、探索期、建立期、维持期和衰退期五个阶段。

(一)成长期(1~14岁)

成长期属于认知阶段。在这个阶段中,人的角色首先是儿童,入学后是学生,孩童时就开始发展自我概念,学会以各种不同的方式来表达自己的需要,并且通过对现实世界的不断尝试来修饰自己的角色。这个阶段发展的任务是:发展自我形象,发展对工作世界的正确态度,并开始了解工作的意义。

(二)探索期(15~24岁)

探索期属于学习打基础并成为职业角色的准备阶段。处在该阶段的青少年,通过学校的学习、社团活动、兼职打零工等机会,对自我能力、角色和职业社会做了一番探索,因此选择职业时有较大的弹性。这个阶段发展的任务是:使职业偏好逐渐具体化、特定化并实现职业偏好,这个阶段也正是我国大学生做好自己职业生涯规划、明确职业目标的最佳阶段。

(三)建立期(25~44岁)

在建立期中,学生的角色转变为职业角色。工作者的角色成为大多数人生活的最大重心,而家庭照顾者,如家长、配偶的角色也逐渐明显和加重。由于经过上一阶段的探索,该阶段的主要任务应该是调整、稳固和要求上进,明确自己在整个职业生涯发展中的长远目标和自己的位置。

(四)维持期(45~65岁)

维持期属于升迁和专精阶段。在这个阶段中工作如日中天,事业发展到顶峰,休闲者和公民的角色变得逐渐重要。个体仍希望继续维持属于他的工作职位,同时会面对新的人员的挑战。这一阶段发展的任务是维持既有成就与地位。

(五)衰退期(65岁以上)

衰退阶段属于退休阶段。由于生理及心理机能日渐衰退,个体不得不面对现实从积极参与到隐退。这一阶段往往注重发展新的角色,学会适应退休生活,寻求不同方式以替代和满足需求。

职业生涯阶段发展重点见表4.1。

表4.1 职业生涯阶段发展重点

阶段	年龄/岁	时期	发展重点
成长期	0~10 11~12 13~14	幻想 兴趣 能力	受家庭教育和保护 适应学校生活和社会生活 逐渐认识自己 了解工作的意义

续表 4.1

阶段	年龄/岁	时期	发展重点
探索期	15～17 18～21 22～24	试探 转变 尝试	初步、简单的职业选择 多种职业的抉择 恐惧工作压力 努力寻找合适工作 工作面对挫折
建立期	25～30 31～44	稳定 建立	安定、检讨、婚姻的选择、养儿育女 统整、稳固并力求上进和升迁
维持期	45～64	维持	维持既有职位与成就 准备退休计划
衰退期	65 以上	衰退	适应退休生活 发展新角色

二、金斯伯格的职业意识发展理论

金斯伯格是美国的著名职业心理学家,是职业发展理论的先驱和代表人物。他重点研究了童年到青少年阶段的职业心理发展,通过比较从儿童期到成年早期和成熟过程中的各个关键点上有关职业选择的想法和行动,这对正处于成熟过程中的大学生,在职业选择和规划方面有着启迪和指导作用。金斯伯格把人的职业选择心理的发展分为幻想期、尝试期和现实期三个阶段。

(一)幻想期(4～11 岁)

处于 11 岁之前的儿童时期。儿童们对大千世界,特别是对于他们所看到或接触到的各类职业工作者,如司机、教师、警察、军人、医生、飞行员、演员等,都充满了新奇感,他们幻想着自己长大后成为什么样的人、做什么等,并常常会在游戏中扮演他们各自所喜爱的角色,甚至还会在日常穿着打扮与语言行动上进行效仿。这一时期的职业需求特点是单纯由自己的兴趣爱好所决定,并不考虑也不可能考虑自身的条件、能力水平和社会需要与机遇,完全处于幻想之中。

(二)尝试期(11～17 岁)

这是在初、高中学习,由少年儿童向青年过渡的时期。在这一时期,人的心理和生理在迅速成长发育和变化,有独立的意识,价值观念开始形成,知识和能力显著增长和增强,初步懂得社会生产和生活的经验。在职业需求上呈现出的特点是：有职业兴趣，但不仅限于此，更多地和客观地审视自身各方面的条件和能力；开始注意职业角色的社会地位、社会意义，以及社会对该职业的需要。

(三) 现实期(17岁以后)

这时期是指17岁以后的青年和成年期。在这一时期，即将参加社会劳动，能够客观地把自己的职业愿望或要求同自己的主观条件、能力以及社会现实的职业需要密切联系和协调起来，寻找适合自己的职业角色。这一时期的职业需求已经不再模糊不清，而是有着具体而现实的职业目标，其表现出的最大特点是客观性、现实性、讲求实际。

金斯伯格的职业发展论，事实上是前期职业生涯发展的不同阶段，也就是说，是最初就业前人们职业意识或职业追求的变化发展过程。

金斯伯格在1983年对他的理论又进行了新的阐述，进一步完善了职业发展理论体系，其中一个重要的观点，是对那些能从工作中找到满足的人来说，职业选择是一个终身的决策过程，也是不断修正职业目标与工作现实之间的匹配过程。这一理论对我们当前大学生选择职业有着现实的指导意义。

三、施恩的职业社会周期理论

美国麻省理工学院的商学教授，著名的职业心理学家埃德加·施恩教授，根据人的生命周期的特点和不同年龄阶段的人所面临的主要心理、生理、家庭问题及其职业工作的主要任务，将职业生涯划分为九个阶段，见表4.2。

表4.2 施恩的职业生涯发展九阶段论

阶段	角色	主要任务
成长、幻想、探索阶段(0~21岁)	学生、职业工作的候选人、申请者	发现和发展自己的需要、兴趣、能力，为进行实际的职业选择打好基础；学习职业方面的知识；做出合理的接受教育决策；开发工作领域中所需要的知识和技能
进入工作(16~25岁)	应聘者、新学员	进入职业生涯；学会寻找并评估一项工作，做出现实有效的工作选择；个人和雇主之间达成正式可行的契约；个人正式成为一个组织的成员
基础培训(16~25岁)	实习生、新手	了解、熟悉组织，接受组织文化，克服不安全感；学会与人相处，融入工作群体；适应独立工作，成为一名有效的成员

续表 4.2

阶段	角色	主要任务
成员资格 (17~30岁)	取得组织正式成员资格	承担责任,成功地履行第一次工作任务;发展自己的专长,为提升或横向职业成长打基础;重新评估现有的职业,理智地进行新的职业决策;寻求良师和保护人
职业中期 (25岁以上)	正式成员、任职者、终生成员、主管、经理等	选定一项专业或进入管理部门;保持技术竞争力,力争成为一名专家或职业能手;承担较大责任,确定自己的地位;制订个人的长期职业计划;寻求家庭、自我和工作事务间的平衡
职业中期危险阶段(35~45岁)	正式成员、任职者、终生成员、主管、经理等	现实地评估自己的才干,进一步明确自己的职业抱负及个人前途;就接受现状或者争取看得见的前途做出具体选择;建立与他人的良好关系
职业后期 (40岁到退休)	骨干成员、管理者、有效贡献者等	成为一名工作指导者,学会影响他人并承担责任;提高才干,以担负更大的责任;选拔和培养接替人员;如果求安稳,就此停滞,则要接受和正视自己影响力和挑战能力的下降
衰退和离职阶段 (40岁到退休)		学会接受权力、责任、地位的下降;基于竞争力和进取心下降,要学会接受和发展新的角色;并准备退休
退休		适应角色、生活方式和生活标准的急剧变化,保持一种认同感;保持一种自我价值观,运用自己积累的经验和智慧,以各种资深角色,对他人进行传、帮、带

引自:赵北平.大学生职业生涯规划教程[M].2版.武汉:武汉理工大学出版社,2012.

以上就是施恩教授对人的职业社会周期理论。需要指出的是,施恩虽然依照年龄段顺序划分职业发展阶段,但其阶段划分更多的是根据职业状态、任务、职业行为的重要性。在现实中不同的人在同年龄段里,其职业状态、责任和主要任务等有所不同;不同的人衰退或离职的年龄有所不同;离职的年龄也因人而异。

第二节 职业选择匹配理论

大学生在制订职业目标和选择职业时,首先要考虑本人与职业是否匹配,如何做到人职匹配呢?我们看看国外职业指导大师们是如何论述的。

一、帕森斯的特质因素论

帕森斯特质因素理论也可称为人职匹配理论,这一理论最早是由美国波士顿大学教授帕森斯提出的,他的理论是目前在我国流行的职业选择和职业匹配最经典的理论之一。

特质因素论是最早提出的职业辅导理论,它是以个人的个性心理特质作为描述个别差异的重要指标,强调个人的特质与职业选择的匹配关系。

帕森斯于1909年在所著的《职业选择》一书中,提出了职业选择的三大原则:

第一,了解自己,包括了解个人的能力、能力倾向、兴趣、成就、资源、限制及个人特质等。

第二,了解相关的职业知识和成功必备的条件,包括职业描述、工作条件、酬劳、机会、发展前途以及职业所要求的特质和因素。

第三,综合上述两方面的平衡。

帕森斯的理论强调,在做出职业选择之前要进行三个步骤:首先是要评估个人的能力,因为个人选择职业的关键,就在于个人的特质与特定行业的要求条件是否相配;其次是要进行职业调查,强调要对工作进行分析,包括研究工作情形,参观工作的场所,与工人和管理人员亲身交谈,这些都是非常重要的;最后要以个人和职业的互相配合作为职业辅导最终目标。帕森斯认为:只有这样,人才能适应工作,并且使个人和社会同时得益。

帕森斯认为职业与人的匹配主要有两种类型:

第一种是条件匹配,即所需要专业知识和专门技术的职业与掌握这种专业知识和技术的择业者相匹配;

第二种是特长匹配,即某些职业需要具备一定的特长。比如,具有艺术、运动或创作类型的职业,这需要具有创造性、有个性、有一定天赋并经过训练的人,才有可能与之相匹配。

帕森斯的这些理论在当时是颇有见地的,而且至今在大学生职业生涯规划的指导中仍然具有现实指导意义。

二、佛隆的择业动机理论

择业动机理论是美国心理学家佛隆通过对个体择业行为的研究而提出来的理论。他认为个体择业行为动机的强度取决于效价的大小和期望值的高低,动机强度与效价及期望值成正比。他在1964年出版的《工作和激励》一书中,提出了解释员工行为激发程度的期望理论。其理论的公式为

$$F = V \times E$$

式中　F——动机强度,是指积极性的激发程度,表明个体为达一定目标而努力的程度;

V——效价,是指个体对一定目标重要性的主观评价;

E——期望值,是指个体对实现目标可能性大小的评估,也即目标实现概率。个体行为动机的强度取决于效价大小和期望值的高低。

佛隆将这一理论用来解释个人的职业选择行为,具体化为择业动机理论。该理论的应用,即个人如何进行职业选择,可分为两个步骤:

第一步:确定择业动机。

用公式表示为

$$择业动机 = 职业效价 + 职业概率$$

公式中,择业动机表明择业者对目标职业的追求程度,或者对某项职业选择意向的大小。

职业效价取决于两个方面:一方面择业者的职业价值观;另一方面是择业者对某项具体职业要求如兴趣、劳动条件、工资、职业声望等的评估。

职业概率是指择业者获得某项职业可能性的大小,通常主要取决于以下四个条件:

①某项职业的需求量。在其他条件一定的情况下,职业概率同职业需求量呈正相关。

②择业者的竞争能力,即择业者自身工作能力和求职就业能力,竞争力越强,获得职业的可能性越大。

③竞争系数,是指谋求同一种职业的劳动者人数的多少。在其他条件一定的情况下,竞争系数越大,职业概率越小。

④其他随机因素。

择业动机公式表明,对择业者来讲,某项职业的效价越高,获取该项职业的可能性越大,择业者选择该项职业的意向或者倾向越大;反之,某项职业对择业者而言其效价越低,获得此项职业的可能性越小,择业者选择这项职业的倾向也就越小。

第二步:比较择业动机,确定选择的职业。

择业者对几种目标职业进行价值评估并获取该项职业可能性的评价,最后对几种择业动机进行横向比较,来确定选择的职业。

择业者在择业求职过程中有着不同的动机,因而决定着选择不同的职业。比如某人选择职业的动机是为了能够满足物质条件,那么他必然会把待遇高低作为选择职业的标准;如果某人选择职业是为了实现自己的价值,那他就会选择自己喜欢的、具有价值观相同的职业作为第一选择。可见各种不同的择业动机有各自不同的职业标准。

另外,择业动机还决定着一个人实现职业目标的方式和途径。选择什么方式和途径去实现自己的职业目标,是由择业动机的性质所决定的。决定实现个体职业目标的方法和途径,要对各种可能的方法途径进行比较,既要考虑主观必要性,又要考虑客观可能性;既要考虑最好效应的有效原则,又要考虑符合社会道德、法律规范,有计划地实现职业理想和目标。

通过了解佛隆的择业动机理论,可以帮助大学生在求职中权衡各种动机的轻重缓急,反复比较利弊得失,评定其社会价值,最终选择与自己相匹配的职业。

第三节 职业锚的理论

大学生在进行职业规划时,职业定位是规划中非常重要的一项。美国职业心理学家施恩教授提出的职业锚理论,为我们当代大学生在规划自己的职业定位时提供了理论指导和宝贵的参考。

(一)职业锚的概念

美国埃德加·施恩教授除了提出职业生涯发展九阶段理论外,还提出了职业锚的概念。他认为,人的职业发展是一个持续不断的探索过程,随着一个人对自己越来越了解,这个人就会越来越明显地形成一个占主导地位的"职业锚"。

所谓职业锚,就是指当一个人不得不做出选择的时候,无论如何都不会放弃的职业中的那种至关重要的东西或价值观,正如"职业锚"这词中"锚"的含义一样。职业锚实际上就是人们选择和发展自己职业时所围绕的中心,同时又有职业定位和稳定的含义。一个人对自己的天资和能力、动机和需要以及态度和价值观有了清楚的了解之后,就会意识到自己的职业锚到底是什么。

一个人的职业锚是在不断发生着变化的,它实际上是一个不断探索过程所产生的动态结果。有些人也许一直都不知道或暂时不清楚自己的职业锚是什么,直到他们不得不做出某种重大选择的时候,才意识到自己的职业锚原来是这样的。

某学院市场营销专业的李航,在一家营销公司工作近五年,从业务员做到部门经理,公司很赏识他,准备提升他为大区经理。但是,他在工作中有很多人脉关系,也有独到的经营理念,想开办自己的公司。是继续工作还是自己创业?最后他经过一番思考,辞职自己开办了公司。

我们可以看出,在这个关口,一个人过去的所有工作经历、兴趣、资质、能力、潜能、志向等才会集合成一个富有意义的职业锚,而这个职业锚会告诉他,到底什么才是最重要的。

我们可以这样理解职业锚,当一个人不得不做出选择的时候,他无论如何都不会放弃的职业中的那种至关重要的东西或价值观。

上面的案例说明,李航找到了自己的职业锚,他在职业生涯中重要的东西或价值观就是创业开办自己的公司。

(二)职业锚的类型

施恩根据自己对麻省理工学院毕业生的研究,提出了以下五种职业锚。

1. 技术职能型

技术职能型的人愿意在专业领域里发展，追求在技术或职能领域的成长和技能的不断提高，以及应用这种技术或职能的机会。他们往往不喜欢从事一般的管理性质的工作，因为这意味着他们将放弃在技术或职能领域的成就。在我国，经常将技术拔尖的科技人员提拔到领导岗位，但有些人往往并不喜欢这个工作，或者根本不能胜任，造成了人才的浪费。

2. 管理能力型

管理能力型的人有强烈的愿望去做管理人员，同时经验也告诉他们，自己有能力达到高层领导职位。他们倾心于全面管理，追求权力；具有强烈的升迁动机和价值观，追求并致力于职位、收入的提升；善于与人沟通，交往能力较强；具有较强的分析能力和领导、操纵、控制他人的能力；对组织有很大的依赖性。

3. 安全稳定型

安全稳定型的人最关心的是职业的长期稳定性与安全性。他们为了安定的工作、可观的收入、优越的福利与养老制度等付出努力。对他们来说，一份安全稳定的职业、一笔体面的收入、优越的福利与良好的退休保障是至关重要的。

4. 自主独立型

自主独立型的人更喜欢独来独往，希望随心所欲地安排自己的工作方式、工作习惯和生活方式。追求能施展个人能力的工作环境，最大限度地摆脱限制和制约。他们宁可放弃提升或工作扩展机会，也不愿意放弃自由与独立。很多有这种职业向往的人同时也有相当高的技术型职业定位，但是他们不同于那些单纯技术型定位的人，他们并不愿意在组织中发展，而是宁愿做一名咨询人员或是独立从业或是与他人合伙开业。其他自由独立型的人往往会成为自由撰稿人，或是开一家小零售店。

5. 创造型

创造型的人需要建立完全属于自己的东西，以自己名字命名的产品或工艺，或者是自己的公司，并能反映个人成就的私人财产。他们认为只有这些实实在在的事物才能体现自己的才干。他们具有强烈的创造需求和欲望，意志坚定，勇于冒险。代表人物有马云、张朝阳、柳传志等。

上述五种职业锚之间可能存在着交叉，但是，每一种都有一个最突出、最强烈、最易识别的特性。

以上是关于职业锚的概念和分类。施恩的职业锚理论可以为大学生认识自我提供一个思路，对大学生明确自我发展方向，提前进行职业生涯规划和职业定位具有一定的理论指导意义。

【小资料】

职业锚自我分析

请你回答以下问题,看看你的职业锚属于哪一种(以下七个问题,不仅适用于在校大学生、毕业生,也适用于已经踏上职业道路的工作人员)?

①你在中学和大学时期主要对哪些领域比较感兴趣(如果有的话)?为什么对这些领域感兴趣?你对这些领域的感受是怎样的?

②你毕业之后所从事的第一种工作是什么(如果相关的话,服役也算在其中)?你期望从这种工作中得到些什么?

③当你开始自己的职业生涯的时候,你的抱负或长期目标是什么?这种抱负或长期目标是否曾经发生过变化?如果有,是在什么时候?为什么会发生变化?

④你第一次换工作或换公司的情况是怎样的?你指望下一个工作能给你带来什么?

⑤你后来换工作、换公司或换职业的情况是怎样的?你为什么会做出变动决定?你所追求的是什么(请根据你第一次更换工作、公司或职业的情况来回答这几个问题)?

⑥当你回首自己的职业经历时,你觉得最令自己感到愉快的是哪些时候?你认为这些时候的什么东西最令你感到愉快?

⑦你是否曾经拒绝过从事某种工作的机会或晋升机会?为什么?

现在请你仔细检查自己的所有答案,并认真阅读关于五种职业锚的描述。根据你对上述这些问题的回答,将每一种职业锚赋予从1~5之间的某一分数,1代表最不符合你对问题的回答,5代表最符合你对问题的回答,最后你从5种职业锚的得分上可以得知自己最倾向的类型。

资料来源:孟万金.职业规划——自我实现的教育生涯[M].上海:华东师范大学出版社,2005.

思考题

1. 试述各种职业选择匹配理论的主要内容及其在现实中的运用。
2. 你目前处在职业生涯发展的哪个阶段?目前最迫切需要解决的问题是什么?

Chapter 5 第五章

如何选择未来

——大学生职业决策

【本章导读】
在现实生活中,问题的解决和决策的制订是必不可少的部分,任何时候、任何事情我们都在不断地进行选择和决策。比如,今天吃什么?该穿什么衣服?准备去哪儿旅游?大学生的职业生涯问题,更是需要我们做出慎重的选择和明智的决策。存在主义大师萨特说过这样一句话:"我们现在的状况取决于我们过去的决定,而我们的将来又取决于我们现在的决定。"大学生现在的职业决策情况,会在某种程度上影响着今后的职业发展。

第一节 职业决策概述

一、什么是职业决策

关于选择和决策流传着这样一个小笑话:

有一个美国人、一个法国人和一个犹太人要被关进监狱三年,监狱长让他们每人提一个要求,美国人爱抽雪茄,要了三箱雪茄;法国人最浪漫,要了一个美丽的女子相伴;而犹太人却要了一部能与外界沟通的电话。

三年过后,第一个冲出来的是美国人,他的嘴里、鼻孔里塞满了雪茄,大喊道:"给我火,给我火!"原来他忘记要火了。

接着出来的是法国人。只见他手里抱着一个小孩子,美丽女子手里牵着一个小孩子,肚子里还怀着第三个小孩子。

最后出来的是犹太人,他紧紧握住监狱长的手说:"这三年我每天和外界联系,我的生意不但没有停顿,反而增长了200%。为了表示感谢,我要送你一辆劳斯莱斯。"

这个小笑话的确能给我们一个启迪:什么样的选择决定什么样的生活。今天的生活是由我们以前的选择决定的,而今天我们的选择将决定我们以后的生活。

(一)什么是职业决策

决策一词的意思就是在选择中做出决定,为了到达一定目标,采用一定的科学方法和手段,从两个以上的方案中选择一个满意方案的分析判断过程。大学生在职业生涯规划中,最重要的是要有一个良好的职业生涯决策,也就是如何分析、综合自我和环境等要素,让自己知道做什么选择,如何执行这个选择。

(二)职业决策过程和意义

职业决策是个复杂的认知过程。通过这个过程,决策者收集和组织有关自我和职业环境的信息,仔细考虑各种可供选择的职业前景,做出职业行为的公开承诺和抉择。

职业决策是大学生职业生涯规划中的重要部分,制订的决策是否可行,可以说将直接决定着职业生涯规划是否成功。如果大学生希望获得理想的职业发展目标,就要对自己认真地进行剖析,知道自己在社会中能做到什么并希望获得什么,这就需要自己认真地制订出最合适的决策目标。

二、职业决策的类型

在职业发展的决策过程中,决策者的决策风格类型对职业决策影响很大,不同的决策类型做出的决策结果是不一样的。

美国职业生涯专家斯科特(Scott)和布鲁斯(Bruce)于1995年提出,决策风格是在后天的学习经验中逐渐形成的。根据他们的理论,我们可以将职业决策风格划分为五种类型:理智型、直觉型、依赖型、回避型和自发型。

(一)理智型

理智型的决策者具备深思熟虑、分析、逻辑的特性,这类决策者会评估决策的长期效用,并以事实为基础做出决策。理智型决策风格是比较受推崇的决策方式,强调综合全面和周全地收集信息并能理智地思考,冷静地进行分析判断。虽然大学生需要培养理智决策的良好思考习惯,但理智型的决策风格也并不是理想的、完美的决策方式,即使采用系统的、逻辑的方式,也会出现因为害怕承担决策的后果,不敢果断地做出行动而失去机会,或不愿意吸纳和整合他人的正确观点。

(二)直觉型

这种类型根据感觉而非思考来做决策,只考虑自己想要的,不在乎外在的因素。直觉型的决策风格以自我判断为导向,在信息有限时能够快速做出决策,当发现错误时能迅速改变决策。由于以个人直觉而不是以理性分析为基础,这类决策发生错误的可能性较大。因而容易造成决策的不确定性,也容易使直觉型决策者丧失自信心。

(三)依赖型

依赖型以寻求他人的指导和建议为特征。依赖型决策者往往不能完全承担自己所做出决策的责任,允许他人参与决策并共同分享决策成果。这样会受到他人的怀疑和评价,也可能因为简单地模仿他人的行为而导致负面的影响。依赖型决策者在生活和工作中所做的重要决策在很大程度上会受到他人的影响。

(四)回避型

以试图回避做出决策为特征。回避型的决策风格是一种拖延、不果断的方式。面对决策问题会产生焦虑的决策者,往往因为害怕做出错误决策而采取这样的反应。正是由于决策者不能够承担做决策的责任,而倾向于不考虑未来的方向,不去做准备,不知道自己的目标,也不思考,更不寻求帮助。这样的大学生决策者更容易受到学校就业部门等支持系统的忽略。所以,这些大学生需要意识到自身的决策风格可能造成的危害,要努力调整,增强职业生涯规划的意识和动机,这样才能从根本上得到帮助。

(五)自发型

以渴望即刻、尽快完成决策为特征。自发型的个体往往不能够容忍决策的不确定性以及由此带来的焦虑情绪,是一种具有强烈即时性,并对快速做决策的过程有兴趣的决策风格。自发型决策者常常会基于一时的冲动,在缺乏深思熟虑的情况下做出决策,此类决策者通常会给人果断或过于冲动和鲁莽的感觉。

三、职业决策的步骤

职业决策是一个复杂的认知过程。为了更好地帮助大学生完成职业决策的完整过程,并做出科学、合理的职业决策,根据国内外职业专家关于职业决策的理论,综合归纳出职业决策以下的五个步骤。

(一)沟通

沟通包括了解内部和外部信息,利用信息的沟通和交流,使个体意识到理想与现实存在着巨大的差距。

1. 内部的信息是指个体自身的状态出现的信息

大学生在毕业找工作的时候,由于求职面试出现不尽如人意的状况,可能会在心理上感觉到焦虑、抑郁、受挫等情绪,在躯体上会有疲倦、头疼、消化不良等反应,这些情绪和身体状态都是在提醒大学生需要进行内部交流沟通的信号。如果这种交流和沟通不畅的话,就可能会丧失自信心。如果遇到这样的状况,大学生可以对自己进行积极地自我暗示和自我鼓励,尽快地从不良的情绪中振作起来。

2. 外部的信息是指外界的一些会对你产生影响的信息

比如同寝室和同班的同学开始积极准备简历或准备求职面试,这就给大学生提供了一种外部信息,自己也需要开始准备找工作了;又如在求职过程中父母、老师、朋友提供的各种建议等,这些都属于外部信息对你产生的影响,根据这些信息并接受了其中正确的信息,就起到了沟通的效果。

通过内部和外部信息沟通,大学生意识到自己需要解决某些问题,这样的交流对开始生涯选择和决策十分重要。在沟通阶段需要解决的最基本的问题就是:要明确界定自己的职业决策目标。

(二)分析

分析是通过思考、观察和研究,对自我的兴趣、能力、价值观等自我知识以及社会环境等知识进行分析,从而更好地理解现存状态和理想状态之间的差距。

一般需要从以下两方面进行分析:

1. 对自我的分析

(1) 我喜欢做什么?我做什么事情最能够投入?

(2) 我擅长做什么?什么事情我能做得比别人好?我都掌握了哪些专业知识?

(3) 我看重什么?我希望达到的目标是什么?

2. 对环境的分析

(1) 做每一次决策处于什么样的环境?

(2) 环境的变化会给我带来什么样的生活?

(3) 我还需要付出多少努力?

(三)综合

综合是根据分析阶段所得出的信息,先把所选择范围扩展开来,然后再逐步缩小,最终确定3~5个最可能的选项。

1. 通过现阶段的分析

通过现阶段的分析,对自我和环境的各方面都有了一定的了解,然后将每一个方面都分别对应着的很多所选择的职业都列出来,就会得到一个范围较广的选择列表。

2. 在众多选项中摈弃"糟粕"

通过第一阶段的分析,将在范围较广的选择列表中去粗取精,摈弃"糟粕",从而缩小职业选择范围,然后把最有可能适合自己所从事的职业选项限定到3~5个。

3. 从最小的范围内做出选择

大学生可以问自己:假如我有这3~5个选择,是否可以解决问题,是否可以消除现实和理想状态的差距?是否是我的最佳选择?如果回答是肯定的,就进入评估阶段选出最适合的选择,如果还是不能解决问题,就需要重新回到分析阶段去了解更多的信息。

(四)评估

评估是对于综合阶段得出的3~5个职业进行具体的评价,评估获得该职业的可能性,以及这个选择对自身及他人的影响,从而进行排序。我们可以通过生涯平衡单和SWOT分析等方法进行评估。

1. 生涯平衡单

生涯平衡单可以帮助决策者运用表单的形式,系统地分析每一个可能的选项,判断分别执行各选项的利弊得失,然后排除优先顺序,确定最佳选择方案。

2. SWOT分析法

SWOT分析法是管理学中一个常用的分析工具,最早是由哈佛商学院的安德鲁斯教授于1971年在其《公司战略概念》一书中提出的。

通过这种方法,个体能够综合优势和劣势,认清周围的职业环境和前景,得出切实可行的评估,从而做出最佳的决策。

(五)执行

执行是最后一个步骤。前面的一系列步骤只是确定了最适合的职业,还不能带来职业决策的成功,还要通过执行阶段,即通过求职活动将职业决策付诸实施。比如:根据自己的特点等因素和职业前景的分析和判断,确定了所要选择的职业目标,也做出了认为正确的职业决策,接下来就开始具体的求职过程,也就是执行阶段。在求职过程中,可能会遇到很多需要解决的问题,要经过不断地分析、评估、反馈、调整等过程,直到职业生涯问题得到解决,从而证实自己的职业决策的合理性和正确性。

第二节 影响职业决策的因素

在现实社会中充满了各种不确定和不可控的因素,大学生在职业生涯规划和职业决策中也会受到这些因素的影响。

李楠在大四的下学期,经过学校推荐,通过层层面试,被上海世博会民企馆录取,成为一名光荣的志愿者。经过半年多的志愿者工作,她喜欢上了上海,也经过深思熟虑,准备毕业后留在上海工作。一家比较知名的民营企业经过考核,准备录用她为行政文员。世博会结束后她回家将准备在上海工作的决定告诉父母,结果出乎她的意料,父母及亲属坚决不同意,理由是一个小女孩独身在外,人生地不熟的不安全。最后家里给她找了一个稳定的单位,她最终留在了北方的家乡工作。

从这个例子可以看出,当个体做出职业选择和决策时,往往会受到一些内在或外在因素的影响,上述例子的影响因素就是家庭。如果忽略了那些阻碍职业决策的影响因素,即使做出正确的选择或决策,也容易流于理想化,最终难以实施。

大学生在职业生涯规划中,无论已经做出职业决策,还是正处于选择和决策阶段,都要充分考虑到影响职业决策的各种因素,如果不能消除或减少那些对职业决策起阻力作用的影响,就无法做出理性和正确的决策,即使做出正确的决策也会因受到干扰而无法实施。

概括地说,大学生在职业生涯决策过程中的影响因素主要来自以下三个方面。

一、来自个人因素的影响

来自个人因素的影响主要有以下三个方面:

(一)自我知识和信息方面

由于个体缺乏决策经验和决策技巧以及相关的知识,同时对社会和职业等信息缺乏了解。大学生在进行职业决策的过程中,不仅要提高自身的决策能力,还要掌握社会、行业、职业等一系列的信息量,这样才能准确地做出选择和决策。

(二)自我认知方面

自我认知方面主要指个体自我内部的冲突,也就是说在决策中,大学生要受到个人的兴趣、性格、能力、价值观、心理以及专业等方面的制约和冲突,而这些在职业选择和决策中很难做到完全一致。例如,会计专业的学生,因性格外向,不喜欢做办公室的工作,但因为在学校期间没有选修其他专业技能,因而在职业选择和决策中就处于矛盾之中。"鱼与熊掌不可兼得。"大学生在决策时要保持清醒,有时候要学会放弃,要知道哪些是自己需要的,不要纠结于枝节而忽略了主干。

(三)职业价值观方面

在一般情况下,很多大学毕业生希望寻求一个地处经济发达地区,待遇优厚且有发展前途的职业;有些大学生则希望可以回到家乡,或者是到西部地区利用所学促进一方发展。总而言之,这和大学毕业生自身的职业价值观不同有着重要关系。不同的人有不同的价值观,进而影响到自身的职业决策。

二、来自他人因素的影响

人是在社会中生存和发展的,一个人与周围很多人都有着千丝万缕的联系,而这些人往往是影响其做出职业决策的关键。比如父母、师长、亲属、朋友、同学等都具有很强的影响力,有时这种影响可能是大学生决策的好参谋,有时却可能成为做出决策的阻碍。前面所举李楠同学的例子,虽然李楠想在上海工作,但正是受到家长的影响而失去了在上海发展的机会。

很多学者的研究表明,很多青年人在面对如职业决策或者婚姻选择等人生大事时,如果与家庭成员(主要是父母)在义务、责任、经济、价值观等方面无法达成一致,往往会成为决策的阻力。

当阻碍因素出现时,大学生要及时地与家长进行沟通,让自己的决策得到家人的理解和支持。当然,有时也需要一定的妥协,妥协也可能是双方的。无论如何,在职业生涯中的选择和决策,并不是只坚持己见就是成功之路。

三、来自社会因素的影响

大学生职业决策不仅要考虑到他人的影响,更要考虑到社会因素的影响,而且社会的影响范围更加广泛。在社会大环境中,政治、经济、历史、文化、习俗等都在影响着人们做出有效的决策。

政治局势动荡、不稳定,经济形势不景气以及经济危机,对职业决策的影响是不言而喻的。从我国社会环境来看,政局及社会稳定和谐,经济也呈发展上升趋势,但一些地方的有关政策以及局部经济的滑坡等,也会影响到大学生做出有效职业决策的判断。另外,社会习俗、偏见等社会现象,如性别歧视、年龄、身高限制等方面,都会对大学生职业选择和决策带来影响。

第三节 大学生职业决策中的困难

一、什么是大学生职业决策困难

大学生职业决策困难是指大学生在职业选择过程中,面对若干个选择并做出最后决策时,遇到的各种困惑和难题。

分析大学生就业难的问题,其原因是多方面的,包括社会、学校、专业、家庭以及学生自身等因素。如果抛开社会等其他因素,仅针对大学生自身来探讨,很多大学生平时缺乏对自我职业生涯规划的能力和职业的合理定位,对职业目标不明确,职业判断和选择能力不足等。这些因素如果反映到职业决策方面,就会出现犹豫、迷茫、盲目、不知所措,无法做出明确的职业决策。由此引起的一系列反应,如大学生在职业选择、求职等过程中出现焦虑、挫折感、自卑感,甚至不敢正视现实、面对未来。这些都是职业决策困难的突出表现。

职业决策困难一直是国内外职业专家关注的课题,也是大学生在职业选择和职业决策中经常遇到的问题。

二、大学生职业决策困难的原因分析

(一)缺乏自我认知的能力

目前很多大学生没有意识到自我认知的重要性,没有对自己的兴趣、性格、特长、能力、价值观以及志向等进行分析和探究,正是因为缺乏自我认知,因而在职业选择和决策过程中经常感到困惑,甚至在职业抉择的关键时期仍然犹豫不决。

刘淇同学所学的是会计专业,他性格比较内向,不擅长语言表达,也不善于人际交往,但比较喜欢自己的专业,专业课成绩也很优秀。他本来打算成为一名会计师,在大三上学期就考取了会计上岗证,并且准备考初级会计师证书。可看到其他同学准备考公务员,他也动心了。他觉得公务员有地位、有保障,因而从大三下学期就开始以报考公务员为目标。可他并没有认真思考自己是否适合从事公务员职业,这一职业对沟通能力与组织能力都有较高的要求,而这些方面却是刘淇的弱项。在大四下学期他虽然通过了笔试,但在面试中,却由于弱项太明显而被淘汰。尽管刘淇学习很努力,可努力并没有使他取得成功,反而让他品尝到了失败的苦果。

从上面的案例来看,刘淇的失败原因关键不在于他没有目标,而在于他没有认真分析自己,没有认识到什么是自己适合的,什么是不适合的,他放弃了适合自己的会计师目标,而选择了不适合自己的公务员作为目标。

他正是因为不了解自我,也就很难选择适合自己的职业,因而造成了职业决策的失误。

(二)对职业社会缺乏认知

大学生了解自我是为了能人职匹配,找到适合自己的职业。但如果对职业社会不了解,不但很难实现人职匹配,而且会在制订职业目标和选择职业过程中迷失方向。

李建是国贸专业物流方向的应届毕业生,他听别人说物流行业挺时髦的,想从事物流业,但他对物流这个行业以及物流方面企业的了解只是停留在书本上和其他人口头上的宣传。因为没有对物流业的工作性质、工作流程和用人标准等做深入细致的调查了解,在准备应聘某个物流企业时犯了难,因为他只粗略地看了一下物流企业所要掌握的技能中有"运输、搬运、包装、仓储、配送等技能"时,就认为自己是大学本科,怎么能从事与运输、搬运、仓储有关的出劳力的工作呢？因而就放弃了从事与物流有关的职业。

我们暂且不论李建专业课学得如何或者是否喜欢这个专业和职业,但就凭他对这个职业以及对这类企业的无知,就不可能对职业有一个明智的决策。

很多事例说明,大学生如果不通过探索、实习和体验职业社会中的企业性质、岗位职责、工作内容、性质以及工作流程等,就很难做出正确的职业决策。

(三) 大学生缺乏职业生涯规划意识

大学生自我认知和对职业认知不足,归根结底还是因为大学生缺乏职业生涯规划意识。从高校的角度来看,专业化、系统化的职业生涯规划教育与就业指导也远远没有达到社会和学生的需求。

由于我国的职业生涯指导教育还处在起步阶段,普遍缺乏职业规划指导的专业师资和完整职业规划指导的教学体系,因而在很多高校仍然以生源和教学作为学校发展的生命线。例如,在民办高校里专门设置职业规划和就业指导教研室的很少,有很多院校没有职业规划的专职教师,即使开这门课程最多也是讲座课,大多是由没有职业指导经验的辅导员来任教,更谈不上专门的一对一的就业咨询指导。

正是在大学生职业生涯规划教育方面的力度不够,造成了大学生自身在职业生涯规划方面的意识淡薄,直接导致了大学生不能明确制订职业目标,职业方向模糊,在职业选择方面盲目从众,造成职业决策的困难。

造成大学生职业决策困难的因素还有很多,如家庭环境、教育程度、社会经济影响等外在因素,另外,决策者因个人情况不同,所遇到的决策困难的程度也有所不同。

综上所述,大学生职业决策困难是职业决策研究中的一个重要课题。大学生群体以其特殊性而得到国家与社会的密切关注,大学生的就业问题也成为各级政府、高校的重点民生工作。因此,未来关于大学生职业决策困难研究将越来越广泛,越来越深入。而我们的职业指导工作应该从大学生进入大学开始,让大学生尽快地提升规划职业生涯、明确职业目标的意识,积极参加社会实践活动,增强社会实践能力和职业决策能力,从而减少和排除大学生在选择职业方面出现的职业决策困难的现象。

思考题

1. 根据职业决策的类型,分析一下你在职业决策中是什么风格。
2. 在你做一项决策时,最容易受到哪些因素的影响？

第六章 Chapter 6

大学生成功就业的决定因素
——就业能力和职业素养

【本章导读】

通过前面几章的学习,我们对自我认知和对职业的了解以及职业选择与职业决策等内容有了大致的理解。大学生通过职业生涯规划明确自己的职业目标后,如何提升自身的就业能力和职业素养就成了大学生的当务之急。本章通过对大学生就业能力和大学生职业素养的介绍,阐述了如何培养和提升就业能力及职业素养的方法,使大学生在就业过程和职业发展中,在了解自己的优势和不足的基础上,增强就业能力,提高职业素养,从而适应职业发展的要求。

第一节 大学生就业能力的内涵

一、什么是大学生就业能力

大学生的就业能力是在严峻的就业形势下出现的一个全新概念。

美国一些职业专家把就业能力定义为在劳动力市场内通过充分的就业机会,实现潜能的自信。国内学者普遍认为,大学生就业能力是指大学毕业生在校期间通过知识的学习,培养综合素质开发而获得的能够实现就业理想、满足社会需求、在工作中实现自身价值并能保持持续发展的能力。很多学者通过对大学生就业现状的研究和调查认为,只有提升大学生自身的就业能力,才能在竞争激烈的就业环境中立于不败之地。

尽管关于就业能力的定义不尽相同,但总体来说,就业能力是一种与职业相关的综合能力。就业能力作为一种能力,不仅与先天性因素有关,还与基础教育、高等教育、职业培训、社会实践等后天性因素有关。

大学生的就业能力不能简单地理解为大学生找工作方面的能力,而是一种综合能力,是大学生在校期间通过学习或实践而获得的用人单位认可的综合能力,它包括职业能力、学习能力、通用技能、适应能力、创新能力、应聘能力、心态调整能力等。

大学生就业能力的强弱,不仅关系到能否实现顺利就业,而且会对以后的职业发展起到非常重要的作用。

二、大学生就业能力的构成

分析大学生就业能力的构成,首先要看就业能力的构成部分与用人单位对大学生的要求是否相符合。可以说,用人单位选才的标准是大学生就业能力构成的主要参照。我们先从用人单位对大学生的要求来看,大多数用人单位都把招聘大学生视为充实人才资源和储存后备干部的一个重要途径。一般来说,很多用人单位主要看重的是大学生的职业能力、学习能力、通用技能、实践动手能力和适应能力等综合能力。而对大学毕业生来说,正是因为缺乏用人单位所要求和看重的这些能力,形成目前很多大学毕业生想去的用人单位聘不上,而很多用人单位所需要的人才招不到的现象。这些现象正是大学生就业能力所构成的各种能力不足的具体表现。

大学生的就业能力由一些综合性能力所构成,主要有以下四种:

(一)职业能力

职业能力是人们从事某种职业的多种能力的综合,是一个人能否进入和能否胜任职业工作的先决条件。每个职业都需要一定的职业能力才能胜任,如教师职业必须要有专业的教学能力,人力资源主管要有一定的沟通、协调和组织能力等。由于职业能力是多种能力的综合,因此可以把职业能力分为一般职业能力、专业能力和综合能力。

目前大学生普遍在职业能力的培养和修炼方面有薄弱环节,主要表现在:①书本知识与实践动手能力方面脱节;②专业知识面狭窄,如何具体运用通用技能方面明显不足;③对职业、企业、市场等了解不够,不知道如何提高职业能力。

(二)学习能力

学习能力主要是指人们在正式学习或非正式学习环境下自我求知、做事、发展的能力。大学生通过课堂上教师的指导或通过自学等方式掌握科学的学习方法,获得知识与应用,也就是通常所说的"会学"。学生只有会学并可以应用才能不断提高学习能力。学习能力不同于大学生在学校所取得的学习成绩,而是将学习到的知识应用到实践中的能力。

许多大学生在学习能力方面表现出"三个缺乏":一是缺乏将知识获得转化为知识应用的能力;二是缺乏自学能力;三是缺乏创新能力。企业在选择大学生时虽然重视学习成绩,但更看重大学生的学习能力。因为学习能力不仅表现在学习成绩上,更重要的是学习能力强的人有一个继续学习和终身学习的信念,能够更快地适应工作环境、胜任工作,发挥出更大的潜力。

(三)通用技能

大学生拥有一定的专业知识技能并应聘到一份工作并不难,但在以后的职业发展中,在很大程度上取决于通用技能的提升,而且这种通用技能不但适用于某一家用人单位,其他的用人单位也一样可以发挥能量和自身价值。通用技能也称为可迁移技能,通俗来说就是在任何职业和岗位都能使用的技能。

在多变的市场经济环境下,大学生要提高就业能力,其中重要的一点就是要主动学习和提高自己的通用技能。目前有很多大学生在专业知识技能、学习成绩等方面比较优秀,但普遍缺乏的就是通用技能,如:不擅长与人交往、缺乏与人有效沟通的技巧,没有协作配合的团队精神,缺乏组织管理能力和计划能力等。

通用技能主要包括以下几个方面:

1. 人际沟通技能

人际沟通就是将自己的想法、意见和要求通过沟通表达的方式,让别人理解或接受,这同时也是一个理解和接受别人的想法和意见的过程。表达和倾听是人际沟通不可或缺的主要内容。很多大学生由于平时缺乏人际沟通和语言表达方面的训练,因而在人际交往中往往存在着不自信、羞于开口和交流、不善于倾听别人意见、不合群等问题。无论在职场还是求职面试中,在某种正式场合会表现出紧张、木讷,不能完整有效地向用人单位和他人表达并展示自己的思想及才华,有的学生虽然在面试场合不怯场,但因为词不达意、信口开河或表达不当而面试失败。

国际贸易专业应届毕业生徐东在校期间学习成绩在班级名列前茅,英语考级已过六级,在学校入党,是一个品学兼优的学生。在一次外贸企业的招聘现场,公司人力资源经理让应聘的学生做一个如何与客户交流沟通的模拟面试,徐东同学因在校期间缺乏语言表达和人际沟通方面的训练,在这方面成为"短板",因而在面试过程中表现极其紧张,语言交流不畅,结果没有被该公司录用。

由此可见,大学生在人际沟通与表达能力方面的欠缺,不仅会使求职就业受阻,而且以后的职业发展也会面临很多困难。

2. 团队精神与合作能力

团队合作已成为现代企业的基本工作模式,也是一个公司取得成功和发展的保障。1996年世界21世纪教育委员会提出了21世纪人才素质的七个标准,其中就包括具有和他人协调合作和进行国际交往的能力。这个标准的提出,确立了团队精神、合作能力在未来人才素质结构中的重要地位。也正因为如此,高等学校教育培养学生的团队合作精神和团队合作能力就显得格外重要。培养大学毕业生具备理解他人、包容不同文化和习俗的胸怀,具备在与他人协调合作中发挥自己优势的能力,成为高等学校育人目标的重点。

3. 时间管理技能

时间管理是组织管理中的一个分支,是指充分运用有效的时间来完成所要完成的工作或事情。

时间管理对现代职业人越来越重要,在有限的时间内做出更多有价值的工作和更多有效益的事情,是每个企业管理者和员工都应重视及关心的问题。

某调查公司对某高校在校学生就如何利用有效时间进行调查,调查结果表明:

①71%的大学生在时间管理方面存在着问题。

②53%的大学生对时间的有效性和宝贵没有充分的意识。

③48%的大学生时间管理效能感差,不能有效地安排自己的时间。

④42%的大学生不能按照事情的轻重缓急来安排自己的时间。

作为大学生如何能充分利用好有效的时间,增强时间管理技能呢?我们可以借鉴意大利经济学家帕累托提出的帕累托原理。该原理的核心是人们在日常生活中或经济活动中,80%的结果几乎源于20%的活动。比如,20%的客户带来了80%的业绩,可能创造了80%的利润,世界上80%的财富是被20%的人掌握着,世界上80%的人只分享了20%的财富等。据此,他提出人们要把注意力放在20%的关键事情上。

帕累托这一原理,在时间管理方面给了大学生重要的启示,那就是我们对所要做的事情应该分清轻重缓急,并合理地进行如下的排序:

A. 重要且紧急的事情(如救火、抢险、参加考试等)——必须立刻做。

B. 紧急但不重要的事情——只有在优先考虑了重要的事情后,再来考虑这类事。人们常犯的毛病是把"紧急"当成优先原则。其实,许多看似很紧急的事,拖一拖,甚至不办,也无关大局。

C. 重要但不紧急的事情(如拟定学习计划、制订自己的职业生涯规划、锻炼有关的技能等)——只要是没有A类事的压力,应该当成紧急的事去做,而不是拖延。

D. 既不紧急也不重要的事情(如去网吧玩游戏、娱乐、消遣等)——有空闲再说。

大学生在校期间就要通过对时间掌控的训练,养成不浪费时间的好习惯,逐步掌握和提升时间管理技能,并将其运用到以后的工作中,这不仅会给工作带来高效率、高回报,而且对以后的职业发展也有着重要作用。

4. 运用知识的能力

用人单位看重大学生的并不仅是学到了多少知识,更看重能否把所学到的知识运用到实际工作中去。在当今知识与信息爆炸的时代,大学生学习和掌握的知识技能越来越多,但知识更新的周期也随之越来越短,有很多大学生好不容易从书本上才学到的知识,等到工作时可能忘得差不多了,也可能那时因知识更新所学的知识已经陈旧,需要继续学习。

从某种角度来看,大学生学到的知识很多是靠死记硬背而来的。所以在大学里除了学习教科书中的知识外,更重要的是掌握学习的方法,并努力培养一种运用知识去解决问题的能力。靠在学校教师的灌输和死记硬背的书本上的知识,是无法应对纷繁复杂的实际问题以及变化纷繁的职业工作的。对大学生来说,通过大学的学习,其真谛是为了运用所学来解决实际问题,为社会、单位以及个人创造价值和财富。

除了以上通用技能的几个核心技能外,还有很多技能都是大学生在求职和以后职业发展中所需要掌握和学习的,比如组织管理能力、自我推销技能、信息收集能力、抗挫折能力等。

(四)社会适应能力

学校和社会是有很大差别的,大学生在校园里的学习、生活同竞争激烈、复杂多变的社会和职业环境相比,有天壤之别。这种环境的不同和隔离,往往使得"象牙塔"里的大学生对社会的看法趋于简单化、片面化、神秘化和理想化。对应届毕业生来说,在毕业之际,往往对即将步入的社会感到陌生、茫然、恐慌和不知所措,产生这些现象的原因主要就是大学生的社会适应能力不强。

在一次对应届毕业生实习状况的调查中,职业指导教师发现每个毕业班总会有一些应届毕业生,在学校里过着不实习、不上课、没人管的"自由"生活。经过调查,其中一个同学道出了他们的想法:他们并不是不想尽快地参加实习工作来增加社会经历,但一想到企业紧张的工作节奏和严格管理的氛围,感觉压力特别大,所以先回到学校或回家,等到毕业后再说。

通过调查发现,不适应社会和职业环境的毕业生并非个别现象。他们暂时不就业、不参加实习工作,就是没有做好去适应社会的心理准备。因此,高校教育不仅要求学生掌握一定的科学文化和专业知识,而且要在教学和培养过程中,有目的、有意识地培养学生的社会适应能力,以使大学毕业生在离开大学校园后能更好地、更快地融入社会、适应社会。大学生社会适应能力的增强是提升其就业能力的关键。

大学生就业能力除了上述的四个方面外,还包括诸如实践能力、创新能力、求职应聘能力等。总之,无论是高校还是大学生自身,培养和提升就业能力,是解决大学生就业难的关键所在,是促进大学生顺利就业的一个重要手段和保障。

第二节　如何提升大学生自身的就业能力

关系到大学生就业能力的因素有很多,包括国家或地方政府就业政策、社会就业环境、社会就业服务体系、高校教学改革和人才培养定位、大学生自身因素等。但真正能够对促进大学生就业能力提升起到关键作用的因素主要有高校的责任和大学生自身的努力两个方面。

一、提升大学生就业能力,高校肩负着义不容辞的责任

如何培养和提升大学生的就业能力,积极地促进大学生实现充分就业,高校肩负着义不容辞的责任。为此,高校应不遗余力地加大高等教育的改革力度,创新人才培养模式,培养适应社会主义市场经济需求的各类人才。

(一) 以就业为导向,深化教学改革,创新人才培养新模式

目前很多普通高校在培养人才目标方面,大多都定位于培养应用型、高素质的人才,但很多院校在专业设置和教学方面存在着应试教育的痕迹,理论基础课教学比重偏大,专业技能及应用训练方面严重不足,特别是在培养模式和实践动手方面远远不能适应社会对应用型人才的需要。在这种教学模式培养下的大学生,缺乏动手实践能力和职业技能,更缺乏创新精神,因而导致就业能力较为低下。

所以作为普通高校特别是民办高校,要根据自身的特点,结合当今社会对应用型人才的需求,以就业为导向,深化教学改革,不断探索大学生培养的新模式,以发掘和培养大学生的职业技能和综合能力为目标,从教学改革和加大实践环节方面为全面提升大学生的就业能力创造条件。

(二) 促进校企合作,加强大学生实习实践基地的建设

高校要大力开展大学生实习和实践的教学活动,深入建立校企合作关系,加强对大学生实习实践基地的建设。

1. 以"请进来,走出去"的形式,让学生开阔眼界

请企业家、成功人士、企业人力资源管理人员以及相关专业人士进入大学校园担任客座教授,经常举办有关讲座或座谈会;同时适当地以"头脑风暴"的形式让学生们及时开阔视野,经过相互激励开发学生的创造性思维。

2. 经常组织学生走出校门亲身去与专业对口的企业参观考察和实习

把理论和实践结合起来,增强大学生的感性认识。本着"校企合作共建、双向受益"的原则,有重点、有选择地培育实习实训品牌基地,扩展学校实践的覆盖面,通过实习提升大学生

的就业能力。

（三）大力加强大学生职业生涯规划教育

很多大学生没有清晰的职业生涯规划和职业目标，因而他们不知道毕业后要从事什么样的职业。

大学是大学生职业生涯的前站，在大学里是否做好职业生涯的前期准备，很大程度上决定着未来职业发展是否顺利。所以高校开展全程的大学生职业生涯规划教育，对大学生的就业能力的提升和职业发展起着至关重要的作用。

二、通过自身的努力来提升大学生的就业能力

大学生就业能力的提升虽然离不开社会和高校教育等外部环境的推进，但最终实现就业能力的提升还需要大学生的自身努力。

（一）大学生首先要做好自己的学业规划，从大一开始就要对大学四年的学习生活进行全盘的规划，从而为增强就业能力，为以后的职业发展打下扎实的基础

在大学的学习生活中，每个学生都要面临着自己的学业规划问题，而制订学业规划是一个理想与现实相结合的过程，不是一朝一夕就能完成，也不是一成不变的过程。随着时代进步，社会的发展，人们价值观念的转变以及社会对人才需求的变化，大学生面对瞬息万变的社会发展，如何能够制订出一个合理的学习、生活规划，确定一个明确的学业目标，已成为当代大学生提升就业能力，并且能够适应社会发展，成为有用之才的必经过程和迫切要求。

1. 确立整个大学期间的学业目标

大学的学习生活与中学不同，大学中的教学和学习方式有很强的独立性和开放性。所以大学生首先要学会独立学习和独立思考，而且要学会制订自己整个大学期间的学业规划。制订出理论基础学习目标、本专业学习、综合知识学习目标、社会实践目标等。在确立规划目标的过程中，应该将学业整体规划分割成几个小模块，在规定的时间内逐一完成，最终实现整个学业规划。

如果有的同学在学业规划中选择了继续深造准备考研，那么最好是根据自己的实际和专业情况，从大二或大三开始就制订考研的明确计划，并开始了解考研的相关情况，根据专业以及考研必需的项目进行有目标的学习，分配好自己的时间与精力，按计划完成自己的学习任务。

大多数学生选择了毕业后走求职就业的道路。选择这条道路的学生在学业规划过程中可能会有两种情况：第一，选择与本专业相关的职业就业，这说明对本专业比较喜欢，并愿意从事与本专业相关的职业，这样在学业规划中就要学好、掌握好本专业知识以及与之有关的

学科知识,并且通过实践来提高相关的职业技能;第二,不喜欢本专业和与本专业相关的职业,准备以后从事所学专业以外的职业。就要在学业规划中在保证本专业学习成绩合格的基础上,将选修第二专业或获得双学位放在首位。

还有的同学选择毕业后自主创业。选择自主创业的同学在完成本专业学习的前提下,要有意识地锻炼自己的意志品质,并多参加一些社会实践活动,如参加学校组织的创业大赛、科技活动周和到校外兼职等。

2. 学业规划要结合自己职业发展的需要

大学生对自己的学业规划要特别考虑到离开校门后的职业发展,学业规划应该以提升就业能力以及职业前途为前提。

在规划自己的学业过程中,要坚持在学好和掌握本专业知识和技能的基础上,拓展综合知识及社会知识的层面,不断更新知识结构,培养和提高自身的学习能力和综合能力。不论以后是否能从事自己所学专业的"对口"职业,只要在学业规划中始终以提升就业能力和职业发展的需要为前提,并能够胜任所选择的职业,学业规划就是合格的。

张明是一所民办高校英语专业的学生,入学后他了解到学习英语专业以后找到"专业对口"的职业很难,所以他在大一下学期,通过职业指导课,并在教师的指点下,制订了一个从大二开始的学业计划。计划大概内容如下:

首先根据自己的兴趣和特长,选定人力资源管理作为毕业后所从事的职业,然后根据这个职业对人才的要求,选择相关的专业知识和技能作为选修或自学的科目;第二,在本专业学习过程中,每天抽出一定时间进行口语训练,从一种语言工具的角度,有一定的英语口语能力对所要从事的职业有一定的辅助作用;第三,除了通过本专业学习和选修人力资源专业的学习之外,还要博览群书,增长通用知识和技能,有目的、有计划地参加学校组织的活动和一些有意义的社会实践活动,并考取初级人力资源职业资格证书;第四,大四下学期参加与人力资源有关的社会实习,提高社会实践能力和就业能力,从而能顺利地实现自己从事的目标职业。

上面的案例说明,制订一个合理的学业规划,就是设定一个明确的学业目标,而这个明确的学业规划应该能与职业目标和职业发展需要紧密地结合起来。

(二)大学生在大学期间要积极进行职业生涯规划,并在判定和实践自己职业生涯规划的过程中不断完善自我,从而为提升就业能力打下牢固的基础

大学生能够在学校期间认真地对自己进行合理的职业生涯规划,是获取和提升就业能力的途径和重要保证,也是迈向职业成功的第一步。大学生可以通过职业生涯规划来提高

自我认知、了解就业市场和确定职业目标等,以此提升自己的就业能力。

1. 提高自我认知能力

大学生心理尚未完全成熟,生活阅历像一张白纸,对自我认知和分析的能力比较低。正是因为缺乏全面而客观的自我认识,表现在职业选择和求职方面,经常会出现自我定位不准确,不是缺乏自信就是对就业期望值过高。所以,大学生要做好职业生涯规划,首先要从提高自我认知能力开始,从自己的兴趣、特长、能力、价值观等方面深入地分析,并且全面地认识自己的优势与不足。这样才能确定自己职业目标和努力方向,达到人职匹配的目的。

2. 了解就业市场

对于缺乏社会经验的大学生来说,对职业社会、就业市场的发展和需求以及企业用人标准等的了解和认识是一个瓶颈。因此,大学生在做好自己的职业生涯规划和提升就业能力的过程中,在认知自我的基础上,要通过更多的渠道来了解职业社会、了解就业市场,做到"知己知彼"。大学生可以通过招聘网、企业网、阅读报纸上相关职业信息、登录学校的就业指导中心网站、参加校园和社会上的招聘会来收集各种职业市场信息资料,积极了解社会需求、用人单位状况、职位要求等,以确定自己是否具备职业所需求的相应能力和知识技能要求,同时,通过学校和职业教师对自己进行较专业的职场分析和指导,从而达到了解就业市场的目的。

3. 通过职业生涯规划确定职业目标

大学生在大学期间通过职业生涯规划,不断地进行自我分析和认知,了解职业社会和就业市场,从而确定一个清晰的职业目标。只有确定了明确的职业目标,才能提升自己的职业能力和就业能力。

4. 职业生涯规划的具体实施

大学生在大学四年里应该有一个总体的规划,从每个阶段的具体实施来看,职业生涯规划应从大一做起,根据自己的长期目标,在不同阶段实施不同的行动计划。

(1) 大学一年级为试探期。这一时期的职业生涯规划重点是结合大学生入学教育,让学生了解和认识到职业生涯规划的重要意义,确立大学生未来职业发展道路,从大一开始做好规划和准备。要学会自我认知、自我定位和探索职业发展的能力,并通过一些心理测试和职业测试等方法来确定学生的兴趣、个性、能力、价值观等,从而明确学生将来的职业发展目标和方向,同时初步了解职业,特别是确立自己未来希望从事的职业或与自己所学专业对口的职业。

(2) 大学二年级为定向期。这一时期继续巩固一年级的所制订的目标,从而形成专业知识和专业定向的稳定阶段。另外可以通过参加一些社会活动,锻炼自己的实际工作能力,最好能在课余时间寻求与自己未来职业或本专业有关的社会实践,以检验自己的知识和技能,并根据个人兴趣与能力修订和调整自己的职业生涯规划。

(3) 三年级为冲刺期。在加强专业学习、寻求工作或准备考研的同时,把目标锁定在与实现自己的目标有关的各种信息上。这一时期可以按照拟定的目标和方向有计划、有目的地开始不断地锻炼和完善自己。比如,按职业目标准备求职的一些技能以及准备并参加相应的职业技能培训。

(4)四年级为分化期。大部分学生对自己毕业后的出路都应该有了明确的目标,这时可以对前三年的准备做一个总结:检验一下已确立的职业目标是否明确,准备是否充分,对存在的问题和不足进行必要的修补。重要的是通过社会实习和求职应聘等实践活动,为踏上职业生涯道路做好知识、技能、心理等方面的准备。

(三)加强社会实践,培养自身的社会适应能力,是提升大学生就业能力的关键因素

学校和社会的环境和运行规则有很大的不同,这种环境的隔离,往往使得高校里的大学生对社会的看法趋于简单化、片面化和理想化。一些企业之所以对应届毕业生表现出冷淡,其中一个重要原因就是刚毕业的大学生缺乏工作经历与生活经验,角色转换慢,社会适应过程较长。用人单位在挑选和录用大学毕业生时,同等条件下,往往优先考虑那些曾经参加过社会实践,具有一定社会经验和组织管理能力的毕业生。这就需要大学生在就业前就注重培养自身适应社会、融入社会的能力。

借助学校和校外的社会实践平台,除了能提高大学生的组织管理能力、心理承受能力、人际交往能力和应变能力外,还可以使他们了解到就业环境、政策和形势等,有利于他们找到与自己的知识水平、兴趣、性格和能力素质等相匹配的职业。大学生只有具备较强的社会适应能力,走入社会后才能缩短自己的适应期,充分发挥自己的聪明才智。因此,在不影响专业知识学习的基础上,大胆走向社会、参与包括兼职在内的社会活动是大学生提升自身就业能力和尽快适应社会的有效途径。

(四)大学生培养良好的心理素质是提升就业能力的催化剂

大学生不仅承担着建设祖国的重任,更是社会的人才储备和中流砥柱,他们的素质高低体现着青年一代及整个社会综合素质的高低。许多大学生在上学期间,只注重书本上的专业知识学习,却忽视了心理素质的磨炼,在面对困惑或逆境时,总是表现出茫然和无所适从,从而影响到自己的择业选择。特别是在求职过程中,有些学生一旦遭遇求职失败,在心理上经受不起打击,甚至一蹶不振,这也是当下大学生就业难的原因之一。因此,大学生在大学学习和生活过程中应注意提高心理素质,尤其是在日常生活中锻炼自己坚忍不拔的性格和淡定的心态,在求职中,充分了解就业信息,沉着、冷静地应对所遇到的困难,用积极的心态扫除成功路上的障碍,提升自己的就业能力,从而达到胜利的彼岸。

(五) 树立正确的择业观，培养良好的就业心态，提高求职成功率，是提升大学生就业能力的重要体现

《大学生就业现状及发展 2006 年度调查报告》中，在对"解决当前大学生就业难的方法"的认识上，毕业生和企业的选择截然不同。毕业生更关注从知识层面提高自己，认为"提高技能"和"提高职业素质"是最主要的；而在企业界看来，首要的却是"学生调整就业心态"和"端正学生的就业观念"。因此，为提高大学生就业成功率，应当培养学生良好的择业心态，树立与市场经济相适应的现代就业观。

1. 要积极、主动地寻求就业，而不能被动地"等、靠、要"

很多毕业生把希望寄托在家庭的社会关系资源上，出现了求职"全家总动员"的现象；还有些毕业生则单纯依靠学校来解决就业问题，在大学应届毕业生中"等、靠、要"的现象很严重。在市场经济条件下，我国早已实现了用人单位与高校毕业生的双向选择，大学生主动"推销"自己是一个极为重要的实现就业的途径，能否顺利就业和胜任工作还是要靠自己的努力来实现。

2. 要破除传统、单一的就业观念，实现多元化、多渠道就业

大学生在择业时往往承受着来自社会和家庭中传统观念和传统心理的压力，把留在大城市、端上"铁饭碗"、考公务员作为首要选择，也有不少大学生热衷于选择外企、合资企业等薪酬较高的职业，很少有大学生选择到西部和基层以及中小城市、中小企业就业。近年来，一些新型的、适应自由就业方式的职业正在不断涌现，如软件开发人员、翻译人员、美工设计者和自由撰稿人、自由演艺人员、导游等。这对于缓解大学生就业压力起到了积极的作用。可见，只要大学生能转变就业观念、面对现实，就不难找到能够发挥自己潜力和特长的工作。

3. 树立"人职匹配"的就业观念

大学生要了解社会现状，尊重客观规律。在择业前要对自身素质进行一次彻底的了解和评价，对自己的专业特长、兴趣爱好、为人处世的能力以及个人的理想志愿等做一次全面充分的分析，对自己将来的事业发展有一个确切的定位。同时，要根据社会对人才的基本要求塑造自己，树立"人职匹配"的就业观念，这样才能使自己在求职中有的放矢，在竞争中处于不败之地。

第三节　培养大学生的职业素养

在现代社会中，大学校园作为中国当代职场精英的培育场所，其教育水平和培养模式直接影响着毕业生在职场的工作表现。随着我国高等教育普及率的提高及高校不断扩招，越来越多的青年人走进大学校门，这本是一件好事，但当他们走出校园时情况却不容乐观。纵观职场的精英人士和优秀人才以及储备干部，主要来源于各个高校的大学毕业生，但近年

来,大多数企业却表示在大学毕业生里招聘到优秀的人才要比以前困难了,招聘到合适的员工已成为用人单位人力资源部门所面临的严峻挑战。事实表明,这种现象的存在与学生的职业素养难以满足企业的要求有很大的关系,也就是说,现在的大学生缺失的是职业素养。

"满足社会需要"是高等教育的目的之一。既然社会需要具有较高的职业素养的毕业生,那么高校就应该把培养大学生的职业素养作为其重要目标之一,同时社会、企业也应该与高校大力合作,共同培养和提升大学生的职业素养。

一、什么是职业素养

《一生成就看职商》一书的作者吴甘霖曾回首自己从职场惨败到走上成功之路的过程,同时总结了比尔·盖茨、李嘉诚、马云等著名企业家的成功经历。在剖析了众多职场人士的成功与失败的案例中,得到了一个宝贵的理念:一个人的能力和专业知识固然重要,但是,在职场上要成功,最关键的并不完全在于他的能力与专业知识,而关键因素在于他所具备的职业素养。

良好的职业素养是大学生成功就业的基本保证,也是大学生就业后谋求发展的重要条件。

职业素养是指职业内在的规范和要求,是在职业过程中表现出来的综合品质,包含职业道德、职业技能、职业行为、职业作风、科学文化素质和职业意识、职业态度、责任心、心理素质等诸多方面。简单来说,它是指职业人在从事职业中尽自己最大能力把工作做好的素质和能力。

无论从事何种职业,都必须具备一定的职业素养,这样才能顺应知识经济时代社会竞争激烈、人际交往频繁、工作压力大等现实的要求。从职业素养的各种特性来看,也有人把职业素养称为"职商",即一个人在职场行走的智慧和品质。

二、职业素养的构成

借用美国社会心理学家麦克利兰教授的"素质冰山"理论来理解职业素质的构成。这个理论认为,个体的素质就像水中漂浮的一座冰山,水上部分的知识、技能等仅仅代表表层的特征,是容易了解和测量的部分,相对而言是可以通过培训改变和发展的;水下部分,包括动机、特质、态度、责任心,这才是决定人的行为的关键因素,是鉴别绩效优秀者和一般者的标准。

大学生的职业素养也可以比成是一座冰山,冰山浮在水面以上的部分只有1/8,它代表大学生的形象、气质、知识、职业行为和职业技能等方面,是人们看得见的、显性的职业素养,这些可以通过课堂学习、各种学历证书、职业证书等来证明,可以通过专业考试或培训来验证;而冰山隐藏在水面以下的部分占整体的7/8,它代表大学生的职业意识、职业道德、职业作风和职业态度等方面,这是人们不易看见的、隐性的职业素养。

显性职业素养和隐性职业素养共同构成了所应具备的全部职业素养。由此可见,大部分的职业素养是人们看不见的,但正是这7/8的隐性职业素养决定、支撑着外在的显性职业素养,因此,大学生职业素养的培养应该着眼于整座"冰山",以培养显性的职业素养为基础,重点培养隐性的职业素养。当然,这个培养过程不是学校、学生、企业任一方能够单独完成的,而应该由三方共同协作来完成,实现"三方共赢"。

目前我国的大学教育往往只重视对学生显性素养的培训,却往往忽视学生隐性素养的培养,这样培养出来的学生在职业素养方面是不全面的,这也是很多企业不愿招聘应届毕业生的真正原因。在现实的职场中,经常可以看到这样的一些大学毕业生,他们有能力却不能得到企业认可,他们整天忙碌却无法为企业创造应有的效益、无法取得职业成功,他们有很高的学历却无法将知识运用到实际的工作中,这些都是缺乏或部分缺乏职业素养的表现。大学生只有能够把提升职业素养作为步入职场的第一件事,才能拥有通向职场成功的钥匙。

三、大学生职业素养的培养和提高

大学生作为职业素养培养和提高的主体,其培养和提高的渠道及因素是综合性的。提高大学生的职业素养既离不开大学生的自我培养,也离不开高校的教育以及社会的协助,只有三方面的协同配合才能更加有效地提高大学生的职业素养。

(一)大学生职业素养的自我培养

1. 树立正确的职业理想是提高大学生职业素养的前提

职业理想是个人对未来职业的向往和追求,既包括对将来所从事的职业种类和职业方向的追求,也包括事业成就的追求。大学阶段是大学生的人生观、世界观形成的时期,也是职业理想孕育的关键时期。职业理想作为理想的重要组成部分,体现了人们的职业价值观,直接指导着人们的择业行为。

大学生的正确职业理想是实现职业目标的精神支柱,职业理想是前进的方向,是心中的目标。人生发展的目标是通过职业理想来确立,并最终通过职业理想来实现的。树立正确的职业理想是大学生培养和提高职业素养的前提。

2. 隐性职业素养是大学生培养和提高职业素养的核心内容

大学生除了应该积极配合学校的培养计划,认真完成学习任务,尽可能利用学校的教育资源,作为将来职业需要的储备以外,更重要的是应该有意识地培养职业道德、职业态度、职业品质、职业操守、团队意识、敬业精神等方面的隐性素养,这是大学生提高职业素养的核心内容。提高隐性职业素养就需要大学生在自我培养方面加强自我修养,在思想、情操、意志、体魄等方面进行自我锻炼,同时还要培养良好的心理素质,增强应对各方面压力和挫折的能力,善于从逆境中寻找转机,转败为胜,直至取得成功。

3. 深入了解职业个性是培养职业素养的关键

社会人力资源专家认为,职业个性对个人事业的成功与否有着密切的联系。了解职业个性就是要解决大学生的兴趣、能力等自身的个性与职业相匹配的问题。大学生在大学期间深入了解自己的个性与职业的问题,在确定自己的职业时,就会多一层理性的思考,职业选择的针对性就会增强一些。如果大学生找到与其个性相符合的职业,会倍感珍惜并十分投入到其工作之中,在职业素养培养和提升方面就会更加努力。

(二)高校对大学生职业素养的教育对策

为了培养大学生的职业素养,以满足社会的需求,高校的作用是非常重要的。

首先,高校对大学生职业素养的教育要从进入大学校门的那一天起开始,要使大学生明白高校与社会的关系、学习与职业的关系、自己与职业的关系。要将大学生职业素养培养纳入大学生人才培养的系统工程中,全面培养大学生的显性职业素养和隐性职业素养,"两手都要抓,两手都要硬"。

第二,以大学就业指导职能部门为基础,成立相关的职能部门,开设相应的课程,及时向大学生提供职业教育和职业素养教育,尤其要加强与用人单位的合作,定期或不定期地请企业的有关人员进入大学课堂,结合企业的要求对大学生的职业素养进行更加形象化的指导和教育。

第三,高校教育要把书本教学与实践教学紧密地结合起来,为高校人才培养目标准确定位。比如,如果高校对学生的培养目标定位为培养高素质的应用型人才,那么就应该结合社会需要,以培养高素质应用型人才为中心,加强学生的职业技能教学和培训的力度,增强其动手能力及社会适应能力。高校老师要加强对大学生专业课、实践课题的选题、途径、过程的管理与指导,帮助学生正确分析社会复杂问题。增加科学研究、社会调查的案例,多组织学生通过对企业的了解,带着问题到社会开展实践活动。为提高大学生职业技能和实践能力,就必须下功夫完善教学设施,完善教学手段,提高师资水平。

(三)社会资源与大学生职业素养的培养

大学生职业素养的培养不能仅仅依靠学生本身和学校,社会资源的支持也很重要。很多企业都想把毕业生直接嫁接到企业内部,但是却发现这很困难,原因就是大学生缺乏职业素养。企业界也逐渐认识到,要想获得具有较高职业素养的大学毕业生,企业应该配合高校参与到大学生的培养教育中,可以通过以下方式进行:

第一,企业与学校联合培养大学生,提供实习实训基地以及科研实验基地。

第二,企业家、专业人士等走进高校,直接提供企业知识和管理、实践知识等方面的讲座,宣传企业文化,培养大学生的职业素养。

第三,完善社会培训机制,用人单位走入高校对大学生进行专业的入职培训以及职业素质拓展训练等。

总之,大学生职业素养的培养是目前高等教育的重要任务之一,而这一任务的完成需要大学生、高校及社会三方面协同配合。

【小资料】

世界500强最需要具有13种职业素养的人

第一种人:尽职尽责的牧羊犬

牧羊犬主动、敬业、忠诚。它们积极主动地担负起保卫、警戒和放牧的工作,它们忠于自己的职责,一丝不苟,从不让主人操心!在企业里,工作业绩的好坏固然与能力相关,但尽职尽责是成功的必要前提。你是一个尽职尽责的人吗?你能让老板放心吗?一句话,你有牧羊犬的精神吗?这将决定你能否得到老板的重用和信任。

第二种人:团结合作的蚂蚁

蚂蚁太渺小了,恐怕连柔弱的蝴蝶也对它不屑一顾!但它们团结起来的力量却相当惊人,可以在瞬间吃掉一头大象!在蚂蚁家族中,工蚁负责日常生活,蚁后负责繁衍后代,生活井然有序,俨然一个组织严密的社会。遇到困难,它们马上团结起来,浩浩荡荡,力量惊人,势不可挡。

再伟大的天才,也不可能独自支撑一个企业;脱离了团队,任何人都无法生存。像蚂蚁一样团结起来,各司其职,为了共同的目标而努力!把自己融入团队中去,最大限度地发挥团队的优势,你就会成为世界500强最需要的人。

第三种人:目标远大的鸿雁

鸿雁站立在湖边,看似沉着宁静,心中却怀着远大的目标,而且坚定不移。它们一旦展翅高飞,就会义无反顾,不管路途有多遥远,不管遭遇多少困难,它们都不会偏离航向,而是一直奋飞,直到目的地。

目光短浅的员工,一旦满足于现状,就会放弃对未来目标的追求,错失很多良机从而坠入"小富即安"的泥沼,停下了前进的脚步。

而那些像鸿雁一样目标远大的员工,总是在不懈的追求中寻找更大的成功。

第四种人:脚踏实地的大象

除了已经灭绝的恐龙,陆地上的庞然大物就属大象了。它既不像狼那样张牙舞爪地逞凶斗狠,也不像鹦鹉一样巧言令色却百无一用。它一步一个脚印,踏实可靠,给人以强烈的安全和责任感。

像大象一样扎实、沉稳、令人放心和说到做到的人,无疑是世界500强企业最需要的人,企业也愿意将更多的重任放在他们的肩上。

第五种人:善解人意的海豚

海豚也许是动物中最善解人意的了,因此也赢得了"动物博士"的称号,水族馆里,海豚能准确领会驯兽员的每一个指示,表演各种美妙的腾空跳跃,它们与驯兽员和谐相处、默契、配合无间。

善解人意其实是最大的智慧。在现代企业中,情商已远远重于智商。作为企业中的一员,善于理解他人、倾听他人的意见,会减轻人际相处的难度,让你更具人缘。

第六种人:适应环境的变色龙

变色龙广泛分布于地球的各个角落——无论是怪石嶙峋、寸草不生的险峰,还是酷日当头、干旱无比的沙漠,都留下了它们悠然行走的踪影——随着环境的变化而变化是变色龙得以生存的法宝。

唯有像变色龙一样,随着环境的变化而不断调整自己,你才能跟上企业不断前进的脚步,才能在竞争日益激烈的职场中赢得更多胜出的机会。

第七种人:目光锐利的老鹰

人置身在茫茫草原,常常会感到迷茫。然而,雄鹰却能在草原的天空自由飞翔,它能准确地辨别方向、精确地发现猎物,草原上的一举一动全在它的掌控之内。雄鹰为什么能这样呢?因为,它有一双锐利的眼睛。

职场上的许多事情恰似雾里看花,同样需要你有一双老鹰一样锐利的眼睛,能明辨是非、审时度势、看清趋势。否则,一味地等待指示和命令,不分对错,是很难得到老板的赞赏和重用的,更不会成为世界500强最需要的人。

第八种人:忍辱负重的骆驼

滚滚的沙海、肆虐的狂风、无边的戈壁——大自然的压力让所有动物望而却步,除了忍辱负重的沙漠之舟——骆驼。不管外部的环境有多艰苦,不管跋涉的路途有多遥远,不管背上的货物有多沉重,骆驼都默默地用雄壮的四肢支撑起所有的压力,毅然前行。

面对压力,你是像骆驼一样忍辱负重去承受,还是准备逃离?你的行为最终将决定你的前程、你的命运。

第九种人:严格守时的公鸡

不管是严寒还是酷暑,公鸡的叫声总是准时在黎明响起,日复一日,年复一年,它们永远都不会拖延或缺席。

对每个人来说,守时是一种信誉,也是一种美德。时间是世间最宝贵的资本,若想敲开世界500强的大门,就要告别拖沓的坏习惯,做一个像公鸡一样严格守时的人!

第十种人:感恩图报的山羊

山羊不是最聪明的动物,但它感恩图报的特点却令人为之震撼。刚出生的小山羊,虽然还没有睁开眼睛,但吃奶的时候却全都用一种姿势——虔诚地跪着,因为它们知道,能来到这个世界,是母亲的赋予,它们用这种方式表达对母亲的感激。

你可以像海绵一样吸取别人的经验,但是职场不是补习班,没有人有义务教导你如何完成工作。学习山羊跪乳的精神,时刻怀有一颗感恩图报的心,你会发现自己的成功之路会变得更平坦。

第十一种人:机智应变的猴子

猴子机智、灵活,动作敏捷,它总是能够迅速而恰当地应对变化。莽莽丛林里,虽有威猛的老虎、凶残的狼……但猴子却能凭借自己的机智应变独占山头。

一个人每天都会面临许许多多的变化,是束手无策,还是像猴子一样机智应变?不同的选择决定着你不同的职场命运!

第十二种人:勇于创新的猩猩

在自然界中,猩猩被认为是最聪明的动物,它的生存能力极强,会制造工具;会用树枝诱取白蚁;会用石头砸开椰子;会借用木箱摘取高处的香蕉。

在激烈的竞争中,推陈出新是企业的生命;在职场上,富于创新的员工最受欢迎。抓住思想的火花,在实践中历练创造力,你就会成为世界500强最需要的员工。

第十三种人:勇敢挑战的狮子

为什么狮子一声怒吼,山河为之变色?

为什么狮子能藐视一切,所向披靡?

为什么狮子能面对各种挑战,成为森林之王?

因为狮子有一颗勇敢的心!

人生无极限,只有敢于挑战艰难的人,敢于向一切"不可能"发起冲锋的人,敢于战胜自我的人,才是世界500强最需要的人。

摘自:[美]詹姆斯·希尔曼.世界500强最需要的13种人

思考题

1. 根据大学生就业能力的构成,分析一下自己在哪些方面有缺陷,应如何去培养和提升自己这方面的能力,从而全面提高就业能力?

2. 你是如何规划自己的大学学业目标的?假如你不喜欢自己所学的专业,你将如何制订学业目标?

3. 大学生的职业素养是由哪两部分构成的?应如何提高自己的职业素养?

第七章
Chapter 7

毕业生就业的宏观保障和市场环境
——就业政策和就业市场

【本章导读】

大学生在学校期间做好自己的职业生涯规划,总体目的不仅仅是帮助个人按照自己规划的思路找到一份合适的工作,更更要的是帮助大学生真正了解自己、了解社会,为自己定下事业大计,筹划好未来,从而提高综合素质,增强就业能力、职业素养和职业发展能力,制订并实现一生的职业发展目标。也可以说,做好职业规划的目的之一,就是大学生能够顺利就业。

而大学生在就业过程中,几乎每一步都与国家或地方政府有关的大学生就业政策及相关就业规定有密切的关系,同时也与当前的就业市场息息相关。所以大学毕业生在择业、就业前有必要了解一下当前的现行就业政策和就业市场情况,这样才能帮助大学毕业生在求职和就业过程中少走错路、弯路,并制订出适合自己实际以及符合社会实际的择业目标。

第一节　大学生就业政策

大学生就业政策,是国家在一定历史阶段为促进和保证国民经济的发展和社会进步,为高校毕业生创造就业条件、扩大就业机会,维护高校毕业生和用人单位的合法权益所制定的政策规定和行为准则。现阶段,我国总的就业政策是:"劳动者自主就业,市场调节就业,政府促进就业。"国家对高校毕业生就业的方针政策总方向是:"进一步转变高校毕业生就业观念,建立市场导向、政府调控、学校推荐、学生与用人单位双向选择的机制,努力实现高校毕业生的充分就业。"(国办发〔2002〕19号)"政府促进、政府调控",主要是指政府制定相关方针政策来促进、引导、支持、规范高校毕业生就业。

一、目前高校毕业生的主要就业方式

目前高校毕业生就业的方式主要是毕业生与用人单位供需见面、双向选择和自主择业。

(一)毕业生与用人单位供需见面、双向选择

"供需见面、双向选择"是在国家就业政策的指导下,高校毕业生和用人单位通过就业市场面对面的相互了解,达成毕业生自主择业、用人单位择优录用的就业方式。

"供需见面"是高校与用人单位为落实毕业生就业方案而进行的一系列相互沟通信息的活动。比如,学校邀请用人单位来学校洽谈就业合作,通过洽谈,学校向用人单位介绍本校的专业设置、培养目标和毕业生的具体情况;用人单位则向学校介绍单位的概况、对毕业生的需求计划以及具体用人标准和要求,经过双方洽谈的意向建立校企合作的关系。"供需见面"是落实毕业生就业方案和校企合作的重要方式和手段。

"双向选择"是毕业生和用人单位相互选择的就业方式,是高校毕业生就业制度改革的重要组成部分。通过这种方式,毕业生可以了解用人单位概况(包括用人意图和标准、工作环境、福利待遇、培训制度和事业发展前景等情况);用人单位则根据要求对毕业生的综合素质进行考察(如知识、专业水平、能力、身体状况、思想品德等),决定是否录用。如双方达成协议,应签订毕业生就业协议书,作为制订就业方案和就业的依据。双向选择的主要渠道有校园招聘会、专项招聘宣讲、人才市场、专场招聘会等。

在计划经济体制下,高校毕业生就业实行的是"统包统分"的政策,毕业生毕业后完全由国家统一分配,毕业生除了服从分配外,个人基本没有选择工作的余地和权利。用人单位被动地接收毕业生,也没有选择毕业生的自主权。随着改革开放、市场经济体制的建立和成熟,随着高校的扩招,我国高校毕业生就业体制进一步深入改革,毕业生的就业自主地位得到了确立,我国计划经济体制下对高校毕业生统包统配的历史已经结束,从而进入了高校毕业生就业坚持公开、公正、择优、自愿的原则,实行国家宏观调控,学校和各级政府推荐,学生与用人单位供需见面、双向选择的就业模式。这种模式把择业和用人的自主权还给了毕业生和用人单位,充分体现出毕业生择业自主、就业自主,以及企业用人自主的原则,也是实现人业互择、人职匹配、学以致用、人尽其才的有效途径,从而达到市场导向与优化人力资源配置的最佳形式。

(二)毕业生自主择业

从国家对高校毕业生就业的现行政策和制度来看,大部分毕业生就业采取自主择业的方式,这是高校毕业生就业体制改革的重大举措,也是广大毕业生追求的择业目标。自主择业是毕业生的权力,是毕业生就业意愿的充分表现。他们既可以通过高校、人才市场等渠道与用人单位供需见面、用双向选择的方式实现择业和就业的目的,也可以自主选择其他的职

业渠道,如自主创业、出国留学、研究生考试、参加国家公务员考试、参军等。

随着经济体制改革与就业制度改革的不断深入,当前"自主择业"已经成为高校毕业生就业的主要方式。与自主择业制度的推进相适应,我国也推出了一系列高校毕业生就业政策,包括市场规制政策、就业准入政策、招考录用政策、权利维护政策、宏观调控政策、创业扶持政策、社会保障政策、派遣接收政策、征兵入伍补偿优惠政策、指导服务政策以及其他相关政策等。

王鹏是市场营销专业2010年的应届毕业生,经过毕业前多次招聘会的应聘,曾被多家企业看中,最终经过一番深思熟虑,并结合自己对音乐的爱好,对学校附近音乐市场几经考察,他决定自主创业。毕业后他向家里筹了几万元开办了一个乐器商行,以销售吉他为主,因为他自幼喜欢弹吉他,同时又办起初级、中级吉他班,又卖又教,生意较为红火,仅一年就收回成本,而且还有几万元的纯利。

王鹏毕业后自主创业的例子就是毕业生自主择业的典型。这是高校毕业生自主择业的政策,为大学生多途径、多渠道、多样化的选择职业创造了有利条件。

二、高校毕业生就业流向、就业渠道的相关优惠政策

高校毕业生的就业去向和就业渠道,是一个国家和各级政府非常重视的问题。为解决基层组织和单位人才需求的问题,促进高校毕业生面向基层走上健康成才的道路,并缓解大学生就业在地域上存在的不平衡的现象,国家出台了一系列关于大学生就业流向和渠道的优惠政策。下面简要介绍几个主要的优惠政策。

(一)鼓励高校毕业生到西部地区和边远地区就业的优惠政策

这项政策规定,对到中西部地区和艰苦边远地区县以下农村基层单位就业的高校毕业生,实行来去自由,户口可留在原籍或根据个人意愿迁往西部地区或边远地区,履行一定服务期限的,按规定实施相应的学费和助学贷款代偿。对具有基层工作经历的高校毕业生,在研究生招录和事业单位选聘时实行优先录取,在地市级以上党政机关考录公务员时也要进一步扩大招考录用的比例。

(二)鼓励高校毕业生到基层和艰苦地区就业

各级政府要为高校毕业生创造工作条件,主要充实城市社区和农村乡镇基层单位,从事教育、卫生、公安、农技、扶贫和其他社会公益事业。在艰苦地区工作2年或2年以上者,报考研究生的,应优先予以推荐、录取;报考党政机关和应聘国有企事业单位的,在同等条件下,应优先录用。

（三）国家鼓励大学生"携笔从戎"参军入伍

教育部、财政部、解放军总参谋部、公安部等部门出台多项优惠政策,鼓励大学应届高校毕业生投身军营。国家为应征入伍服义务兵役的高校毕业生补偿相应学费,代偿助学贷款,高校毕业生入伍之初就可一次性获得每人最多2.4万元的学费补偿或助学贷款代偿,全部由中央财政拨付。高校毕业生服役期间表现优秀,可直接提干,在同等条件下,高校毕业生士兵在选取士官、考军校、安排到技术岗位等方面优先。具有普通高等学校本科以上学历、取得相应学位、表现优秀的可以按计划直接选拔为基层干部,公检法机关定向招录优先。

高校毕业生服役期满享受升学优惠,报考硕士研究生初试总分加10分,荣立二等功及以上的可推荐免试攻读硕士研究生。

高校毕业生服役期满择业可参照应届高校毕业生办理就业手续和户档迁转。入伍高校毕业生退出现役后,可参照高等学校应届毕业生,凭用人单位录(聘)用手续,向原就读高校再次申请办理就业报到证并办理户档迁转手续。

（四）鼓励高校毕业生到中小企业和非公有制企业就业

各类中小企业和非公有制企业是高校毕业生就业的主要渠道。要进一步清理影响高校毕业生就业的制度性障碍和限制,为他们提供档案管理、人事代理、社会保险办理和接续、职称评定以及权益保障等方面的服务,形成有利于高校毕业生到企业就业的社会环境。对企业招用非本地户籍的普通高校专科以上毕业生,各地城市应取消落户限制(直辖市按有关规定执行)。企业招用符合条件的高校毕业生,可按规定享受相关的就业扶持政策。

（五）鼓励骨干企业和科研项目单位积极吸纳和稳定高校毕业生就业

鼓励国有大中型企业特别是创新型企业创造条件,更多地吸纳有技术专长的高校毕业生就业。充分发挥高新技术开发区、经济技术开发区和高科技企业集中吸纳高校毕业生就业的作用,加强人才培养使用和储备。各地在实施支持困难企业稳定员工队伍的工作中,要引导企业不裁员或少裁员,更多地保留高校毕业生技术骨干,对符合条件的困难企业可按规定在2009年内给予6个月以内的社会保险补贴或岗位补贴,由失业保险基金支付;困难企业开展在岗培训的,按规定给予资金补助。承担国家和地方重大科研项目的单位要积极聘用优秀高校毕业生参与研究,其劳务性费用和有关社会保险费补助按规定从项目经费中列支,具体办法由科技、教育、财政等部门研究制定。高校毕业生参与项目研究期间,其户口、档案可存放在项目单位所在地或入学前家庭所在地人才交流中心。聘用期满,根据工作需要可以续聘或到其他岗位就业,就业后工龄与参与项目研究期间的工作时间合并计算,社会保险缴费年限连续计算。

(六)鼓励高校毕业生自主创业和灵活就业

鼓励高校积极开展创业教育和实践活动。对高校毕业生从事个体经营符合条件的,免收行政事业性收费。在当地公共就业服务机构登记失业的自主创业高校毕业生,自筹资金不足的,可申请不超过5万元的小额担保贷款;对合伙经营和组织起来就业的,可按规定适当扩大贷款规模;从事当地政府规定微利项目的,可按规定享受贴息扶持。有创业意愿的高校毕业生参加创业培训的,按规定给予职业培训补贴。强化高校毕业生创业指导服务,提供政策咨询、项目开发、创业培训、创业孵化、小额贷款、开业指导、跟踪辅导的"一条龙"服务。各地要建设完善一批投资小、见效快的大学生创业园和创业孵化基地,并给予相关政策扶持。鼓励支持高校毕业生通过多种形式灵活就业,并保障其合法权益,符合规定的,可享受社会保险补贴政策。

通过以上针对大学生择业就业以及创业的几项主要优惠政策,可以看出国家对当前大学生就业问题的关注和重视。作为大学生也要关注和学习大学生就业的相关政策、法规及规定等内容,这对大学生择业就业具有重要的意义。

第二节 大学生就业市场

国家对高校毕业生就业的政策是:"建立市场导向、政府调控、学校推荐、学生与用人单位双向选择。"这里所说的"市场导向"就是指大学生就业市场所发挥的作用。目前大学生就业市场与人力资源市场相互贯通,资源共享、信息共享,正在成为大学生和用人单位实现双向选择的平台。

一、大学生就业市场的含义

大学生就业市场是以促进高校毕业生就业为宗旨,是高校毕业生择业求职和用人单位招贤纳士、选录人才的场所,也是实现供需见面、双向交流、双向选择的纽带与桥梁。

大学生就业市场是我国适应高校毕业生就业制度和劳动人事制度改革应运而生的产物。

毕业生在大学生就业市场的求职过程中,以自我推荐、求职竞争等方式,选择自己理想的职业和工作岗位;用人单位则通过大学生就业市场宣传和展示本企业的优势及实力来吸引人才,招聘人才。毕业生有择业的自主权,用人单位有选择人和择优录用的自主权。大学生就业市场起到调节人才供求关系、合理地进行人才调配的作用,通过就业市场实现高校毕业生与用人单位的紧密地连接起来。

现阶段,国家和教育部门以及各级政府通过一系列的改革和政策积极地培育和发展大学生就业市场,使之与市场经济相适应,以政府为主导、以高校毕业生为基础的大学生就业市场体系,正不断地趋于完善和规范。

二、大学生就业市场的类型

大学生就业市场按其外在表现形式可分为有形市场和无形市场两种类型。有形市场是指有固定的场所、具体的时间和地点、特定的参加对象等;无形市场主要指毕业生联系工作不受特定的时间和空间的限制,依据个人意愿,自行选择,其外在表现是没有具体时间、地点,没有固定的场所,它是无形的,但又是客观存在的。

(一)有形的大学生就业市场

目前,有形的毕业生就业市场主要有以下几种形式:

①由高校举办的毕业生就业市场。主要有校园招聘会、就业洽谈会、宣讲会等。它是针对本校毕业生的特点,邀请相关的用人单位参加,主要是为本校毕业生就业提供的双向选择的就业市场。当前由高校举办的校园招聘会较为普遍。

②几个学校联办的毕业生就业市场。它主要是指两所或两所以上高校联合举办的毕业生就业市场,主要是为克服单个学校的就业市场规模小、单位少、效能差的劣势,实行强弱联合或强强联合的形式。

③分科类、分专业毕业生就业市场。主要是地方毕业生就业主管部门从用人单位和学校两方面考虑,从市场细化的角度出发,把理、工、农、医、师范等科类的毕业生分别集中起来,与相应的用人单位双向选择。

④分层次性毕业生就业市场。它是由区域性毕业生就业市场举办的为区域性毕业生和用人单位服务的毕业生就业市场,其辐射性较强,对周边城市的用人单位和毕业生都具有较大的吸引力。

⑤由地方政府、人才市场、人力资源公司等部门举办的大型春秋季高校毕业生双选招聘会,或由高校与人才市场、人力资源公司等部门联合在高校内举办的校园招聘会。

⑥企业举办的毕业生就业市场。它是由大型企业或企业集团专门为本企业选才纳贤为目的就业市场。

⑦国际性毕业生就业市场。随着我国改革开放的深化,毕业生就业的国际化趋势已显端倪,国外企业在中国招聘毕业生,中国企业招聘外国留学生或直接在国外招聘毕业生就职于国外分公司的情况已有发展。

(二)无形大学生就业市场

有形市场的作用是显而易见的,但无形市场,尤其是随着网络信息技术的发展,无形市场的作用也越来越大。网上招聘、网上求职的快捷、灵活已被越来越多的高校毕业生和用人单位所认同并进行实践,而且随着网络技术的进一步发展,正从一般的信息交流扩展到网上视频面试等考核的更深层面。

国家在积极扶持以高校为基础的有形毕业生就业市场建设的同时,正在加快无形市场的建设。近年来,国家教育部投入了大量的人力、物力和财力,研制出台了高校毕业生就业信息管理决策支持系统,有些地方、部委和学校也在此方面进行了积极的探索。

无形市场的当务之急是尽快建立毕业生就业信息网络,加强网上信息交流,实现信息共享。在不远的将来,用人单位的需求信息、毕业生的资源信息将直接上网,毕业生和用人单位通过计算机网络,足不出户就可以双向选择,这将大大提高效率,节省物力和财力。网络不受时间和空间限制,可以把所有的有形市场全部"收入网中"。这是网络科学技术进步的趋势所在。

在上海世博会期间,世博会民企馆通过几所高校的推荐以及严格的面试笔试,招聘到优秀的大学应届毕业生做民企馆的志愿者。民企馆在快开馆时,还需要10名志愿者,由于时间紧迫,民企馆组委会就通知以前送过志愿者的哈尔滨远东理工学院就业部门,通过网上对报名的学生来进行视频面试,该校就业部门组织学生网络视频,由民企馆组委会逐一对报名的学生进行了网上视频面试。仅用了两个多小时就择优录取了10名学生,并通知某日到上海民企馆报到。通过这次异地的网络视频面试,既节省了时间,又节省了经费,提高了效率,学校与用人单位皆大欢喜。

三、大学生就业市场的基本特征和作用

(一)大学生就业市场的特征

从大学生就业市场的建立、变化和发展来看,大学生就业市场主要有以下几个特征:

1. 公益性

大学生就业市场是为高校毕业生就业提供择业求职双向选择的服务平台。虽然大学生就业市场是市场经济条件下的产物,但无论是举办者、用人单位还是毕业生,都不是以盈利为目的,所以具有一定的公益性。

2. 集中性和效率性

我国高校每年都有几百万毕业生进入社会就业,从人数、专业方向还是时间上看,都有集中性的特征。毕业生和用人单位一般都在一个相对固定的时间和场所集中进行应聘和招聘。在校际间或院校内举办的校园双选招聘会上,供需见面,双方选择后,可直接签约,减少了中间环节,提高了毕业生求职应聘与用人单位招聘录用的效率。

3. 形式多样化

大学生就业市场形式是灵活、多样的,既有有形的,也有无形的;既有公开的,也有不公

开的;既有综合性的,也有分类、分层次的;既有大规模的,也有小规模的;既有区域的,也有部门的等,大学生就业市场具有形式多样化的特征。

4. 高素质化

大学生就业市场与一般的人才市场和劳动力市场在人员层次及人员素质上有所不同,其特点就是毕业生都是受过高等教育的专业人才,学有所长、学历较高、层次较高、素质较高。虽然缺乏一定的实践经验,但用人单位还是愿意在大学生就业市场进行招聘。

5. 影响性广

大学生就业市场涉及面较广,任何一个毕业生就业不仅为社会所关注,而且牵动着高校、毕业生本人、家长、亲朋好友等专注的心,因而其影响面广,影响力大。

6. 竞争性

大学毕业生必须要清醒地认识到,一旦进入大学生就业市场,就是一场知识的竞争、能力的竞争、素质的竞争,要有充分的危机意识;同时,进入就业市场也是用人单位选才的竞争,如果用人单位不能充分展示出其诚意、实力、企业文化等风采,那么毕业生是不会问津的。可见大学生就业市场无论对高校毕业生还是对用人单位都具有竞争性。

(二)大学生就业市场的作用

1. 人才的市场配置作用

毕业生就业市场是通过市场的调节作用,实现对高校毕业生这一宝贵人才资源的合理配置,促进人才的合理流动,达到人尽其才、才尽其用的根本目的。大学生要依据人才价格信息、个人与职业匹配情况和人才竞争的激烈程度等因素来选择就业渠道及自主择业。用人单位则是根据工作要求、经营状况和社会平均人才价格等信息决定对毕业生的录用。毕业生就业市场就是依靠市场竞争机制。通过这些供求规律、价值规律等基本规律最终决定人才的组合与配置。多年就业实践的经验表明,高校毕业生就业市场在毕业生就业中发挥着不可替代的基础作用,80%以上的毕业生是通过大学生就业市场实现就业的。高校毕业生就业市场已经成为毕业生求职、就业的主渠道。

2. 市场导向作用

在大学生就业市场中毕业生的就业状况,从根本上讲,反映出高等学校人才培养与市场需求之间的适应程度。分析和解决用人需求与毕业生就业的状况存在的问题,有利于高校转变办学思路,健全人才培养模式、加强学科建设、调整专业设置和教学计划,从而推动教育教学改革,提高学校人才培养的针对性和适用性,增强学校主动适应社会与经济发展需要的能力。大学生就业市场建立就业预测制度,加强对就业形势的研究,定期公布就业预测情况,通过市场需求这个晴雨表,不但对高等教育的改革起到了导向作用,同时也为政府等相关部门制订和调整有关毕业生就业政策提供了重要参考和依据。

3. 市场竞争机制作用

大学生就业市场为高校毕业生和用人单位引入了公平竞争机制。优胜劣汰是市场经济的不二法则，大学生就业市场也不例外。毕业生在就业市场中取胜的直接原因，就是自身的竞争实力强，当竞争实力较弱时，就业就比较困难，甚至会被淘汰出局。毕业生为了找到一份理想的工作，根据市场需求和个人意向，不断调整自己的知识结构或择业方向，以增加自己的实力。可以说，市场竞争机制有力地激发了学生们的求职和提高就业竞争力的欲望，调动了学生们的学业成绩和能力提高的积极性。同时大学生就业市场也使用人单位之间的竞争更加激烈。对于用人单位来说，非常希望在大学生就业市场中录用到适合自己企业发展的后备人才，但因为用人单位之间的激烈竞争，往往会出现本已看中的优秀毕业生却失之交臂，被其他单位录用的现象。

刘东是某高校市场营销专业的毕业生，因在校期间品学兼优，而且有一定的社会实践经验，在一次校园招聘会上，他选中了两家销售类的企业，通过分别的面试和考核，他同时被两家企业看中。这两家企业分别向他发出录用通知，并给予了较为丰厚待遇的承诺。正在他为选择哪一家企业而犹豫不决的时候，半路杀出个程咬金来，这是一个做大学生职业培训认证的企业。刘东在大学期间做过类似的兼职。该企业的经理找到小刘，并谈了这个行业的发展前景，也听取了小刘对这行的看法和见解，最后经理承诺让他独当一面，负责高校比较集中的大学城的所有业务。小刘被该公司经理的信任所感动，婉言谢绝那两家企业，加盟了这家企业。

四、大学生就业市场存在的主要问题

当前大学生就业市场已成为高校毕业生择业就业以及用人单位招才纳贤的主要舞台，80%以上的毕业生是通过大学生市场实现就业的，很多用人单位通过这个市场招聘到了所需要的人才。但从大学生就业市场的现状来看，还存在着一些问题。

（一）大学生就业市场地域差异性较大，硬件建设还不够完备

我国地域辽阔，各地经济发展水平参差不齐、差异很大，大学生就业市场的发育和发展状况也不一致。一般来说，经济发达地区高校毕业生的需求量较大，毕业生的流动性较强，大学生就业市场的发展程度较高，如北京、上海、江苏、浙江、广东等省市，每年高校、政府及相关人力资源企业、人才市场都多次举办大型的高校毕业生就业招聘会，无论是用人单位还是高校毕业生都踊跃参加，而且可以吸引各地的知名企业和其他省份的高校毕业生前来应聘。相反，经济欠发达的中西部和边远地区的大学生就业市场的发育就显得有些先天不足。除了地域经济差异较大外，硬件设施也比较完备。

目前，全国除重点高校和发达省市建立了具有常设功能的大学生就业市场外，一些高校和省市还没有足够的硬件设施建立常设的大学生就业市场。许多普通高校举办校园招聘会没有相应的场所和硬件条件，有的在食堂里，有的在走廊或大教室里举办招聘活动，也有很多高校供网络视频面试的设备不健全，甚至没有。也有的高校和省市有关部门举办大型的大学生招聘活动是临时租借场地，由于租费高，导致市场活动成本高，只好增收用人单位摊位费和毕业生门票费，而且设施不齐全，制约了就业市场的规模和发展。

（二）大学生就业市场的供需两旺与供需两难同时存在

2008年以来，虽然受到全球金融危机的影响，大学生就业市场在略微萎缩一段时间后，又开始逐渐兴旺起来。高校毕业生数量逐年增加，用人单位对高校毕业生的需求也逐年增加，这是我国的经济和社会发展良好状况所决定的。这种供求形势，明显缓解了我国多年来人才供不应求的矛盾。但从近两年来看，大学生就业市场仍然存在着"两旺两难"共存的特点。"两旺"是指毕业生的供方旺和用人单位的需求旺，从供方来说，由于高校连续扩招，2006年全国高校毕业生413万人，2007年490万人，2008年559万人，2009年达到610万人，2010年则达到630余万人，到2013年高校毕业生达699万人，被称为历史上"最难就业年"；从需方来说，由于我国经济连续几年持续高速增长，特别是从2009年后很多企业克服了金融危机的影响，对人才的需求大幅度地增加。每年到10月份以后，大量的用人单位进入各高校招聘毕业生，在许多用人单位急需人才的同时，他们又感到招聘到适合的毕业生确实很难；而高校毕业生无论是在火热的双选招聘现场，还是通过其他渠道应聘求职，想找到一份称心如意的工作更是难上加难。可见"两旺"同时还存在着"两难"现象。

（三）大学生就业市场供需渠道和信息还有待进一步通畅

目前大学生就业市场虽然已形成以高校毕业生为主体的市场形式，发挥了毕业生求职就业的服务功能和作用，但这个市场还处于一种自由洽谈的阶段，毕业生和用人单位供需见面还带有一定的盲目性和偶然性。

以高校举办的校园招聘会为例，从学校的角度来说，经过精心的筹划和准备，对一些用人单位发出邀请，然后对准备前来招聘的企业进行登记，组织毕业生参加应聘，布置招聘会现场，做好接待工作；毕业生也纷纷准备好个人简历、求职书等材料，满怀信心希望在招聘会上求得一个适合的工作；用人单位准备好招聘岗位和要求等海报，希望在招聘会上招聘到人才。毕业生与用人单位供需见面、双向选择的形式在招聘会上得到充分体现。但往往效果却不尽人意，一方面不少毕业生在招聘会上找不到合适的单位，盲目地投简历，目的性不明确，另一方面，很多用人单位却招不到企业需要的毕业生，而且不少急需招聘的用人单位却因为没用得到邀请而错过招聘会的机会，另外在招聘会上意向性签约多、实际录用少的现象普遍存在。这些情况的产生，虽然有毕业生和用人单位自身的因素，但从就业市场的供需渠道来看,信息交流不畅、信息不对称、辐射力不强也是主要原因。

校园招聘会只是大学生就业市场的一种形式,纵观宏观的大学生就业市场,还存在高校、毕业生、用人单位以及人力资源市场等相互协调和资源共享程度不够、用人单位和就业信息相对固定、每年接收毕业生的用人单位群体变化不大等问题。这些,也限制了毕业生的就业范围和就业质量。

(四)大学生就业市场网络信息共享程度仍需提高

大学生就业市场的信息网络建设属于无形就业市场的主要模式,是有形就业市场的依托平台。

大部分高校都有本校的就业信息网站,依靠信息网络平台,及时发布就业信息和双选活动信息,并通过网站开展就业咨询、指导等各类就业指导服务。但大多数高校的就业信息网关于用人单位的信息量和实际性的就业信息量无法满足毕业生网上求职的要求。同时,各高校的就业信息网大多数只为本校毕业生提供就业信息与就业服务,对其他院校的毕业生并未完全开放,信息发布范围狭窄,没有发挥出网络平台的强大优势。在信息网络的管理维护和就业信息发布的时效性上也存在着信息陈旧、更新较慢的现象。

五、完善大学生就业市场的对策

(一)加大对校园就业市场建设的资金投入

大学生就业市场是高校毕业生实现择业就业的主要平台,应充分发挥大学生就业市场在毕业生资源配置中的基础性和主导性作用,各高等院校要进一步加大学生就业市场的场地设施、网络建设等方面的资金投入。各级政府和教育主管部门要按照国家和省相关政策,加大对校园就业市场的扶持力度,努力做好统筹协调工作,推动并完善大学生就业市场建设,把大学生就业市场建设工作列为对高校就业工作的评估指标之一,把高校对大学生就业市场运行经费的投入及使用情况纳入就业工作评估体系。

(二)完善大学生就业市场服务和运行机制,加强交流与合作,建立信息反馈制度

高等院校要根据本校实际情况和毕业生特点,完善市场软硬件设施建设,加强领导,明确分工,做好市场规划和统筹协调工作。要以为毕业生服务和促进毕业生就业为宗旨,形成以有形就业市场为基础,以无形网络市场为平台的大学生就业市场服务体系和运行机制;要进一步推动各高校间毕业生就业协作体运作模式,加强交流与合作,发挥资源优势、资源共享;加大与用人单位的联系力度,拓展就业信息来源渠道,扩大毕业生的就业范围。依靠各

级政府及有关人才市场等部门的支持和协助,建立健全大学生就业市场信息反馈制度,各高校根据市场需求的反馈信息,做好市场跟踪和服务工作,并及时了解社会的人才需求动向,科学调整专业设置和教学计划。

(三)加快校园就业市场网络建设进程,实现资源信息共享

要充分发挥高校就业信息网络平台的优势,加强高校就业信息网和省、市及其他就业服务机构信息网络的合作,建立资源互补、信息共享的网络信息系统建设。一是要继续加强校园就业市场网络基础设施,拓展网络服务功能,提高信息服务水平,开展就业咨询、就业指导、远程面试、网络招聘会等丰富多样的网络就业指导和服务活动。二是要充分利用网络平台快捷、高效的特点,及时更新网络信息,向毕业生和用人单位提供最具时效性的供需信息。三是要进一步加大信息资源开放共享力度,强化就业信息网络的整体优势,实现互利互助的网络氛围。四是要建立健全网络安全管理模式,使供需双方的利益得到充分保障。

(四)强化对大学生就业市场秩序的监督和管理,确保规范有序安全运行

要建立健全大学生就业市场准入制度,对参加就业市场双选活动的用人单位,要严格审查其用人资质,杜绝虚假招聘和违法用工。要按照国家《就业促进法》等相关的法律法规,进一步规范大学生就业市场活动,努力营造公开、公平、公正的就业市场环境。建立高校毕业生就业实名制管理制度,做好对已就业学生的跟踪和调查工作,并在此基础上,对用人单位的用工行为进行监督。要做好就业市场活动的安全管理工作,制定突发事件应急预案,提高应对各种突发事件与风险的能力和水平,确保大学生就业市场运行安全规范有序。

(五)加强对高校毕业生就业诚信教育,共同维护高校毕业生校园就业市场秩序

各高等院校应注重对毕业生的就业诚信教育,加强就业指导和服务工作,结合本校实际开展职业生涯规划,帮助毕业生确定就业方向和择业目标,认真对待每一次就业机会,充分认识"全国普通高等学校毕业生就业协议书"的法律效应,杜绝隐瞒和欺骗行为,切实维护高校和毕业生的信誉。在确保毕业生合法权益的基础上,配合用人单位做好就业工作,确保高校毕业生就业市场运行规范有序,确保毕业生的就业质量和用人单位的招聘活动顺利进行。

【小资料】

"人事代理"介入大学生就业

高校毕业生毕业后,不直接与用人单位签订就业协议,而由人才中介公司派出工作。这种形式被称为"人事代理",这一新兴事物开始被上海一些高校大学生所接受。

包文豪是上海第二工业大学2012届会计高职毕业生。去年,他与另外16名同学通过招聘,进入中国工商银行上海分行工作。与其他本科毕业的新同事不同,他们并不是和银行直接签订劳动合同,

而是作为一家人才中介公司的派出人员为银行"打工"。人才中介公司负责管理这17名员工的档案、缴纳养老、医疗等社会统筹费用，协调确定工资报酬。

包文豪说，如果没有"人事代理"，像他这样的大专毕业生不可能进银行工作。中国人民银行几年前曾明文规定，新聘员工必须具有本科以上学历。对于这批"编外员工"，工行规定，如果在8年内取得本科学历，且达到岗位相关要求，可转为正式工。"有了这个目标，我们比在学校时更迫切地想读书"。当初进工行的17名毕业生，现在无一例外在业余攻读"专升本"课程。

由于不招本科以下学历人员，这两年不少本科毕业生被安排到银行柜面服务。但是，试用期一过，本科生往往不安心，倒是中专生和高职生更珍惜这样的岗位。

"做同样的工作，我们比正式工更小心。"包的一位同班同学说。与正式工相比，他们的月薪少了一截。"不过，时间长了，多少会影响我们对企业的归属感。"

一些从事就业工作的老师认为，人事代理有利于促进大学生通过多种形式就业。人才中介公司的介入，扩大了就业的信息渠道，也使大学生就业工作更社会化。

上海第二工业大学招生与就业指导中心副主任经晓峰告诉记者，由于学历准入限制，该校金融、会计类专业已连续3年没有高职毕业生进银行工作。引入人事代理后，今年学校有大批高职毕业生得以进入贝尔、阿尔卡特、工商银行等大企业。

人事代理制度最早出现在没有人事权的外资企业。近年来，一些国有企事业单位也开始尝试这种做法。一方面降低人事管理成本，另一方面也有利于更灵活、合理地配置人才。

人事代理尚属新事物。为了更好地保障学生利益，学校正着手在人事代理用工较集中的企业设立联系人，帮助协调企业、人才中介公司和毕业生之间的关系。

（摘自《人民日报·华东新闻》第二版）

思考题

1. 请谈谈你对"自主择业、供需见面、双向选择"方式的看法，如何利用这种政策的优点来选择你的职业方向？

2. 在求职应聘过程中，你认为哪种就业市场对毕业生最有利？

第八章
Chapter 8

不打无把握之仗

——大学生求职就业准备

【本章导读】

前面的章节讲了大学生在学校期间要做好职业生涯规划,要认知自我、认知职业,要做出正确的职业选择,要明确职业目标,提高就业能力、职业能力和职业素质等内容。那么如何来检验你在学校期间所做出的职业规划正确与否?如何检验你的职业能力是否得以发挥?如何检验你的职业规划和职业目标是否能够实现?所有这一切只有通过大学生离开大学校园,踏上职业道路,开启职业生涯来检验,无论是应聘就业还是自主创业。

大学生经过多年的勤奋学习,终将要离开校门踏上社会,通过就业或自主创业来实现人生的理想和追求,这是大学生人生中最重要的转折点。大学生若要成功就业,并成就一番事业,首先要做好求职择业过程中的一切准备工作。大学生自主择业已成为大学生就业的主要形式。大学生就业准备也贯穿着求职择业准备的过程,如何选择一个与自己制订的职业目标相适合的职业,或者谋到一个令你满意的职业,是即将离开校园的大学毕业生们必须思考的首要问题。

第一节 大学生职业选择的原则

在大学生做好就业准备的过程中,首先要做好职业选择的准备,这是人生中最大或最重要的选择之一,也是未来人生道路和生存方式的一种选择。假如在就业过程中,没有做好选择的准备或盲目地选择你所从事的职业,那么就有可能会出现频频跳槽或屡屡被炒,结果距自己的职业目标越来越远,从而失去对工作的热情和投入。

郝鹏已毕业三年了,在一次偶然的机会,遇到曾经在校期间教过他的职业规划老师。当老师询问他这几年的工作情况时,他唉声叹气地说:"已换了5个单位,主动跳槽2次,被公司开除3次,现在任职的公司还不知道能做多久,只能过一天算一天,听天由命吧。"郝鹏同学是学信息管理专业的,在校期间,他对将来想做什么,能做什么,自己适应什么职业等模糊不清,对自己的职业生涯没有一个明确的认识和目标。在毕业前随便应聘一个做销售的公司,结果目前频频跳槽、屡次被炒。虽然这是一个个案,但对没有规划和目标并且不做认真选择的毕业生来说,这不是个别现象。

大学生在就业过程中,想选择一份自己感兴趣、有能力胜任、条件好、体面、收入又高的职业和岗位是可以理解的。然而这种理想化的选择并非如此简单,因为大学生就业和择业是受到政治、经济、文化、家庭以及自身等因素影响和制约的,而不是单凭自己的主观意愿就能实现的。

职业选择有以下几个基本原则:

一、符合需要的原则

大学生就业的择业自主权并非是一味地按照自己的"自我设计"去随意择业,而是有一定条件的。从个人与社会的关系来看,个人需要总是要受到社会的制约。因而大学生选择职业时首先要把社会的需求作为选择的出发点,秉承社会需要这一原则,把个人的意愿与社会的需要紧密地统一起来。大学生只有选择了社会需要的职业,才是选择了最有发展前景的职业,才能在职业道路中取得成功。如果脱离了社会需要去择业,即使个人再有能力、再努力,也将一事无成。

同时大学生也要充分地考虑到,社会需求与职业岗位空缺的关系,要尽可能地去选择社会需求大并且有岗位空缺,又符合自己职业目标的职业,虽然同样有竞争,但这样选择的成功概率会大大增加。

二、可行性的原则

可行性原则也可称为客观性或实际性原则。大学生在择业过程中,不仅要考虑到社会需求和时代的要求,也要考虑自己的职业意愿及目标,并且要更多地考虑到个人意愿与社会环境和用人单位的实际需要是否相符合,也就是说你所作出的职业选择是否具有可行性和客观性。大学生往往容易产生理想化或脱离实际的倾向,在职业选择时,一定要力戒好高骛远,要遵循可行性原则。

三、胜任的原则

不同的职业和岗位对就业者有着不同的要求,大学生职业选择必须从实际出发,将个人的职业意愿、职业能力、个人素质等与职业岗位的具体要求结合起来。不仅有利于胜任工作,而且有助于为出色完成工作创造条件。大学生在选择职业时要充分地进行分析和比较,评估一下自己能够胜任哪些性质的工作岗位,哪些职业适合自身的条件,如果自己的各方面条件可能适合多个职业,那就要选择最符合自身条件、最有利于发展自己能力和特长,并经过努力能很快胜任的工作,从而准确地把握并较顺利地实现个人职业意愿和职业目标。

四、主动选择原则

所谓主动选择原则,主要指大学生在职业选择中不能消极等待或被动选择,而是要主动出击,积极参与,并在择业过程中不断地完善和提高自己。

(一)主动参与职业岗位竞争

市场经济的竞争,在某种角度看是人才的竞争,由于竞争机制的引入,不仅冲击着各行各业,也冲击着人才市场和大学生就业市场。作为大学毕业生在选择职业过程中如果总是抱着从众的心理而被动地去选择,不积极地面对和参与职业岗位的竞争,那么有可能就会在"优胜劣汰"的就业市场中失败。

小唐是英语专业的大四应届毕业生,虽然她对专业对口的职业并不抱多大希望,做文员的工作是她第一选择,可是快到离校的时候,仍然没有任何单位录用她。原来小唐虽然参加过不少次招聘会和企业面试,也有好几次企业文员岗位面试录用的机会,可她总是躲在同学们的后面,不去主动地推荐自己和勇于表达自己,结果每次都让其他同学占了先机。

像小唐这样的同学不在少数,他们无论是在学校的表现,还是在求职面试过程中,甚至在工作岗位上,面对竞争和挑战总是缩手缩脚,缺乏主动竞争的意识。这虽然与性格有关,但作为现代大学生应该树立起勇于主动参与竞争的意识,特别是在择业求职和职业岗位竞争中积极主动尤为重要。

(二)主动完善自己

大学生职业选择不仅只是为了找一个用人单位,职业选择的过程本身就是一个发现自己、认识自己并不断完善自己的过程。

大学生在选择职业过程中,首先要明确未来将从事什么样的工作,其工作岗位内容和范围包括哪些,该工作对自己的知识、能力、技能等方面有哪些要求,自己是否具备了其工作岗位所要求的条件。通过这样的一些思考,然后充分利用在校的这段时间,有的放矢地加强学习并努力提高社会实践能力充实和完善自己,以便尽早、尽快地适应第一个工作岗位。其次,要进一步了解工作单位对自己的使用意图和培养方向,并按这一要求分析自己还有哪些薄弱环节。如果是知识和技能方面的,就抓紧在校的这段时间,努力学习和完善;如果是思想素质方面的,就在思想上做好准备,今后严格要求自己,在实践中不断进步,逐步提高。

五、分清主次原则

在大学毕业生选择职业过程中,需要做出的选择是多方面的。比如单位性质、工作地点、工作条件、薪酬待遇、使用意图、发展方向和发展空间等,这些因素不可能样样都令人满意,重要的是在职业选择过程中分清主次、权衡利弊,清醒地做出正确的选择。

如何在择业中分清主次,一方面取决于自己的价值观和职业价值观,另一方面取决于用人单位的实际情况。

我们仅从用人单位的情况来看:有的单位比如科研、设计等部门,既有较好的工作环境,又有较高的社会地位。但一方面门槛高,本科生很难进入,另一方面也许其所在地域比较偏僻,交通不便利;有的单位可能生活条件较好,待遇也高,但工作劳动强度大,有风险;有的单位在大城市或沿海地区,文化和生活条件较好,但专业不对口,人满为患,发展空间小,有的单位虽然条件暂时艰苦,基础条件差,但其发展前景比较广阔,而且有利于大学生的成长和成才。凡此种种,该如何选择呢?在当前的社会条件下,用人单位不可能是十全十美的,作为新时代的大学毕业生,应该从是否有利于自己才智的发挥,是否有自己的发展空间,是否符合社会的需要来选择。切不可因为一味求全,急功近利,好高骛远而失去良机。

六、扬长避短原则

大学毕业生在选择职业时,要清楚地知道自己的长处是什么,短处是什么。一般来讲,当所选择的职业与个人的理想、爱好、个性特点、专业特长最接近时,个人的主观能动性容易被激发出来。因此,大学生在选择职业时,如果能够充分考虑到该工作岗位可以最大限度地发挥自己的擅长和专长,那么走上工作岗位后,才有可能热爱自己的工作,才能把工作当成一件愉快的事情去做,才能卓有成效地开创业绩。

日语专业毕业生刘佳,虽然没有找到与本专业相关的岗位,被一个文化咨询公司所录用,从事文案编辑工作。由于刘佳平时在学校就喜欢并擅长文学和写作,经过公司一段时间的培训磨合,半年后她的工作表现和成绩受到公司领导和同事的认可和表彰。她在公司工作也非常投入,刘佳表示她非常喜欢目前的工作,即使工作再忙或者加班,她都能愉快地去面对。

第二节 就业信息的获取和筛选

大学毕业生求职择业,不仅取决于整个社会的政治、经济状况以及自身的能力素养,还取决于是否拥有大量、可靠、真实的就业信息。在竞争激烈的就业市场中,及时、准确地了解和获取就业信息,并认真全面地对这些信息进行分析、筛选、整理,这是大学生就业成功的重要因素。就业信息在大学毕业生求职择业过程中起着非常重要的作用,是毕业生职业选择的基础,也是通往用人单位的桥梁和职业选择决策的重要依据。

一、就业信息的主要特征

就业信息是求职择业的基础。谁能掌握及时、真实可靠、全面的就业信息,谁就有了求职的主动权,获得的信息越广泛、质量越高,求职的视野就越宽广、成功概率就越高。大学生在收集和使用就业信息的过程中,要了解和掌握就业信息的以下五个基本特征。

(一)就业信息的真实性

就业信息首先要真实和可靠。只有保证是真实的才能得以使用,虚假的就业信息不仅会使大学生贻误时机、上当受骗,更重要的是会挫伤刚刚踏上社会的大学毕业生的热情和信心。由于就业信息的渠道和传递方式不同,不免会出现信息的真实程度不一,虚假和骗人的就业信息也会层出不穷。因而大学生要学会对就业信息进行分析判断和筛选。

已经大四的应届毕业生王晓毅在招聘网站看到南方的一家电子企业招聘,正适合自己的电子信息技术的专业,薪酬待遇也不错,可是招聘信息上有一条先汇体检费200元然后再进行录用,引起王晓毅的怀疑。于是他找到学校就业指导中心的教师咨询,老师告诉用人单位不会让毕业生先汇任何费用的,这是一个虚假的信息。结果不出几天,网上披露有一个诈骗团伙利用毕业生急于就业的心情,用虚假的招聘信息,以收取体检费的名义来获取不义之财。

(二)就业信息的时效性

时效性是信息的重要特征之一。用人单位发布招聘信息时往往会在多所高校和不同的渠道来发布,一旦超过了一定期限,其效用就会大大降低或消失。用人单位的招聘计划已经完成时,其发布的就业信息就会自动失效。因而大学毕业生在求职过程中要及时收集和整理就业信息,并在第一时间内对就业信息做出积极的反应,如果对相关就业信息犹豫不决、优柔寡断,就有可能失去先机,贻误求职的机会。

(三)就业信息的针对性

用人单位所发布的就业信息是通过各种渠道,针对所需要招聘的群体发布的。如明确招聘高校毕业生或仅招聘有工作经验的职业经理人或员工等。用人单位招聘的岗位有些有学历上的要求,有些则没有,而且用人单位所招的岗位各不相同。这就需要大学毕业生根据自己的择业意向、职业目标,有针对性地关注适合自己的信息,并对庞杂的信息进行有效的分析和梳理,从而充分利用和使用这些就业信息来实现择业求职的目的。

(四)就业信息的全面性

大学生在求职过程中,不仅希望看到用人单位发布的真实、准确的就业信息,更希望了解到用人单位的现状、用人标准、岗位描述、素质要求、培训情况、薪资水平、福利待遇、发展空间等全面的信息。但目前有些用人单位的招聘信息十分简单,需要大学生通过各种渠道另外去收集和了解,就业信息越全面,求职的信心就越大,胜算也就越大。

(五)就业信息的广泛性

大学生在收集就业信息时要广取博收,获得的信息越广泛,求职的范围就越宽广。大学生不能仅仅关注自己最向往的地区和最想去的单位的一些信息,而对其他地区和单位的信息而置之不理、弃而不顾,这样一旦没有实现你的愿望,再去关注和收集其他地区或单位的信息,就有可能会失去良机。所以大学生在收集自己关注的一些就业信息同时,也要关注一下其他地区或其他同行业的单位,说不定会有意外之喜。

二、获取就业信息的渠道

收集就业信息不能只靠投求职信、个人简历,被动地等待用人单位回复,一般来说这种办法的成功概率并不高。大学毕业生获得就业信息要善于利用各种渠道、通过各种途径来收集。收集就业信息的渠道很多,每个渠道来源都有各自的特点。大学生在收集就业信息的过程中不仅要知道在哪里能获取到真实可靠的就业信息,而且还要了解不同渠道发布就业信息的侧重点、发布方式和规律。下面是大学生获取就业信息的几个主要渠道。

(一)通过学校就业主管部门获取信息

目前高校就业指导中心是高校大学毕业生就业的主管部门。由于高校就业指导中心平时就经常与地方就业主管部门、社会各级人力资源服务企业和相关用人单位等保持着广泛密切的联系以及长期校企合作关系,所获取的就业信息具有很强的真实性和很高的可信度。所以高校就业指导中心是大学毕业生获取就业信息来源最可靠的渠道之一。

一般来说,学校的就业指导中心都有相对固定的就业信息发布的渠道,比如学校毕业生就业信息网、毕业生就业信息公布栏、就业信息简报以及各分院、各系建立毕业生就业信息QQ群、飞信、微信等。特别是高校举办的校园双选招聘会和校园宣讲会,更是毕业生面对面地获取就业信息以及直接求职择业的渠道。此外,很多用人单位也将高校就业指导中心视为录用选拔毕业生的一个主要渠道和窗口。

（二）通过地方各级政府就业主管部门获得信息

地方各级政府就业主管部门包括各省市教育部门所属的高校毕业生就业指导中心和人力资源社会保障部门所属的就业服务机构。他们的主要职责是制定所辖区大学毕业生就业方针政策，向毕业生发布本地区企事业用人单位招聘信息，为毕业生提供各种就业咨询和服务。来自这方面的就业信息对大学毕业生来说是真实可信的。

（三）通过社会各地人才服务中心和人才市场获得信息

各省、市区基本都成立了人才服务中心和人才市场等就业咨询服务机构，这成为大学生和社会人员再就业信息的主要渠道。人才服务中心的主要职责是开展人才市场交流会、人事代理登记服务、人才网信息服务，为用人单位招聘人才和个人求职做好中介服务和管理等工作。这类人才服务中心是地方政府职能部门负责管理，其服务比较规范化，所发布的就业信息可信度和目的性较强，就业成功率较高。

（四）通过网络、报刊、广播、电视等媒体获得信息

在互联网和传媒业高速发展的今天，通过网络和传媒获得就业信息已成为大学生主要采用的手段和途径。

1. 通过网络获取就业信息

网络信息技术在社会各个领域广泛应用，带来了信息的多元性、可选性和易得性。目前大多数用人单位都有自己的网站，大学生可以不受空间的限制，在网上轻松地得到用人单位的各种就业信息，并且可以通过网络进行求职沟通，网上投递电子简历，在网上完成面试以及录用等。除了用人单位的网站，还有些专门为大学毕业生求职提供服务的专业网站，如中华英才网，前程无忧网、智联招聘网、应届毕业生求职网、来就业网等。

2. 通过报刊、广播、电视等媒介获取就业信息

当前越来越多的媒体都在关注着大学生就业问题，无论是报纸杂志、广播电视等除了刊登和播出用人单位的招聘信息外，还专门开辟了"大学生就业专栏""人才市场分析""大学生职场探索""择业及政策咨询"等栏目。

大学生通过网络和媒介不仅可以了解到自己所需要的就业信息，也可以从中了解到大千世界的各种社会资讯，同时也可以开阔大学生的眼界，丰富和深化就业理念和求职取向。

（五）通过就业市场来获得信息

就业市场主要包括：高校毕业生校园招聘会和宣讲会、各地方就业主管部门及人才中心举办的各类人才市场、劳动力市场等。由于各类就业市场是通过不断地收集用人单位的需求信息，有针对性、定期或不定期地举办现场人才交流会或供需见面招聘会、宣讲会等。大学生进

入就业市场,不仅可以直接了解和收集到用人单位有关的就业信息和各种职位信息,而且可以与感兴趣的用人单位进行沟通和交流,通过双向选择,经面试合格后直接上岗。

(六)通过社会实践和实习活动获得信息

大学生到用人单位参加社会实践和实习活动,不仅有利于开阔视野,学以致用,还可以获取单位的用人需求信息,这种信息具有全面、准确的特点,参加这些活动是大学生推销自我,赢得用人单位好感与信任的最佳时机。因此,大学生应充分利用时间在毕业前开展社会实践和实习活动,适当做一些兼职、到各单位锻炼,体现自己的才华、能力、忠诚度与敬业精神,同时要了解就业形势、行业情况、职业发展机会、用人单位管理以及职业需求信息等,为日后的择业竞争奠定良好的基础。目前,越来越多的著名企业都以招募大学实习生的方式来培养公司的后备人才。

(七)通过各种社会关系获得信息

这里所指的社会关系,包括家长、亲戚、邻居、老师、同学、校友等。大学生通过社会关系来获取就业信息,针对性和可靠性更强,并能扩大信息覆盖面,通过社会关系对用人单位可以进行更具体的了解。许多用人单位也愿意录用经人介绍和推荐的求职者。据统计,通过社会关系求职的大学毕业生能占40%以上,成功率能达到27%左右。所以,通过社会关系来获得就业信息以及求职择业是一个可靠、成功率较高的途径。

(八)通过直接的方式来获取信息

所谓直接方式就是通过黄页掌握各用人单位地址、电话,通过打电话、写求职信或登门拜访获取用人单位的招聘信息。这种方式需要毕业生具有"毛遂自荐"的意识,并且对自己意向单位有大致的了解和预测。这种形式主动性强、获取的信息及时,但盲目性大、准确性低。在缺乏较多的就业信息的情况下,这是一种直接获取就业信息的渠道。

三、就业信息的筛选与使用

(一)就业信息的筛选

一般来说,大学毕业生通过上述各种渠道所搜集到的就业信息都比较杂乱,可能会有相当一部分信息是没有用处的。毕业生应根据自己的实际情况和需求,对信息进行去粗取精,去伪存真,有目的、有针对性地加以筛选处理,使获得的就业信息具有准确性、全面性和有效性,使之更好地为自己的求职服务。

筛选就业信息时应把握以下几点:

1. 掌握重点，分清主次

毕业生将收集到所有就业信息不可能也没必要逐一落实，要对不同的就业信息进行比较，根据个人的职业评价和职业兴趣进行分析，把自己所需要的重点和主要的就业信息选出来，标明并注意留存，其他一般次要的信息则可作为参考。

2. 分析鉴别，去伪存真

信息的价值在于它的真实性。所以毕业生在通过各种渠道获得就业信息的过程中，首先要确定其真实性和可靠性。往往有些招聘者和不法之徒出于损人利己和欺骗的目的，利用大学生求职的迫切心理，发出带有引诱性和欺骗性的虚假信息，诱使大学毕业生上当受骗。比如那些非法的传销机构就是以高薪做诱饵，有的以公司的名义来欺骗涉世不深的大学毕业生。因此，毕业生获得众多的就业信息后，要以不厌其烦的态度来认真分析和鉴别其真伪，尽量通过学校就业指导中心老师和有关知情人等，全面了解就业信息的内容，从不同的角度正视和澄清疑点，避免人云亦云、轻信盲从。

3. 深入了解，抢占先机

毕业生在掌握了主要和重点的就业信息后，要对该用人单位的情况做进一步的了解。一方面要了解单位的性质、隶属关系、地理环境、员工结构、工作条件、薪金待遇、发展前景、企业文化、管理状况、产品质量、售后服务、主要客户等基本情况；另一方面要了解该单位对求职者的要求和偏好等。如果能够详细地掌握这些资料，在之后的求职面试中，就能够处于主动，让主考官在面试中把你当成"自己人"来看待，从而抢得先机。

4. 适合自己，人职匹配

在就业信息选择中，要把握"适合自己的就是最好的"的原则，这一点应是筛选信息的核心。要结合自己的兴趣、爱好、能力、价值观等条件，判断和决定自己是否能够适应和胜任该职业。切忌好高骛远、从众心理、迷失自我。如果不顾自己的爱好、能力、专长，以薪金待遇、地理位置等作为首选，即使侥幸在求职中取得"成功"，在未来的职业发展中也必然会逐渐暴露出自己的弱势，失去发展的后劲。

（二）就业信息的使用

大学毕业生充分利用那些真实可靠和有价值的就业信息完成了选择适合自己的职业，才算达到收集信息和分析筛选信息的目的。

如何更好地使用就业信息，是大学毕业生职业选择以及成功就业的基础和桥梁。在就业信息使用过程中要注意掌握以下几点：

1. 要雷厉风行，捷足先登

毕业生在获得真实可靠并认为是自己所适合的就业信息后，要注意信息的时效性，在有效时间内，应该尽早利用，立即行动，争取捷足先登。如果因自己的耽搁晚了一步，用人单位已与别人签约，那么即使自己很优秀，也将失去这个机会。

2. 要根据信息要求，及时调整自己

毕业生根据经过筛选的求职信息的具体要求，对照自己的自身条件，看看自己与用人单位的职位要求有哪些方面相符或不符，如发现哪些方面不足，在时间允许的条件下，要及时地调整自己。

3. 要有锲而不舍的精神

毕业生在收集就业信息的过程中，最终都会掌握自己青睐的若干个求职信息作为重点，千万不要因为第一个求职失败了而苦恼和失去信心。要相信自己的实力，要锲而不舍，及时调整自己的方向和目标，尽早地转向下一个新的选择。

4. 切忌犹豫不决，这山望着那山高

确定通过与用人单位的面试和沟通，双方彼此互相了解并认可，用人单位和个人进入签约录用阶段，此时毕业生在做出职业决策时，虽然可以认真思考和衡量，但不能犹豫不决。如果时间拖得太久，势必给用人单位留下不好的印象，即使录用了也会给自己的将来发展造成不利的影响。另外，在做求职时，更不能这山望着那山高，如果A单位开始进入录用阶段，你又觉得B单位更好，放弃A单位而选择B单位，但了解后又不甚满意，又想到C单位，结果可能会出现竹篮打水一场空，一个单位也没被录用。

【小资料】

就业信息渠道求职成功率排行榜：

1. 利用互联网来看公司网站、中介网站、行业网站等，或者把自己的简历贴在网站上等人来选择。（1%）
2. 随意地挑选报纸、电话簿上的公司，寄出自己的简历。（7%）
3. 应聘自己行业内发行的专业杂志、新闻简报上的招聘广告。（7%）
4. 应聘登载在本地报纸上的招工广告。（5%～24% 取决于工资要求）
5. 通过私人的就业中介。（5%～24% 取决于工资要求）
6. 参加招聘会，和雇主直接见面，由雇主当面挑选。（8%）
7. 建议参加超级社团，做一个立体简历。（40%）
8. 通过当地政府人力资源部就业辅助中心寻求机会。（14%）
9. 向朋友、旧同事、老乡、亲戚打听，看他们有没有好介绍。（33%）
10. 不管对方有没有空缺，有没有登广告，直接找那些你感兴趣的企业，亲自上门看有没有机会。（47%）
11. 翻开电话簿，找到那些你认为可以的企业，打电话去看他们是否在招你这样的人。（69%）

——源于青创想教育科技（北京）有限公司

第三节 求职材料的准备

毕业生一般都是通过就业信息来了解用人单位,从而进行职业选择并求职应聘,而用人单位在正式约见毕业生面试之前,通常是通过求职材料了解求职者的基本情况。所以大学毕业生要想在众多的求职者中脱颖而出,得到用人单位的面试机会,准备一份充分展示自己、有一定说服力并能吸引用人单位注意的求职材料是至关重要的。求职材料是一个统称,一份求职材料主要包括:求职信、个人简历、推荐表或推荐信、必要的证明材料。其中求职信和个人简历对大学毕业生最为重要,下面重点介绍求职信和个人简历。

一、求职信的撰写

大学毕业生认真写好求职信,是求职成功的第一步。

求职信也可称为自荐信,是求职者以书面的形式向用人单位提出求职请求的文函。一般情况下,很多用人单位只要求应聘者提交个人简历和一些必要的证明材料,对求职信并没有单独的要求。但在毕业生求职过程中向用人单位主动提交求职信,则是表示自己对这份工作的渴望和胜任,是努力争取面试机会的一种重要沟通方式。因而求职信在其种程度上可以加重个人简历的作用,一份好的求职信能够使用人单位更加关注求职者的简历,为求职者赢得面试的机会。

(一)求职信的基本要求

1. 要有针对性,有的放矢

毕业生在撰写求职信时,一定要了解用人单位所招聘岗位的要求,并根据这个具体要求来写相应的求职信,要有针对性和侧重点,要使用人单位感觉到自己的专业能力和素质与招聘的职位要求相符。针对不同的用人单位和不同的岗位,求职信的内容要有所变化,侧重点也要有所不同。

2. 适度推销自己,但不要夸大

毕业生求职过程实际上也是一个自我推销的过程。有的学生认为既然是推销,那么就应该包装华丽些,所以在求职信中出现夸大其词、吹嘘炫耀自己的词语,似乎不被录用就会给对方造成不可弥补的损失。起草求职信第一要诚恳,不可浮躁。作为毕业生在求职信中,尽量不要用一些如"肯定""绝对""保证""第一"之类的词句。毕业生在求职信中,适度地包装和推销自己,强调和展示自己的优势、特长和能力,表示能够适应和胜任所应聘的职位,这是可以接受的,但切忌夸大其词和不着边际。

3. 篇幅不宜过长,用词要简练,突出重点

不要指望人资经理会花很长时间来看你的求职信,所以求职信篇幅不要过长,500~600字为宜。求职信不是写散文或自传,不要卖弄文采,堆砌和滥用一些华丽时髦的词句,否则会弄巧成拙。要开门见山,用词简练,突出重点。

4. 手写求职信效果更佳

现在的大学生为了图省事基本用打字来写求职信。如果你的文字流利,写一手好字,那么书写求职信其效果会更好。古人云:"文如其人。"如果你提供的是一封亲手书写的清楚、工整,让人一目了然、赏心悦目的求职信,这首先从门面上就压倒了那些打字的竞争对手,并且能够把你的工作态度、精神状况、性格特征用手写文字介绍给对方,加上你的求职条件,就会使你在众多的求职者中占有优势地位。当然假如书写功底不好,那还是打字为宜,毕竟内容是最重要的。

(二)求职信的格式和主要内容

求职信的基本格式符合书信体的一般要求,主要包括称谓、正文、结尾、署名、日期和附件等内容。

1. 称谓

求职信的称谓要比一般书信的称谓正规、恰当,郑重其事。不同性质的单位称谓要有所区别,比如写给机关、事业单位人事处领导,用"尊敬的某某处长(或科长)";写给企业可以用"尊敬的某某厂长(或经理)";写给外资企业则用"尊敬的某某董事长(经理)先生或小姐、女士",等等。不要忽视称谓的重要性,要想办法通过一切途径了解到你写给对方的称呼、性别和头衔等,如果确定不了具体名字,也可称呼"尊敬的负责人""尊敬的招聘经理""尊敬的董事长先生"等。

2. 正文

正文是求职信的中心部分,其形式是多种多样的,但一定要简洁并有针对性。一般说来,正文有三个方面的主要内容:首先,简要介绍个人的基本情况和求职信息的来源;其次,直接表明自己所要应聘的岗位以及自己对该岗位已具备的条件和优势,对所求的岗位,态度要明朗;第三,重点突出自己的教育背景、学习成就、参加社会实践的成果以及所具备的各种潜力等。正文要充分体现你对所应聘的职位是有备而来,并表示出你对这份工作的热情和渴望。

3. 结尾

求职信的结尾部分要表达出参加面试的强烈愿望,希望对方能给予答复等。同时要写上简短的表示敬意和祝愿的祝词,如"顺祝安康""此致敬礼""祝贵公司兴旺发达"等。

4. 署名和日期

署名处最好写上求职人姓名或学生姓名××的字样,如果是打印的求职信,在署名处留下空白,由求职人亲自签名,以表郑重和诚意;日期要年、月、日俱全。

5. 附件

作为一个完整的求职信,附件是一个不可或缺的组成部分,它是对求职者学历、能力、实力和才华的鉴定证明。比如:毕业证、学位证、外语等级证书、职业资格证书、获奖证书等等,附件不需要太多,但一定要有分量。附件最好附上目录。这样既便于用人单位审核,也会给对方留下"办事严谨,有条不紊"的好印象。注意不是所有的求职信都需要标明附件,但辅助的证明材料必须要有。

【小资料】

1. 毕业生求职信范例

求 职 信

尊敬的××公司人力资源部领导:

您好!

非常感谢您能在百忙中浏览我的自荐材料。

我是××大学××系的一名应届毕业生,将于××年毕业并获得学士学位。在我院就业指导中心处得悉贵公司行政助理职位虚位以待,我以诚挚的迫切的心情应征贵公司的这个职位。

四年充实和忙碌的学习和生活,在师友的严格教益及个人的努力下,我具备了扎实的专业基础知识,系统地掌握了××××、××××等有关理论;熟悉涉外工作常用礼仪;具备较好的英语听、说、读、写、译等能力;能熟练操作计算机办公软件。同时,我利用课余时间广泛地涉猎了大量书籍,不但充实了自己,也培养了自己多方面的技能。此外,我还积极地参加各种社会活动,抓住每一个机会锻炼自己,从而塑造了我朴实、稳重、创新和具有团队精神的性格特点。

希望贵公司能给我这次机会,为我展示一个为公司奉献和个人发展的平台。

最后,再次感谢您阅读这份自荐材料!祝贵公司事业欣欣向荣,业绩蒸蒸日上,也祝您身体健康,万事如意!

后附个人简历、有关证明材料。

自荐人:×××
××××年××月×日

2. 达·芬奇的求职信

1482年,31岁的达·芬奇离开故乡佛罗伦萨,来到米兰。他给当时米兰的最高统治者、米兰大公鲁多维柯斯弗查写了封求职信,希望谋得一个军事工程师的职位。这封求职信就是著名的《致米兰大公书》。内容如下:

尊敬的大公阁下:

来自佛罗伦萨的作战机械发明者达·芬奇,希望可以成为阁下的军事工程师,同时求见阁下,以便面陈机密:

一、我能建造坚固、轻便又耐用的桥梁,可用来野外行军。这种桥梁的装卸非常方便。我也能破坏敌军的桥梁。

二、我能制造出围攻城池的云梯和其他类似设备。

三、我能制造一种易于搬运的大炮，可用来投射小石块，犹如下冰雹一般，可以给敌军造成重大损失和混乱。

四、我能制造出装有大炮的铁甲车，可用来冲破敌军密集的队伍，为我军的进攻开辟道路。

五、我能设计出各种地道，无论是直的还是弯的，必要时还可以设计出在河流下面挖地道的方法。

六、倘若您要在海上作战，我能设计出多种适宜进攻的兵船，这些兵船的防护力很好，能够抵御敌军的炮火攻击。

此外，我还擅长建造其他民用设施，同时擅长绘画和雕塑。

如果有人认为上述任何一项我办不到的话，我愿在您的花园，或您指定的其他任何地点进行试验。

向阁下问安！

达·芬奇

米兰大公收到此信后不久，就召见了达·芬奇。在短暂的面试后，正式聘用达·芬奇为军事工程师，待遇十分优厚。

达·芬奇这封短短的求职信为何能够产生这样好的效果？分析起来，不难发现，主要是他的求职信有以下两个优点：

一、针对对方需要

米兰大公当时的处境可谓强敌环伺，他要击败意大利的敌对城邦和消除来自北欧和西亚的威胁，就不能不大力发展军事制造业，因此急需这方面的人才。达·芬奇深切地了解他的需要，于是有针对性地设计了求职信。

达·芬奇是个多才多艺的人，在绘画、歌唱、医学、哲学和其他领域都拥有卓越的才能，但在这封求职信中，他只详细描述了自己在军事工程方面的技能。通过这些细致的介绍，他生动而含蓄地告诉米兰大公："我清楚您的处境，我会帮助您打赢战争！"而对自己的其他能力，达·芬奇则在信中一笔带过。

这封详略得当、针对性很强的求职信，无疑给米兰大公留下了深刻的印象，信中所述的种种军事技能，对于他来说，也堪称雪中送炭，因此他毫不犹豫地给了达·芬奇面试的机会。

二、语气充满自信

在求职信中，达·芬奇一连使用了六个"我能"，一项一项，有条不紊地列举出自己在军事工程方面的才能，语气坚定，而且他敢于在信中声称："如果有人认为上述任何一项我办不到的话，我愿在您的花园，或您指定的其他任何地点进行试验。"这是何等的自信！这份自信当然来自于对自己实力的清醒认识，而且显然也感染了见多识广的大公，既激起了他的求贤若渴之意，也引发了他的好奇之心。大公很可能会这样想：既然此人敢口出豪言，想来有些真才实学，给他个面试机会又何妨？

达·芬奇的这封著名的求职信值得现在的大学毕业生借鉴。

二、个人简历的制作

毕业生向用人单位递交一份个人简历是求职的一个重要程序。个人简历和求职信一样是毕业生求职时不可或缺的重要文书材料。所不同的是求职信是向用人单位表达求职的愿望,而简历是提供给用人单位想要知道的各项事实。求职信的后面,一般都要附上求职者的个人简历,有些用人单位并不要求毕业生一定要提供求职信,但必须要提供个人简历。也就是说个人简历是必不可少的。

其中,但看似简单的个人简历,却与求职面试成功与否有着重大关系。据统计,在得不到用人单位面试机会的毕业生中,有80%以上与个人简历做得不好有关。如果简历出现格式不规范、打印不工整模糊不清、寥寥几行敷衍了事、千篇一律照搬照抄或密密麻麻几大篇等现象,其结果将是失去面试的机会。所以毕业生若想得到面试机会、求职成功,首先要制作一份合格的个人简历。

(一)个人简历的基本要求

1. 精心准备,做足功课

撰写个人简历是一个需要不断地审视自己、完善自己、分析所应聘的岗位、了解用人单位需求的过程。毕业生在制作简历之前,要仔细想想自己有哪些闪光之处,有哪些优势;也要好好研究一下你所获得的招聘信息;好好分析一下用人单位所招聘的岗位,需要什么条件,你是否能够适合、能够胜任;同时好好构思一下你的简历如何设计。总之,只有精心做好准备,做足功课,才能制作出一份合格的简历。

2. 定位准确,目标明确

用人单位之所以要审阅求职者的个人简历,其目的就是通过简历知道求职者是否适合所招聘的岗位,并能为他们做什么,求职者必须在简历中明确地告诉他们,想要什么工作和最适合什么工作。所以,要为自己的简历准确定位,明确自己到底能干什么,最能干的是什么,所招聘的岗位就是求职的目标。

3. 突出重点,对症下药

大学毕业生在制作简历中针对用人单位所招聘的职位要求,要重点突出自己可以胜任的优势,突出与别的竞争者的不同,对与主题没有直接关系的内容可以淡化或不提。由于大学毕业生缺少社会实践经验,其重点可以放在学业成绩和参加校外社会实习活动的经历上。比如学会计专业的毕业生,应聘某大企业财务岗位,虽然没有在同类企业实习工作的经验,只在会计事务所做过实习,那么在简历中要将"通过在某会计事务所的实习锻炼,深入了解和学习到企业财务各类报表的制作和运行机制,得到实习单位的好评"这样的描述,作为社会实践来重点突出。现在很多毕业生将同一份简历进行"海投",没有对不同的用人单位、不同的岗位加以区别,缺乏针对性。实际上,诸如政府机关、事业单位、国有企业、民营企业、外资企业对应聘者的能力及经历的要求是不同的,因而求职者对不同的领域、不同的职业、岗位要区别对待、量身定制。

4. 文字简明，表述适度

个人简历在用词方面要诚恳平实言简意赅、简明扼要、通俗易懂，在表达过程中，要以客观的态度、具体的事实和准确的数据来说明问题。在简历中避免使用空洞的口号式的言辞，比如，"给我一个机会，还你一个奇迹"，"我是一颗闪闪发亮的螺丝钉"，"我要以我的努力，搏出我的未来"等。类似这样空洞口号式的语言，不能提供任何有价值的信息，只会引起反感。

5. 格式恰当、篇幅适宜

毕业生求职者在制作简历过程中，要选择最适合自己的简历格式。确切地说，个人简历并没有固定的格式，只要能充分地展现自己的知识、态度和能力等，就是一个成功的、合格的简历。

采用表格形式的简历是最为普遍的。简洁整齐、层次分明的表格加上突出主题、体现自我优势的文字内容是毕业生较为适宜的个人简历形式。简历的篇幅最好以一页 A4 复印纸为宜，即使个人经历比较丰富，也最好不要超过两页。

（二）个人简历的主要内容

大学毕业生为了获得理想的求职效果，往往在编写简历时喜欢独树一帜、别出心裁，但无论有多少不同的风格，一个完整的个人简历，其主要内容都应包括以下几项。

1. 个人信息

个人信息包括：姓名、出生年月、性别、籍贯、政治面貌、身高体重、健康状况、婚姻状况、业余爱好、所在城市、通信地址、联系电话、邮编等。有些行业需要较详尽的个人信息，如银行等，有些行业则没有太多的要求，所以求职者可以根据用人单位的具体情况来对个人信息进行酌情增减。

2. 求职目标

求职目标是简历的重心。求职者要写明想要申请的职位，以表达求职者对应聘某用人单位和某岗位的追求和愿望。求职目标应该简明扼要、一目了然，如果已经了解到用人单位提供的具体职位，那就按要求直接填写；如果是自己选择了的用人单位，但还不知道具体什么岗位招聘，那也可以根据自己的专业和擅长标明你所要应聘的职位及类别，如"财务人员或相关工作"，"市场策划人员或相关工作"等。

3. 教育背景

教育背景是毕业生向应聘者提供受教育的状况，可以按顺序或倒序的方式写清所就读的学校、科系、专业、学习年限和相关的学历证书等。另外还可以将所学过的主干课程、获得的奖学金和奖励、参加过的课程或技能竞赛所获得的名次等加以标明。有的求职者只写最高学历，而忽略了非学历教育，其实有些用人单位对求职者的非学历教育很重视，如外语、计算机和其他专业的培训。

4. 实践经历

对大多数用人单位来说,在高校招聘应届毕业生,除了看重大学生的专业知识以外,还十分看重毕业生的社会实践和工作经历。但对应届毕业生最缺乏的可能就是社会实践和工作经历了,有的也只是大四时短暂的实习或业余时间兼职打工经历。如果从教育背景和学习成绩单上可以看到学生的知识结构,那么从实践经历中便可以考察学生的实际工作能力、工作态度、组织能力、沟通能力、吃苦精神、团队精神和社会阅历等,这正是用人单位需要观察的重点。

在填写实践经历时,要将你在校外实习工作或兼职打工的单位名称、岗位角色、工作内容、起止时间、业绩和收获,以及在学校和团组织或社团担任的角色、参加和组织社会活动的内容及效果等,按时间顺序简明清晰地表达出来。

5. 能力专长

能力专长主要体现两部分。第一部分,是外语能力和计算机应用能力。比如对英语能力的表述,可以用大学英语四、六级的证书来体现,也可以用"具备日常口语沟通和阅读的能力"来说明,如果能有参加学校或某某地区英语演讲赛得奖证明,那就更有说服力了;关于计算机方面的能力,可以用"计算机等级证书"或用熟练使用×××办公软件和擅长使用×××进行数据分析及处理来表达。第二部分,就是学生的技能专长,这部分一定要实事求是,而且要填写最擅长的强项,但强项也只需填写二、三项即可,如演讲、驾驶、绘画等。

6. 自我评价

这部分主要是针对用人单位的岗位要求对自己进行自我评价。评价要切合实际,把自己与求职相关的特质列出来,而不要写一些空洞的套话。

7. 职业规划

如在个人简历中能体现自己简短的职业规划,效果会更好些。比如可以写上这样类似的话:"我一旦成为贵公司的一名员工,一定要虚心学习、努力工作,有信心争取在三年至五年内,成为公司中层的管理者。"

8. 个人简历上可以贴一张自己的照片

一般可以贴一寸或二寸的标准像,也有的单位要求毕业生贴一张生活照,照片要清晰、端正。

三、应届毕业生就业推荐表

这类求职材料是由就业主管部门统一编制的。推荐表主要包括学生基本情况、所在院(系)、年级、社会实习实践情况、所学课程、获奖情况、自我鉴定等内容,并由毕业生所在院(系)相关负责人填写推荐意见,由学校加盖公章。由于应届毕业生在找工作之时通常还没有领取毕业证书,所以推荐信的意义就相当于学校为该毕业生做的政治、学业和社会实践的鉴定,并证明学生在校的身份。

四、证明材料

证明材料是由相应的证件复印后作为附件与求职信和个人简历等一起形成的大学毕业生求职材料,是具有某种素质和通过专业学习和培训所取得的成果及技能的证明材料,主要包括毕业证、学位证、成绩证明、外语等级证书、计算机等级证书、职业资格证书、技能鉴定等级证书、获奖证书等。如果证明材料较多,最好安排顺序列出目录。需要注意的是,要学会有所筛选,要有针对性地对所应聘的单位和岗位的要求来准备证明材料,不要把与应聘岗位毫无关联的或过于久远的证明材料都附上。

【小资料】

毕业生个人简历模板

个人简历

姓名		性别		出生年月		
民族		政治面貌		身高		
学制		学历		籍贯		
专业		毕业学校				
技能、特长或爱好						
外语等级			计算机			

个人履历

时间	单位	经历

联系方式

通信地址		联系电话	
E-mail		邮编	

自我评价

求职意向	

个人简历

姓 名	刘莎	性别	女	
婚姻状况:	未婚	出生年月	1988年06月	
民 族	汉族	身 高	163 cm	
学 历	本科	籍 贯	黑龙江	
毕业学校	哈尔滨×××学院			
专 业	国际贸易			
语言能力:		英语(熟练) 普通话(标准)		

教育/培训

由 年 月 至 年 月	校院名称/培训机构	专业/课程	学历
2004.6~2007.7	×××中学		
2007.9~2011.7	哈尔滨×××学院	商务英语	本科

技能/专长

我在大一就参加了校学生会,并先后担校学生会学习部部长等职务,在任期间我一手策划并组织了很多活动,其中参加"金牌主持人特训营"获亚军

2008年5月 获学院"最佳形象奖"荣誉称号;

2009年6月 获学院英语演讲二等奖;

2010~2011年 获学院年度励志奖学金;

工作经验

2010年11月至2011年5月 哈尔滨×××公司实习

担任职务:行政文员

工作内容:负责对外接待与客户的联系、整理企业相关文件及英语资料翻译。

求职意向

求职意向	外贸公司业务、行政文员、口语翻译等

第四节 求职的心理准备

大学毕业生就业准备的整个过程,实际上也是一个复杂的心理变化和心理准备的过程。做好充分的心理准备,克服各种不良的心理缺陷和障碍,澄清模糊的认识,调整好心态,树立正确的就业观,培养健康的心理素质是当代大学生在求职择业阶段必须完成的重要任务。

一、大学生在求职择业中常见的不良心理

"双向选择、自主择业"的就业政策,虽然为广大的大学毕业生提供了公平竞争和施展才华的机会,但也对大学生的心理素质提出了新的挑战,特别是就业难度日趋增大,给广大毕业生带来了巨大的心理压力。有相当一部分毕业生心理准备不足,在严峻的就业形势面前出现了种种心理偏差和不良的心理状态。常见的有以下几种:

(一)矛盾心理

大学生在求职择业的过程中,面对多方面的选择,往往会出现强烈的心理冲突,产生种种矛盾心理。这种矛盾心理主要体现在,职业选择时,经常出现一个学生面对多种行业或多个用人单位的选择,容易出现犹豫不决、举棋不定、优柔寡断的矛盾心理,这种矛盾心理是毕业生容易产生的心理状态。

(二)焦虑心理

大学生在求职择业过程中,普遍出现焦虑和烦躁不安甚至恐惧的心理。有的同学面对用人单位严格的录用程序,比如:笔试、面试、心理测试等,感到害怕。尤其是自己向往的所谓好岗位、高待遇的单位,参加竞争的人多,录用条件严格,就越怕自己表现不佳,就越容易产生焦虑心理。迟迟得不到用人单位的面试音讯或因自己的学习成绩不佳等,也会导致紧张焦虑的心理状态。对于刚走出校门、没有社会经验的大学生对来说,在人生中最重要的职业选择中产生焦虑心理是正常现象。但是如果心理上过度地焦躁、沮丧、不安,自己又不能在一定时间内化解这些情绪,就会引发心理障碍或心理疾病。它会严重影响学生本人主观能动性的发挥,给就业带来不必要的困难,甚至造成择业失败。

(三)依赖心理

"在家靠父母、出门靠朋友",一些毕业生将求职找工作完全寄托于家长和学校,不能积极主动地参与就业市场的竞争,这种等靠思想和依赖心理如果不及时调整,就会失去择业的主动性和竞争性,在以后的职场竞争中也会处于被动。

(四)攀比心理

由于每个人的生活环境、家庭背景、能力、性格和机遇是千差万别的,在职业目标、职业选择上不具有可比性。有的大学生虚荣心较强,容易引发攀比心理。表现在求职择业过程中,就是忽视自身弱点,对自我缺乏客观正确的分析,不从自身实际出发,不考虑所选单位是否适合自己,而是盲目攀比,不屑于到基层工作,总想找到一份十全十美的工作。攀比心理使得不少毕业生在求职中坐失良机,其根源是不能正确地估价自己。

(五)从众心理

有的毕业生很容易受外界人群行为和社会思潮的影响,人云亦云,缺乏个人主见,从众心理较为严重。在求职择业过程中,很多毕业生忽视自身的适应性和所学专业的特点,盲目地跟随其他人追逐发达大城市和所谓的热门职业、热门单位等。从近几年的"公务员热""外企热""演艺热"等就可以看出,很多大学生并不一定就适合也不一定能跨进其门槛,但看到那么多的人去追捧,也"随大流"。克服从众心理从根本上就是要认清自我,形成脚踏实地的务实态度,并且敢于坚持自己的主见,不随波逐流。对个人来说没有所谓最好的职业,只有最适合自己的职业,只要有利于自身的发展就不妨朝着这个方向走下去,只要目标明确,持之以恒,以后的职业道路自然会越走越宽广。

(六)挫折心理

作为大学毕业生,生活经历比较简单,未曾经历过什么波折和挫折,因而心理的承受能力和自我调节的能力较差,而且情感较为脆弱,情绪波动性较大,缺乏对待挫折的心理准备。特别在求职择业过程中,大学生往往希望一蹴而就。但是一旦求职面试失利,就容易产生挫折心理,倍感失落、悲观失望、一蹶不振。这种挫折心理如不能及时调整过来,就会影响到毕业生对未来失去信心。

(七)自卑心理

很多毕业生因社会承认度、学校地位、所学专业不是当下热门等因素,或认为自己的专业知识、能力水平及综合素质等不如其他的同学,对自我评价过低,或因家庭环境等因素,产生强烈的自卑感,并进而转化为自卑心理。体现在求职择业过程中,往往缺乏勇气、过于拘谨、缩手缩脚,不敢与他人竞争,不能充分地向用人单位展示自我,从而坐失良机,甚至会产生对求职活动的恐惧。

(八)自负心理

一些大学生因为家庭、学校、专业等外在条件比较优越,自认为高人一等,过高估计自己的知识和能力,因而形成自傲清高的心理。在求职择业过程中的表现往往是,好高骛远,自命不凡,眼高手低,给用人单位留下浮躁、不踏实的印象,从而不受用人单位的欢迎;有的则表现出期望值过高,脱离实际,怕吃苦、讲实惠,不愿到基层和艰苦地区等需要人才的地方工作,择业目标与现实之间存在着巨大的反差。

(九)嫉妒心理

这种心理的主要特征是把别人比自己优越的自身条件视为对自己的威胁,因而感到心理不平衡,甚至是恐惧和愤怒,于是借助贬低、诽谤以致报复的手段来求得心理的补偿。例如,看到别人某些方面条件好,找到比较理想的工作或工作比自己更出色时,会产生羡慕嫉妒恨。这种心理反映到求职择业中就会出现处处贬低别人,抬高自己,甚至采取背后拆台的手段。嫉妒心理的存在和加剧,不仅会使关系恶化,而且自己也会增加痛苦和烦恼,从而影响求职顺利地进行,以至于影响以后的职业发展。

二、如何做好求职过程中的心理准备

虽然一些大学毕业生在求职择业过程中存在着上述一些不良的心理状态,但经过教育和疏导,是可以避免和及时调整的。大学毕业生自己首先要充分做好求职前的心理准备,及时调整好就业心态,以健康的心理和正确的就业观念,来积极参与就业竞争,以便顺利找到适合自己的职业。

(一)正确认识和接受社会现实

大学生结束几年的大学学习和生活,终究要离开校门,面对竞争激烈的就业环境以及复杂的社会。作为涉世不深、思想较为单纯的大学生,要想真正认识社会并不容易,这主要有两个方面的原因:一是社会是复杂多变的,很多事情发生并不是以个人的意志为转移的;二是大学生的阅历较浅,社会心理不成熟,因而容易用简单的思维方式来看待复杂的社会。但无论怎样,对毕业生来说要充分做好面对社会的心理准备,把握并认清社会的主流,清醒的认识和接受社会现实,是大学毕业生尽快融入社会的前提条件。

对每位即将步入社会的大学毕业生来说首先要正确地看待社会就业问题,当今社会就业的特征是挑战与机遇并存,既有就业的激烈竞争,同时也有施展才能的机会。当有些大学生在就业中遇到竞争中的困境时,往往不从主、客观两方面辩证地分析原因,而是怨天尤人、焦急忧虑,感叹生不逢时。这种心态,如不及时加以调整,就会失去很多的就业机会。在当今的社会中,企业越来越尊重知识、尊重人才,大学生也越来越有施展才能的广阔天地。同时也应看到,我们还是一个发展中国家,仍然需发扬艰苦奋斗的精神,有些西部边远地区、艰苦行业、基层和生产第一线等条件艰苦的地方还急需大量的大学毕业生来参加建设,在那里就业或创业,是完全可以大有作为的。大学生应对这一现实有清醒的认识,并在心理上做好充分的准备。

(二)要学会客观地评价自己

在大学生中,有的学生自认为自身条件好、一切都比别人强而自负;有的学生自认为一切都不如别人而自卑。这些都是由于不能客观地评价自我和正确认知自己造成的。

大学生要及时地调整这些不良心态,就必须要做出客观地自我评价,经常性的对自己的心理和行为进行剖析,使自我评价逐渐接近于客观实际。要了解到在现实生活中,"人无完人、金无足赤","尺有所短、寸有所长",每个人都有不可避免的弱点,也有别人没有的长处,对自己要进行全面、正确的分析,弄清自己的优势和不足之处。只有扬长避短、弥补不足,才能使自己的优势和长处得到发挥。

(三)正确对待挫折,增强心理承受力

大学生多数是在顺境中成长起来的,对困难、磨难和逆境的体验不多,如果遇到挫折,很可能会因为没有心理准备而承受不了。这就需要社会、高校有意识地为大学生提供一些社会实践活动,通过拓展训练、模拟招聘会等形式设置一些艰苦环境的情景,让学生经风雨、见世面。通过经受挫折和克服困难的体验,来增强对挫折的心理承受能力。

大学生自己也要有意识地做好经受挫折的心理准备。因为在求职择业的过程中不可避免地会遇到种种障碍和困境,遇到各种挫折。能否求职成功或者在以后的职业生涯中是否取得成就,在很大程度上取决于对待挫折的态度和处理方法。如果能够以顽强的意志和强烈的自信心、乐观开朗的心理素质面对挫折,从而在挫折中经受考验、总结经验,并在挫折中奋发崛起,那么取得成功是必然的。反之,在挫折面前因心理承受不了而退缩、沉沦、一蹶不振,那就会失败。

(四)调整择业期望值,树立正确的择业观

毕业生在求职择业中,期望谋求理想的职业是可以理解的,但所期望的职业或岗位是否符合实际,是否适合自己,这是每个毕业生应该认真考虑的。据统计,很多毕业生之所以求职失败,很大的因素是因为期望值过高。其一,你所谋求职位的要求是你实际能力所不及的,被用人单位拒绝;其二,由于用人单位满足不了你所期望的待遇要求,你没有接受。无论怎样,期望值过高是大学生求职中一种心理不成熟的表现,一旦没有达到期望值时,很容易在心理上受到挫折和打击。所以毕业生在就业过程中要及时地调整择业的期望值,实事求是地剖析自己的长处和不足,切合实际地制订自己的职业目标。

树立正确的择业观是大学生求职择业过程中调节择业期望值和做好心理准备的出发点和基础。择业观是大学生人生价值观的重要组成部分,它与大学生的世界观、道德观以及心理认知水平相互影响、相互制约。正确的择业观是把个人的职业发展与社会需要有机地结合起来,也充分地体现出树立自信、自强、自立、自争的意识和发扬奋发图强、艰苦奋斗的创业、创新精神;正确的择业观会促进全面提高大学生心理素质和竞争意识,并在就业道路上

选择适合自己的职业。

【小资料】

毕业生求职五项心理准备

下面是一位就业指导教师对即将毕业的学生在最后一堂就业指导课中的寄语：

大学毕业了，首先恭喜一下自己吧：经过四年的大学生活和学习，你终于长大了。从此以后，你将作为一个"社会人"步入社会，独自面对生活给予你的一切，包括欢乐和忧愁。在这之前，请你做好以下几项心理准备：

1. 认真对待角色转变

从走出校园的那一刻起，你就不再是一个"孩子"了，所以你不能再像孩子那样任性、撒娇、为所欲为，戒掉对他人的依赖性吧。作为一个独立的"社会人"，你要从心理上尽快成熟起来，学会独立思考，并且尽可能在经济上独立起来。

2. 准确为自己定位

认清自己是一件困难的事，但你必须努力去做。因为只有了解自己后，你才能客观地评价自己，以一种理性的态度为自己规划未来——这对每个人来说，都很重要。

3. 做好吃苦的准备

不管你之前的路走得多么一帆风顺，这一刻起，请你做好吃苦的准备，因为生活的路，总是以曲折的姿势向前延伸的。每个人在前行的路上，都会遇到困难和挫折，这一点你不用怀疑，你能做的，就是从信念上战胜自己，然后迎难而上。

4. 不要指望一步登天

欲速则不达，任何事情都不可能一蹴而就。每一个成功都是一个一个脚步走过来的，所以，初入社会的你，请放弃那些一步登天的幻想，脚踏实地，做好自己的事才是最重要的。

5. 告诉自己：永不放弃

涉世之初，你要学习的东西很多，包括工作能力的提升、人际关系的改善等等；你要面对的东西也很多，包括生活的压力、职场的竞争等。不管怎样，请你学会告诉自己，永不放弃。因为，再坚持一下，希望就会在下一个拐角出现。

思考题

1. 根据职业选择原则中的胜任原则，为自己制订一个能够胜任的第一份工作。

2. 通过哪几种渠道获取就业信息比较靠谱？有没有遇到虚假的就业信息影响你的判断，你是如何处理的？

3. 在求职过程中，你制作的求职信和个人简历是否打动了用人单位？为你的求职目标单位重新写一份求职信和个人简历。

4. 根据大学生求职择业中常见的不良心理，做一下对号入座。如果出现一些不良的心理状况，应该如何进行调整？

第九章
Chapter 9

求职应聘实战准备
——应对笔试和面试

【本章导读】
大学毕业生在收集就业信息和做好求职的书面材料及心理准备之后,就进入了求职应聘阶段,这也是毕业生就业的最后冲刺阶段。一般来说,这一阶段从毕业生自荐开始,然后经过笔试、面试等选拔过程,直至最后签约录用。做好这一阶段的准备工作,对毕业生成功就业将起到至关重要的作用。

第一节 自我推荐

毕业生求职应聘直到受聘的过程,是毕业生与用人单位相互认识、相互了解和相互认可的过程。作为求职的第一步,毕业生在充分了解用人单位的前提下,要主动地让用人单位了解自己,最终选择自己。为了达到这一目的,就必须通过各种途径和方法来宣传自己、展示自己,这就是毕业生在求职择业过程中的自我推荐(简称自荐)。

某高校艺术系环艺专业大四的应届毕业生刘琦、吕义,想在学校办一次个人作品展,一直没有找到合适的时机。当听说学校要在最近召开校园招聘会,于是他们突发奇想,与学校就业指导中心的老师商量能否在招聘会时在招聘大厅给他们留一个小空间,在招聘会现场办一个作品展,他们借招聘会之际来展示自己才能,向用人单位推荐自己,他们的请求得到了学校的认可和支持。在招聘会召开时,刘琦、吕义利用招聘现场的一个角落,将他们创作的二十几份作品展出,并现场向相关用人单位的招聘人员做讲解,结果这种别开生面的作品展示取得了良好的效果。有三家做装饰工程的用人单位向他们发出了面试的邀请。

从这个例子可以看出，刘琦和吕义通过这种独特的自荐方法得到用人单位的青睐。可见，毕业生的才能可以通过很多途径和方法展示出来。毕业生通过推销自己的自荐方式，其主要目的就是争取吸引到用人单位的"目光"，通过笔试和面试，得到用人单位的认可，实现顺利就业。

一、自荐的准备

毕业生在向用人单位自荐之前，除了要准备好求职材料外，还要事先做好预习工作，主要有以下四点：

（一）要熟记自己的求职简历

毕业生除了要实事求是地制作自己的求职简历外，还要熟记简历的内容，因为在自荐过程中，展示和自我推荐，都是以个人的简历为基础的。经常遇到有些毕业生因个人求职简历过于"包装"又含有过多的"水分"，对自己的履历和实践经验等的顺序组合含糊其辞，结果一上阵便"露出马脚"，使用人单位难以信任。

（二）准备好与自己求职身份相吻合的语言

自荐过程中的语言和用词都应该与你所应聘的职位相适应。比如谋求软件开发的职位，必须多选择这方面的专业用语；谋求文秘的岗位，就必须了解和选用这方面的用语。但无论谋求什么职业，对于每句话、每个词甚至每个字，都要认真选择。

（三）准备好与自己所求职位相适应的仪表

仪表是指服饰穿戴、着装打扮、精神面貌、言谈举止等外在的礼仪表现。毕业生应聘时是与陌生人的第一次见面，所以外在的形象就十分重要，形象得体往往会争取到一些意想不到的印象分，同时也反映了应聘者通过外在形象的认真准备，对所申请的职位的一种理解程度和尊重。

（四）要做好细节方面的准备

毕业生在求职过程中，往往容易忽视一些细节问题。一个应聘秘书岗位的女毕业生，无意中在人事经理面前打开自己的手袋，面试结束后没有被录用，原因是这位毕业生手袋内的物品杂乱无章，因而可以看出她在工作中很难有条理性。所以毕业生在做应聘面试时一定要注重一些细节问题，做好各方面的充分准备，以免百密一疏，出现"差之毫厘，失之千里"的结果，令人惋惜。

二、自荐的方式

大学毕业生自荐的方式常见的有以下几种：

（一）现场自荐

现场自荐是毕业生与用人单位招聘者面对面的交流。现场自荐的优势是直接面对用人单位，没有正式面试那样的拘束感，可以充分展示出自己的风采和才能，容易给用人单位留下深刻的印象，如果表现得出色，可能会被当场录用。其劣势是涉及面有限，而且一旦交流不畅或对应聘者的印象不佳，就会失去以后正式面试的机会。

现场自荐可以细分成以下三种方式：

1. 登门自荐

带上求职材料等亲自到用人单位自荐。

2. 参加各种人才招聘会

如校园招聘会以及社会上举办的各种人才招聘会，毕业生带上求职材料在招聘会的现场推荐自己。

3. 通过校外实习或社会实践的机会，向用人单位进行自荐

这种自荐方式有一定的实践基础，加之环境和彼此都比较了解，成功率较高。

（二）电话自荐

电话自荐是指毕业生通过电话来推荐自己的一种自荐方式。在毕业生求职过程中，通常会收集很多用人单位的招聘信息，根据用人单位所登记的电话和联系人，有选择地利用电话接通后短暂的时间，用简洁明了的语言来推荐自己，尽可能给对方留下一个清晰、深刻、良好的印象，为以后面试打下良好的基础。电话自荐的优势是信息沟通顺畅，省时省力，不易紧张，选择性强；缺点是不能见面和谈话时间不确定，并且容易受对方心情和环境等因素的影响，效果难以预测。

（三）广告自荐

广告自荐是毕业生借助有关新闻传播媒介为达到求职目的所进行的自我推荐，这种自荐方式所利用的工具是大学毕业生关于就业方面的人才杂志、报纸、广播、电视等媒体。现在这种求职的方式已比较普遍，特点是覆盖面宽，受众广泛。缺点是针对性不强，信誉程度不高。

（四）网上自荐

这是近些年来随着信息技术的飞速发展出现的一种大学毕业生利用互联网进行求职的

方式。目前各高校都建立了自己的就业网站,各种专业的求职网站也层出不穷,用人单位也有自己的招聘网站,这些网站把用人单位的招聘信息公布在网上,毕业生可以随时查阅选择;毕业生可将自己的求职意向、个人简历等自荐材料上传到网上,等待用人单位的选择;毕业生也可以通过网络以电子邮件的形式直接发送给用人单位来自我推荐;同时供需双方也可以通过网络进行交流以及进行笔试和面试。利用网络进行自我推荐和求职的方式深受大学毕业生的喜爱,而且层次高、成本低、方便快捷,供需双方可以随时上网沟通交流。缺点是网络上的自荐材料和招聘信息等真实性难以保证。

(五)间接自荐

间接自荐是通过中介机构的作用来进行自荐求职的方式。间接自荐主要有以下三类:

1. 学校推荐

由于学校与很多相互信任的用人单位有着密切合作的关系,由学校向毕业生推荐的用人单位具有一定的可信度,值得信赖。同时由学校向用人单位推荐毕业生,用人单位一般也会接受,因为学校对毕业生的情况比较了解。

陈建宇是会计专业的应届毕业生,由于他经常到学校就业指导中心找老师交流,明确他以后的求职意向和目标就是做专业对口的会计工作。就业老师对他比较了解,也十分留意这方面的就业信息。当大四课程结束后,应届毕业生可以找用人单位实习就业的时候,学校就业指导中心就把他推荐给当地一个规模比较大的医药企业做驻外会计,由于该企业与学校经常有招聘的关系,所以经过学校推荐和双方面谈,企业欣然同意接收。办完入职手续,经过几天培训就派陈建宇去外地省会城市工作,工资待遇也很好。

可见,经过学校的推荐,求职者和用人单位往往容易相互认可,成功率较高。

2. 他人推荐

他人推荐主要指毕业生通过老师、父母、亲友、同学等的推荐从而达到求职目的的一种自荐方式。有的老师与一些对口用人单位的人资部门招聘人员有较为密切的联系,因此,老师的推荐容易引起用人单位的重视和信任。同样,父母、亲友等的推荐对毕业生扩大自荐范围和求职成功也有很大的帮助。

3. 中介机构推荐

这是毕业生将自己求职择业的信息由社会就业中介机构向用人单位推荐的方式。这种方式最大的好处是就业中介机构对外联系广泛,择业面广。但是中介机构只能作为一个客观的中间环节,对于供需双方缺乏深入的了解。一些中介机构受利益的驱动,可信度不高。随着法制的健全和社会中介服务的逐渐完善,利用中介机构推荐也可以作为扩大就业面的一种选择。

一般来说,用人单位在和毕业生签约之前都会通过各种方式和毕业生见面,所以说,无论你采用何种方式自荐,都要学习和掌握自荐的技巧,以实现求职成功的目的。

三、自荐的技巧

自荐是获得面试机会非常关键的一步。心理学中有一个术语叫"首因效应",它是指人与人第一次接触时会留下深刻的第一印象。大学毕业生在求职过程中准备好了自荐材料,并选择了恰当的自荐方式后,应学会掌握和运用一定的自荐技巧。在短暂的自荐中能否给用人单位留下良好的第一印象并赢得好感,显得尤为重要。

(一)积极主动,突出重点

毕业生的自荐过程,应该是主动行为,任何消极被动地等待都是不可取的。选择了符合自己求职意向的用人单位后,呈交或寄送自荐材料,一定要及时主动,抢得先机,否则犹豫迟疑,可能就会坐失良机。在呈交自荐材料的同时,如果条件允许,要积极主动地做自我介绍,不要消极地等待对方的询问。在自我推荐中要充分利用短暂的时间,突出重点,避免空话套话,尽量给用人单位留下深刻的印象。

(二)客观真实,有的放矢

虽然自荐的时间比较短,但一定要实事求是,客观真实地表达自己,做到"优势不羞谈,劣势不掩饰",要充分了解用人单位具体要求和意图。比如用人单位所招聘的岗位要求一个态度严谨、具有团队精神的求职者,那么就重点介绍在这方面的特点和经历。知其所需、有的放矢,才能真正地将自己自荐到"点子"上,取得好的效果。

(三)表达得体,感染性强

要重视语言表达在沟通中的重要作用。毕业生在自荐过程中与用人单位面对面的交流,主要是用语言将求职意图以及自己的才能充分地表达出来。所以语言表达要简明、连贯、准确、得体,既要有严密的逻辑性,又要把握语言的感情色彩,时刻掌控着语言的语调、语气、语音,要富有一定的语言感染性。

(四)自信大方,礼貌用语

毕业生在向用人单位推荐自己时,不要过于谦卑、羞涩和谨小慎微,这样会让对方觉得缺乏自信心。在自荐时要嗓音洪亮、洒脱自如、举止从容、自信大方。在表现出自信心的同时,不要忘记使用礼貌用语。首先要注意礼貌地称呼对方,一般可以按照社会习惯称其职位,如果不清楚具体职位的话,可以按照学校习惯称呼老师;在交谈过程中,恰当地使用"您好""请""谢谢""麻烦您"等礼貌用语,在交谈结束时,要使用辞行场合的礼貌用语,如"谢谢""再见"等。

(五)注意倾听,保持微笑

倾听和微笑都是细节问题,但却大有学问。在交谈中要正视对方的眼睛,和对方进行目光接触,如果躲闪不敢正视对方,会被人认为你害羞、害怕或心不在焉。和谐的交谈是建立在倾听基础上的,倾听是一种很重要的礼节,不会倾听,也就无法准确回答主考官的问题。在谈话的过程中身体微微倾向说话者,表示对说话者的重视,用目光注视说话者,经常保持微笑,适当地做出一些反应,如点头、会意地微笑、在必要的时候提出相关的问题等。另外,谈话的时候也要注意身体语言,不要耷拉着肩膀,含胸驼背,一副僵硬的面孔,如坐在椅子上,不要抱着双臂或两腿不自觉地颤动,切忌边说话边整理衣边等。往往细节决定着面试的成败。

(六)衣着打扮,大方得体

有不少毕业生不惜重金一味追求名牌,衣着华丽、打扮时髦,还有的毕业生穿着过于突出个性化或过于休闲随便,结果不仅不会为求职者增添印象分,反而会因此失去机会。虽然自荐过程只是面试的前奏,但也不能因此而忽视着装打扮的重要性。毕业生求职者在自我推荐时,可以根据所求的具体岗位来准备自己的装束。总体上说,衣着打扮大方得体、干净利落,既能展现出你的精神面貌和青春阳光,也充分体现出对用人单位的尊敬。

自荐技巧是知识和经验的积累,毕业生需要做好充分的准备,通过不断学习和观察,提高自荐的技巧,为求职择业的成功打下基础。

第二节 笔试的准备

在大学毕业生求职择业的过程中,经常会出现用人单位通过种种途径获得毕业生的求职材料后,经过选择通知毕业生可直接进入面试环节。但很多用人单位,如政府机关、事业单位、外资企业、科技公司以及一些大型企业,因应聘人数较多,考核的专业知识面较广或需要考核文字能力等原因,都需要采取笔试的环节来进行初步筛选。所以大学毕业生有必要做好笔试的准备,了解和掌握笔试的基本要领和技巧。

一、常见的笔试种类

不同的用人单位笔试各不相同,常见的有以下几种类型:

(一)专业能力考试

这种考试主要是考核大学生求职者应聘某一岗位是否能达到所要求的专业知识水平和

相关的实际能力。它侧重于本行业、本岗位的基础知识,以及运用相关知识解决工作中出现的问题的能力,同时也可测试大学毕业生专业知识水平和分析问题以及洞察事物的能力。比如外贸企业要考核求职者的外语能力和外贸常识;银行单位要考核银行和会计方面的知识;秘书方面工作的单位要对应聘者进行文字能力的测试;录用公务员要考行政职业能力测验和申论等。

(二)职业技能测试

这方面的笔试主要是考核毕业生的计算机、英语以及专业方面的能力。职业技能测试实际上是检验毕业生专业知识的掌握和实际动手的能力。这种笔试一般是专业技术含量较高的单位经常用的,如计算机软件工程或软件开发、编程等企业。所出的笔试题目主要是涉及工作方面的技术问题。

(三)智商和心理测试

目前有关智商的测试主要为一些著名跨国公司所经常采用,它们对大学毕业生所学专业一般没有特殊要求,但对毕业生的素质要求较高。他们认为,专业能力可以通过公司的培训获得,因此有没有专业训练背景无关紧要,但毕业生是否具有不断接收新知识的能力是至关重要的。目前国内一些大企业以及公务员考试也采用智商测试的方式。在智商测试的同时,也加入关于情商方面的测试,所以大学生平时要注意这方面的学习和积累,注意增长综合能力。

心理测试是用事先编制好的标准化量表或问卷,要求应聘者完成,根据完成的数量和质量来判定其心理水平或个性差异。一些特殊的用人单位常常以此来测试求职者的态度、兴趣、动机、智力、个性等心理素质,然后根据用人的要求来取舍。

(四)命题写作测试

这类测试一般都出自管理策划、文字编辑和文职等类型的用人单位。其主要目的是通过命题作文的形式来考核求职者的文字表达能力、分析和归纳问题的能力以及逻辑思维的能力。比如,有的用人单位让求职者限时写出一份公务应用文,如会议通知,也有的命题是一份某产品的市场份额调查报告等。

(五)综合能力测试

综合能力测试是用人单位将专业能力、职业技能、智商心理测试以及命题写作等综合在一起来考核求职者的一种笔试形式。这种类型的测试程度和难度更高,是一种对求职者进行阅读理解、发现问题、分析问题、解决问题等能力以及综合素质的全方位考核。

二、笔试的准备

笔试是大学生求职择业的重要环节,考试成绩关系到能否进入面试一关,要取得好的成绩,做好准备是十分必要的。

(一)注重平时的知识积累

笔试不仅考查学生的专业知识、心理素质、写作能力、语言能力,还可以通过一些问题来考核学生的基础知识和综合素质以及临场发挥能力。良好的笔试成绩,主要是来自学生平时在学校期间学习知识的积累。所以大学生平时除了学好专业课和必修课外,还要不断扩大学习领域,充分利用学校图书馆、选修课、事实报告会等,扩展知识面和积累知识。另外,多在网上查阅一些对提高自己综合知识和求职择业有利的新闻信息和资料。

(二)有目标、有针对性地进行复习

毕业生在求职方向确定后,要注重收集意向职位的相关信息,熟悉该职位的工作职责和素质要求以及所需要的专业知识和技能,有目的、有针对性地进行复习。一般来说,用人单位的笔试虽然不会为应聘者事前留复习范围,但基本上与该职位的基础知识、专业知识和职业技能有关。所以作为应聘者,深入了解职位的特点,有助于提高笔试的成绩。比如,应聘专业性、技能性较强的职位,那就从专业知识、职业技能方面入手复习;如果是营销管理类的职位,就要重点复习有关调查报告、市场分析以及关于情商管理方面的知识;如果参加公务员考试,就必须综合性地复习,如所涉及的法律、经济、政治、行政管理、时事政治、公文写作等方面都需要重点复习。

(三)保持良好的身心状态

在大学生求职择业过程中,良好的身心状态是正常发挥的关键。一般用人单位的笔试时间为一小时到一个半小时,公务员考试时间略长些。要求应聘者在此期间精力要高度集中,假如出现精神恍惚或疲惫状态,就会影响笔试的效果。因此应聘者在考前,要保证充足的睡眠,必要时适当地参加一些文体活动,减轻思想负担,缓解考前的紧张情绪,以充沛的精力和良好的身心状态参加考试。

(四)检查考试的必备用品

毕业生在参加求职笔试前,要检查好考试必备的用品,如相关的证件、照片和考试所必备的文具等。

三、笔试的应对技巧

大学毕业生参加求职笔试,能否取得好成绩,主要取决于大学生平时的知识积累和充分的准备。在此基础上,在笔试过程中如果掌握一定的笔试应对技巧,就会在某种程度上提高笔试的成绩。应对技巧主要体现在以下几个方面:

(一)通读试卷,先易后难

在拿到试卷后,先不要急于答题,要迅速通读一遍,了解题目的多少和难易程度,以便掌握答题的速度,然后按照先易后难的原则,先做相对简单而容易做的题,最后再攻难题。这样就可以避免因为攻难题而耽搁太长时间,而没有充分的时间去做容易答上来的题。

(二)搞清题意,善于发挥

在答题前,首先要搞清楚题意。用人单位的求职笔试一般不同于大学生在学校的考试,求职笔试的知识面和范围比较广,而且灵活性和开放性也比较强,有些题型甚至学生在校时没接触过。建议大学毕业生在笔试过程中需要冷静分析,在清楚题意的前提下,运用所学过的理论基础知识,在字数允许和不跑题的原则下,充分地展示和发挥个人的创造性,这样会对笔试的加分产生更好的效果。

(三)自我暗示,增强自信

大学毕业生在遇到笔试题型生疏或难点时,容易产生急躁和慌张的情绪,感到答题无从下手。职场专家提醒大学毕业生,遇到这种情况时,一定要静下心来,不要着急,因为这些情况可能其他考生也存在,要及时进行心理调适和自我暗示。比如,可以暗示自己:"我遇到的麻烦,其他人也同样会遇到","我的学习成绩很优秀,个人的能力也不差,遇到这种问题,我会克服的,我能行!"这样的调节和自我暗示,就会增强自信心,当平静下来时,思路就有可能理顺了。

(四)字迹清楚、卷面整洁

在进行笔试时,一份字迹清楚、整洁的试卷,会给人一种赏心悦目的效果并留下良好的印象;如果字迹潦草杂乱,难以辨认,或者卷面褶皱,错字百出,很可能让主考官很难继续看下去,影响到笔试成绩。有些用人单位特别是招文职的职位,往往"醉翁之意不在酒",不仅要看答卷内容,同时也通过笔试的卷面是否整洁来考察求职者的是否具有认真的态度和细致的作风。目前很多大学生习惯于用计算机打字,而不善于书写,好像用笔和纸就不会写东西了,提笔忘字、字迹潦草更是一个较普遍的现象。所以大学生有时间最好还是练练书写,提高这方面的能力,以免求职笔试时影响成绩。

(五) 认真检查，尽量写满

答完试卷后，在时间允许的前提下，要进行一次认真的检查，查一查有没有错别字和词不达意的地方。在检查的过程中，如果发现所答的题还有很大的空间，按原思路尽可能地发挥一下，把空白写满。

总之，大学毕业生要取得笔试成功，除了要掌握必要的笔试技巧，更主要的是平时的积累和充分的准备，实事求是地发挥出自己的实力是顺利通过笔试的关键所在。

第三节 求职面试

面试是大学毕业生求职择业的必经过程，是毕业生能否成功就业的决定环节，同时也是用人单位考核应聘者最常用的方式。面试过程是招聘者与求职者双方面对面地观察、交谈、了解、双向沟通的过程，通过这个过程用人单位可以对应求职者有一个更清楚、更全面的了解。比如求职者的语言表达能力、随机应变能力、价值取向、举止仪表、气质风度、兴趣爱好等；对求职者来说，面试也是充分展示自己、进一步了解用人单位的良好机会。因此，大学毕业生要充分做好面试的准备，了解面试的类型，掌握面试的技巧和方法，顺利地通过面试，从而实现成功就业。

一、做好面试的准备

(一) 分析自我，了解用人单位，做到"知己知彼"

1. 深入分析自我，挖掘自身优势

大学生在面试前的准备工作中，首先要深入分析自己，明确自己存在的不足和自身的优势。要思考自己的弱势是什么，哪些地方可以完善？自己的优势在哪里，如何能够展现出来？自己为什么要应聘这个单位和这个职位？自己的能力以及个性与所应聘的职位相符合吗？自己的哪些优势更适应这个岗位等。经过这一系列的思考和分析，客观真实地评价自己，并准备好在考试中，尽量去展示自己的优势和亮点。这样才能积极地、自信地、有目标地迎接面试。

2. 进一步了解你所面试的用人单位和职位

在面试过程中，有的用人单位经常会问应聘者：你为什么要应聘我单位？如果你不太了解或说不清，其效果就会大打折扣。所以在面试前有必要对所面试的用人单位和职位进一步地深入了解。如果所面试的用人单位是企业的话，了解的范围可以从企业的发展历程、发展目标、企业文化、产品种类、产品质量、信誉程度、组织机构、职位职责要求、企业在行业中所占的地位等方面入手。

了解用人单位的渠道主要是：首先，借助网络来搜索，一般单位都有自己的网站；第二，通过报纸、杂志等大众媒体收集信息；第三，通过该单位的产品或服务在消费者的信誉程度来了解；第四、从亲朋好友、同学以及该单位的员工来了解；第五、通过学校就业部门和人才交流中心处了解。

对用人单位了解得越多，你就越能找到与该单位的结合点，在面试过程中就越主动。

（二）提高面试中的语言表达能力

大学生平时就要有意识地加强语言表达和沟通能力的训练，不仅是为了面试成功，也有利于以后职业生涯的发展。如何提高面试中的语言表达能力呢？我们可以从以下两方面做好准备。

1. 克服紧张情绪，利用一切机会，反复训练

（1）在心理上克服恐惧感

在心理上不要把面试想象为成一种考试，而是把它视为在短暂的时间内与雇主进行一次面对面的交流，是一次与陌生人的谈话。用人单位和应聘者在这次交流中有一个共同的关注点，那就是所招聘的职位你是否适合，作为求职者你的任务就是在与陌生人交谈中证明你能胜任这个职位。

（2）加强模拟练习

可以通过各种途径包括老师、同学、亲属、朋友等请他们来帮助你进行语言表达练习。在练习中可以先从一个共同关注的问题开始，然后逐渐转为面试的模拟，时间定为 15 分钟，最好是你面对几个人来进行练习。先自己模拟自我介绍，然后由其他人向你提问题，也可以让其中有人来扮演故意制造紧张气氛给你制造难堪的角色。这样练习的目的就是要锻炼和提高你在面试中语言表达能力，以及克服你在交流中的紧张情绪。经过多次的训练，相信在语言表达交流中会有所提高的。

（3）平时多与一些陌生人进行交流

即使只从一般的寒暄开始；在参加诸如课堂讨论和聚会等集体活动时，要大胆发言，勇于阐述自己的观点，这样有助于增强自信心，提高在语言表达中的勇气。

2. 掌握交谈要领，提高语言表达技巧

有些毕业生在面试的交谈中总是不得要领，表达不清自己的中心思想，回答问题也说不到点子上，有时会让面试官很无奈。

（1）要从倾听中学到有益的东西

大学毕业生首先要学会倾听，这是语言表达重要的一个技巧，也体现出一种修养。善于倾听，表现出了对讲话者的尊敬，但重要的是搞清讲话者的本意，以便自己回应，为己所用。在面试中与面试官交流的时候，认真的倾听会起到很好的效果，如果不善于倾听就容易打断别人的讲话，也不会把握住正确回答问题的机会。

(2) 养成使用礼貌用语的习惯

"礼多人不怪"。不论在哪个场合中,与人交谈都要恰当地使用礼貌语言,并养成习惯。从而营造一个良好融洽的交谈氛围。

(3) 在交谈中要表现出诚恳和尊敬

不论在什么场合谈话交流,比如提出问题或回答问题以及自我陈述,都要表现出自己的诚意和对他人的尊敬。如何表现诚意和尊敬,除了使用礼貌用语和敬语外,还主要表现在谈话中的语气和恰当的用词以及非语言交流等。诚恳与尊敬可以说是与人交流的灵魂。

(4) 把握分寸,充分运用语言的功能

在面试交流中首先要注意把握谈话的分寸和火候,要有理有据、温文尔雅,既有节制,又不夸张,既能控制情绪,又不过分表现个性,用语言表现出自己的素质和涵养,同时也要能体现出一定的自控能力。这样才能拉近与主试人员的距离;其次要充分运用语言在谈话中突出主题、力求用词清晰简洁、富有逻辑性和感染力等。

毕业生只有平时注意积累和练习,才会在面试现场发挥自如、应答如流。

(三)做好面试礼仪方面的准备

用人单位采取面试的目的,主要是对求职者进行一次全面的综合考核,其中就包括了求职者在面试过程中由面试礼仪所体现出的个人素质和内在修养。

1. 仪容仪表的准备

仪容仪表是综合人的外在形象,它包括人的形体、容貌、健康状况、姿态、举止、服饰、风度等方面,是个人举止风度的外在体现,是面试礼仪的重要组成部分。在求职面试中用人单位首先要看到的是求职者的仪容仪表。虽然在面试中考核的是综合素质,不是以貌取人,但如果求职者衣冠不整、蓬头垢面、举止不雅或浓妆艳抹、过分花枝招展,那么面试的认可度肯定会大打折扣。因此,大学生在日常生活中无论是发型、容貌、修饰以及着装服饰等外在形象方面,都要体现出庄重、素雅、简约、大方、干净、整洁的状态;在举止方面要表现出优雅、大度、得体、干练、礼貌的状态,并逐渐形成这个良好的习惯。

毕业生根据应聘不同的单位或不同的职业性质,在仪容仪表方面做相应的准备。如应聘银行、机关或企业的人资、工会、财务、秘书等职位,在仪容仪表修饰方面要表现出大方、庄重、正规、偏于保守为好;如应聘时尚杂志或企业公关、销售、动漫设计等职位,则表现出阳光、整洁、干练等略突出个性化为佳。

2. 仪态礼仪的准备

仪态礼仪包括讲话姿势、站姿、坐姿、走姿等,属于肢体语言的组成部分。毕业生要了解仪态礼仪的形式,并在日常有所训练,这样才能在面试中发挥自如。

(1) 谈话姿势

谈话的姿势往往反映出一个人的性格、修养和素质。在自我介绍和交谈中,首先正视对方、注意倾听,不能东张西望、面带倦容、哈欠连天。否则,会给人心不在焉、不礼貌的印象。

(2) 站姿

站立是人最基本的姿势。站立时要求身体与地面垂直,挺胸、收腹、抬头、双肩放松、双臂自然下垂或在体前交叉,眼睛平视,面带笑容。站立时不要歪脖、斜腰、屈腿或将手插在裤袋里或交叉在胸前,更不要下意识地做些小动作,那样不但显得拘谨,给人留下缺乏自信的印象,而且也有失仪态的庄重。

(3) 坐姿

坐姿是一种静态造型。正确的坐姿应该是:腰背挺直,肩放松,女性应两膝并拢;男性膝部可略微分开一些,双手自然放在膝盖上或椅子扶手上。在正式场合,入座时要轻柔和缓,起座要端庄稳重,不可猛起猛坐,弄得桌椅乱响,造成尴尬气氛。良好的坐姿会给人展示出自信练达,文雅庄重、尊重他人的风范。

(4) 走姿

行走是人生活中的主要动作。正确的走姿是:轻而稳,胸要挺,头要抬,肩放松,两眼平视,面带微笑,自然摆臂,给人一种动态的美。

3. 服饰礼仪

大学生在面试过程中,服饰礼仪作为一种至关重要的物体语言,传递着各种各样的信息,在一定程度上反映出求职者的能力与实力以及地位与尊严。用人单位最后录用决定虽然不会取决于该求职者的服饰,但是第一轮的面试中很多人被淘汰却是因为他们穿着不得体。因此,在应聘面试时要特别注意自己的服装礼仪问题。

① 服装的选择方面要根据自己的求职定位,既要表现出有教养、职业化的面貌,又要表示出对面试方的尊敬。男生最好准备两件套西装,特别是在应聘一些法律、银行、行政管理等以中规中矩形象著称的行业职位时,尽量以简单稳重的造型为佳,如一套深色的西装搭配白色衬衣及丝质领带,穿上黑色的系带皮鞋是最佳选择。对女生而言,职业化的套装搭配中跟的皮鞋会让你看起来精明、干练、成熟,会给面试人员留下比较专业的印象。

② 在选择面试服装时,要遵循"简单就是美"的原则,这既是职场着装的原则,也是面试时打扮的座右铭。在服装的色彩方面,讲究"三色原则",全身的服装及鞋、拎包的色彩要控制在三色以内,最好以黑、白、灰、蓝色为主,太过花哨的颜色可能会引起面试人员的反感。如果应聘的是艺术创作行业,不妨试试明亮的颜色,但是鲜艳明亮也还是应该遵循简单的原则,白色是一个很好的选择。

4. 把握见面礼仪

见面礼仪是求职面试过程中一个重要的环节。所以大学毕业生要把握和准备好见面礼仪,为求职面试铺好第一个台阶。见面礼仪要把握住以下几个方面:

(1) 遵守时间,准时赴约

毕业生参加求职面试,一定要提前做好行程准备,准时到达面试地点,这关系到自己的诚信和用人单位对你的第一印象。一般说最好以前10分钟到达,这样可以静下心来做一些准备。假如有意外情况不能按时到场,要及时通知到用人单位并表示歉意,以求得用人单位的谅解,争取得到补试的机会。

(2) 礼貌报到,入室敲门

到达面试地点后,不要慌慌张张就贸然进入面试现场,先在场外松弛一下紧张情绪,熟悉一下环境,在等待面试时,不要旁若无人,要面带微笑、彬彬有礼地通告用人单位的接待人员。如果进入面试室时,即使门是虚掩着,也要敲门示意,不能贸然闯进。敲门时要注意声音和节奏,可以轻叩三下,当听到允许进入的回答后,再轻轻地推门进入。进门后不要紧张,先将门轻轻关闭,动作要得体,表现要自然。进入面试室后,如需要坐下面试,要等面试人员请你坐时再入座,并表示谢意。

(3) 礼貌用语,正确称呼

在进入面试室后当你与主考官四目相对时,应面露微笑,用和颜悦色来与对方见面,并主动向考官问好。在面试中如能记住主考人员的姓名和职务效果就更好了,如果主考人员有职务,一定要采用姓加职务称呼的形式,如"李经理"、"王处长"等。如果不清楚姓名和职务或对方是一般工作人员,可不采用职务称呼,以"老师"相称为好。

(4) 适时握手,递物大方

握手是一种常见的社交礼仪。要注意的是在面试中应是主考官先伸手,然后你右手相迎,热情相握,若忽视、迟疑或拒绝主考官伸过来的手,则是你的失礼,如果主考官没有主动伸手,切勿贸然伸手与对方握手,这是基本的礼仪。在面试中经常会将自己的简历、推荐信、证件等求职材料留给用人单位,无论是交给主试人员还是放在桌子上,递交时应该双手奉上。

5. 应答礼仪的运用

大学毕业生在求职面试过程中的应答礼仪是面试的核心。如何运用应答礼仪和运用的如何,对面试成功起到至关重要的作用。所以大学毕业生一定要注意使自己的谈吐表现出文明礼貌、言辞标准、语言流畅、准确简洁、真诚坦率,并形成习惯。

(1) 文明礼貌

无论在自我介绍还是回答问题或提出问题时,都要使用必要的谦辞和敬语,回答主试人员提问时,需要称呼时,必须称其职务或其他尊称,在回答完毕后,可用谢谢结束。

(2) 言辞标准

在回答提问时要做到语言标准、内容完整、表达准确。千万不要使用不规范的语言,比如有的求职者使用一些生僻的词句或网络流行语言,让有些主试人员听得一头雾水。

(3) 语言流畅

在自我介绍、阐述求职意向和回答问题时,要一气呵成、连贯流利,不能犹犹豫豫、断断续续、拖泥带水。

(4) 准确简洁

你所阐述和表达的内容,要与你所提交的求职材料的内容完全相符。在面试过程可能会有时间限制,所以在表达中要抓住重点、简单扼要。

(5) 真诚坦率

任何人都不是万能的,如遇到自己不懂或不会的问题,应如实坦诚相告,切忌不懂装懂、不会装会。

著名的交际大师戴尔·卡耐基年轻时曾到一家公司谋求推销员的工作。总经理看着这个不起眼的年轻人,提了一个问题,好让他知难而退:"嗨,假如我让你把一台打印机推销给本地的教堂,你能做到吗?""对不起,先生,我没办法做到,因为教堂不需要它,我的一切努力将是徒劳的。"卡耐基不假思索地回答。"恭喜你,小伙子,从今天开始你就是我们公司的推销员了。"

卡耐基就是因为说了一句大实话获得了一份宝贵的工作。他的成功之处,就是对待每个人、每件事都要真诚坦率。

6. 掌握告别礼仪

(1) 知晓被录用的告别礼仪

面试结束后,如果用人单位当时就告知被录用时,不要显得过分惊喜和忘乎所以,可以显示出灿烂的微笑,然后向主试官表示感谢,并满怀热情地表示:"谢谢接受我成为贵公司的一员,我会全力以赴做好本职工作的"类似的话语。然后欠身行礼、亲切握手,说声"再见"轻轻退出把门关好。

(2) 告知等待通知的告别礼仪

当用人单位告诉先回去等待通知时,不要急着问什么时候能知道结果,更不要表露出着急和烦躁的情绪,可以用简洁语言再次强调自己对所应聘工作的喜爱和热情,并诚恳地向主试官表示感谢,认真完成行礼、握手等程序。特别注意的是,告别话语要真诚,发自内心,争取给用人单位留下深刻的印象。如果面试归来后以最快的形式给主试官写一份感谢信,会使你显得与其他应聘者不同,在用人单位以后可能进行的筛选中,你的机会可能会有所提升。

(3) 当现场得知自己没有被录用的告别礼仪

当得知自己没有希望被录用的时,不要显得过于沮丧和失望,也不要与主试官申辩理由,更不要不打招呼而拂袖而去。面对应聘失利,要平和理智地对待,可以从这次失败中积累经验、吸取教训。临走时,可以表示与主试官交谈受益匪浅,希望以后有机会再次得到指导,最后按告别礼仪程序完成。

(四)面试的心理准备

毕业生在做好求职材料和面试礼仪等方面外在准备的同时,还要做好心理上的准备,摆正心态、轻装上阵。

1. 用积极的自我心理暗示增强自信心

毕业生在接到面试通知后,可能会在感到高兴的同时,又感到紧张和焦虑。这种紧张、焦虑的心理会直接导致毕业生在面试前的不自信和自我怀疑,那么克服这种心理就需要用积极的自我心理暗示来增强自信心。自我心理暗示有两种形式:一种是消极的自我暗示,一种是积极的自我暗示。消极的自我暗示就是在心理上产生自卑和不自信的意识,比如:"我不如别人""我可能通不过面试"等;积极的自我暗示是在心理上产生主动自信和自我肯定的意识,比如:"我一定能成功""我是最棒的"等。

作为大学毕业生在面试前虽然会出现紧张焦虑的心理,但一定要用积极的自我暗示来消除自卑和不自信的意识。你要不断地暗示自己:既然得到了面试通知,那就说明用人单位对我前期所做的求职工作是认可的,我已做好了面试的准备,我要以最佳的状态去参加面试,相信我是那个职位最合适的人,我会成功的。经常做这样积极的自我心理暗示,会不断地给处于求职面试的大学毕业生带来自信心。

2. 培养良好的心态缓解面试前的压力

毕业生面临用人单位的面试,感觉有压力是很正常的,但不能使压力给你带来紧张、焦虑、恐惧的心理,这样就会严重地影响面试时的正常发挥。毕业生要学会在面试前缓解压力,使压力变为一种动力。这就需要培养一个积极、平和、坦然的良好心理状态。

(1)以积极进取的心态面对

有积极进取心态的求职者,总是把每次面试机会看成是展示自己的舞台,是一次求职成功千载难逢的好机遇。于是能在面试前积极认真地做好准备,不疏忽每个细节问题。抱有这种积极心态的毕业生,在面试时就可望会有正常的或超常的发挥。因为他们懂得能参加面试其实是一个机会,而机遇又从来不是唾手可得的,有的机遇往往是稍纵即逝,你不去捕捉,就会失去良机。

(2)以双向选择的心态面对

你去参加求职面试,要明确一点:那就是自己的命运是掌握在自己手里,而不是对方把持着你的命运。的确,从用人单位来看,你是在接受面试考核,看你的条件是否符合所招聘职位的要求;不过,换个角度来看,那家用人单位和主试人在考察你的同时也在被你考察,看看他们给的条件和发展空间,能不能吸引你。有了这种双向选择的心态,你在精神上就占了上风,然后以沉着、稳健的气势面对主考官一连串的问题,自然能表现出一种不卑不亢的态度。另外在面试过程中,如果用人单位表示接纳你并给你很好的条件时,不要过度兴奋,要以冷静平和的心态对待,这样反而会给用人单位一个良好的印象,认为你不是年少轻狂的人,值得信任。

(3)以经得起挫折的心态面对

面试时如果有了不怕挫折、不怕失败,本人输得起的心态,那就会大大增强面试的信心。有了自信无论是在做自我介绍或回答问题、提出问题时就会侃侃而谈、有板有眼、理直气壮。即使遇到比自己强的竞争者,你也不会自愧不如,而是抱着一种"一山还比一山高"、的积极心态来对待。总之,抱有经得起挫折、输得起的心态,才能在失败中总结经验,积累经验,直至取得求职成功。

有以上三种心态,不仅可以缓解面试前带来的压力,而且会提高面试成功的概率。

3. 要善于寻求有效的心理帮助

毕业生在面试前,可能面临着很多问题,特别是心理问题需要得到解决。一旦自己解决遇到困难时,不妨请教一下有关心理专业人士或学校教师,与他们进行一次或多次的交流探讨,寻求他们的帮助,这样有助于毕业生化解心理上的困惑,而且可以参考老师的指点,把准备工作做得更加全面和细致。

二、了解面试的类型

用人单位招聘大学毕业生通常都是通过面试这个重要的环节来进行最后的筛选。由于用人单位不同,所招聘的职位不同,因而采取的面试方式也有所不同。所以毕业生有必要了解面试不同的类型,以便灵活应对。面试的方式很多,综合概括起来主要有以下几种:

(一)常规面试形式

这是用人单位常见的一种面试方式。主试官和应聘者面对面,以问答形式为主,通常是一个应聘者面对几个主试人员。一般是应聘者先做自我介绍,然后有主试官提出问题,应聘者根据主考官的提问做出回答,以展示自己的综合能力和素质。在这种面试条件下,主考官处于主动提问的位置,根据应试者自我介绍和对问题的回答以及应聘者在语言表达、仪表仪态、肢体语言以及在面试过程中的情绪反应等状态,对应聘者的综合素质状况做出综合评价,以此来判断应聘者是否适应于所招聘的岗位。这种面试方式应聘者一般是处于被动应答的姿态,不断地被主试官观察、询问、剖析、评价。

(二)结构化面试

结构化面试也可称标准化面试,是指由用人单位主试官预先准备好的问题和有关细节,按照一定的标准化程序进行面试。结构化面试内容主要包括:简历筛选标准、价值需求测评、语言交流、文化匹配度、行为面试等。结构化面试因采用统一的方法和统一的测评标准,可以根据测评结果的分数高低录用,这样能最大限度降低人为印象的误区。毕业生应聘者在结构化面试的过程中,在行为方面要符合一定的面试礼仪要求;在回答问题时要做到实事求是、对答自如,遇到自己确实不懂的问题,要如实地说明,切不可含糊其辞、不懂装懂,以免给人留下不诚实的印象。

(三) 情景式面试

所谓模拟情景面试,就是用人单位主试人员让应聘者模拟一段日常工作中的情景,以置于情境中的动态表演,展示与所应聘职业和职位相应的能力和素质。这种面试主要是考察应聘者在工作中分析问题和解决问题的能力。比如,一个公司准备招聘一名办公室文员,主试官要求应聘者模拟一段办公室接电话的情景,主试官扮演打电话的客户,并故意刁难扮演接电话的应聘者,从中考察应聘者在日常工作中遇到特殊情况时处理问题的能力。

现在招聘外向型职位的用人单位越来越多采用情景式面试方式,如销售、接待文员、客户服务、培训师、咨询师等职位。很多毕业生因对这种面试准备不足,容易在情景面试中失败。应对情景面试要做好如下准备:

首先,要清楚自己所应聘的职位的要求,想象该职位在工作中所需要的礼貌用语和习惯用语,在面试中加以运用。

第二,要调整好心态,克服紧张情绪,以真实的自己来代替情境中的自己。

第三,情景面试要的不一定是正确的答案,而是一种处理问题的思维,所以要经常锻炼快速的反应和应变能力。

(四) 压力式面试

压力式面试是用人单位主试官有意识地对应聘者施加压力的一种面试方式。针对某一些问题采用一连串的发问,不仅问题内容较为尖锐、刁钻古怪,而且还刨根问底或者给你泼冷水,让你无从回答;有时还制造僵局和冷场,让你尴尬难堪。用人单位用这种面试方式的主要目的是看应聘者在突如其来的刺激和压力下能否做出恰当的反应,以观察毕业生的心理承受能力、应变能力、自信心和机智程度。

毕业生在面试前要有足够的思想准备,了解面试的各种类型,特别要认识到主试官在面试中会制造压力来测试你。当遇到主试官所提问题尖锐、刻薄,甚至没有好脸色或不论你说什么都给予否认,让你感到难堪等场面的时候,不要慌乱,应该立刻意识到这是主试人员故意给你施加压力,意识到这一点,接下来你要沉着冷静并自信地对待主试官的每个问题,不求每个问题都要答对,而要从容应对,诚实回答,展示真实的自我。

(五) 无领导小组面试

无领导小组面试(或称无领导小组讨论面试)是用人单位经常使用的一种面试形式,公务员面试和一些外资企业面试大多倾向采用这种方法。无领导面试是用人单位采用情景模拟的方式对应聘者进行集体面试。它通过一定数目的考生组成一组(通常为5~8人),大致用一小时的时间进行与工作有关问题的讨论。应聘者在讨论过程中不指定谁是领导,也不指定应坐的位置,完全自行安排组织。用人单位主试人员通过这种形式来观测和考核应聘者的组织协调能力、口头表达能力、辩论说服能力、人际关系能力、应变能力、自信心和团队精神等各方面的能力和素质是否达到拟任岗位的要求,由此来综合评价每个应聘者之间的能力。

毕业生如遇到无领导小组面试,必须注意以下几点:

第一,主动积极发言。在面试开始后,要抢先亮出自己的观点,引导和左右其他应聘者的思想和见解,争取充当小组中的领导角色。自己的观点阐述以后,应该认真听取别人的发言,弥补自己发言的不足,从而使自己的应答内容更趋完善。

第二,注意倾听,态度认真诚恳。无论你充当领导角色还是非领导角色,都要善于倾听别人的见解,不要抢话和反驳,也不要表现出满不在乎和很随意的消极表情,在整个讨论过程中始终保持认真诚恳的态度。

第三,在讨论中应该有自己的观点和主见。即使与别人意见一致时,也不要简单地附和,可以阐述自己的观点,补充别人发言的不足。

第四,奠定良好的人际关系基础。虽然参加面试的同组人员都是应聘竞争者,要注意不要引起群起而攻之的局面。所以在发言时要真诚可信,陈述自己观点时要有理有据,富有感染力;在别人发言时应该用目光注视对方全神贯注,找出彼此的共同点,争取引导对方接受自己的观点。

(六)综合式面试

综合式面试是指用人单位主试人员通过多种方式综合考察应聘者多方面的才能。这种方法一般用于所招聘的职位需要具有多面手的综合能力,比如办公室主任助理、企业培训专员等职位。用人单位在面试中可能会用外语同应聘者会话以考察其外语水平;让应聘者写段文字或即时作文以考察其书法和文字能力;让应聘者做一段即兴演讲考察其语言能力;可能还会现场考察应聘者使用电脑和其他办公设施的操作能力等。

(七)文件框测验面试

文件框检测面试是国外人才测评中常用的一种方法,现在国内选拔人才也逐渐开始使用。文件框测验面试通常用于管理人员的选拔,是考查应聘者管理方面的计划、组织、协调、判断、沟通和决策能力及对信息收集和利用能力等各项能力素质的测评方式。一般做法是让应聘者在限定时间内处理事务记录、函电、报告、声明、请示及有关材料等文件,内容涉及人事、资金、财务、工作程序等方面。现场一般只提供日历、背景介绍、测验提示和纸笔,应聘者在没有旁人协助的情况下回复函电,拟写指示,做出决定,以及安排会议。评分除了看书面结果外,还要求应聘者对其问题处理方式做出解释,根据其思维过程予以评分。

这种面试方式具有考查内容范围广、效率高的特点,因而用人单位特别是公务员考试时经常使用。作为大学毕业生在遇到这类面试要沉着冷静,认真细致对待,注意在计划和写作方面的严谨以及格式要求,尽量发挥出在社会实习中所积累的工作经验。

面试的类型还有很多,比如:挑战面试、爱心面试、误导面试、游戏面试、自由面试等等,近两年出现了一些电视台经常播放的如《职来职往》《非我莫属》《中国职场好榜样》等求职面试电视节目,可以说是面试的一种新类型和新潮流。

总之,面试的类型林林总总,只要毕业生充分做好面试的准备,保持良好的心态,不论面对什么样的面试类型,都应力求发挥出正常水平,展示出真实的自我。

有两个比较特殊的面试形式案例供参考:

案例1:某用人单位招聘一个行政助理的职位,大约有七、八个大学毕业生前来应聘。到了一间挂有人资部经理牌子的办公室,相貌和蔼的经理接见了几位应聘者,让几位坐在写字台周围的座位上,寒暄了几句后,经理说:"我有点事出去一会,你们随便坐,别拘束,我一会我就回来。"于是经理就匆匆出门。

开始大家比较拘谨,正襟危坐在那里,可5分钟过去了,经理还没回来,这时大家比较放松了,开始相互问候答话,其中一个同学看到办公桌上有一些杂志和报纸,就好奇地随便拿起一本杂志翻阅。10分钟过去了还不见经理回来,大家就有点坐不住了,又有一些同学也拿起桌子上的杂志或报纸翻阅,还有的被几本书吸引,拿起书翻看,只有两位同学坐在那里没动。

过了几分钟经理回来了,告诉同学们面试结束了,大家面面相觑,心里想也没面试啊,怎么就结束了?经理让那两位没动桌上东西的同学留下面谈,其余的请回。让回去的同学很不理解,有的对经理说我们做错了什么?于是经理语重心长地告诫大家:"在职场无论任何时候、任何场面,没有经主人的许可,不能随便动用别人的任何东西,这是一个最起码的职场礼仪。虽然你们刚出校门,没有经验,但今天我们设置了这样的面试形式,就是考察细节问题,如果没有做好平时认为最不起眼的行为举动和基本礼仪,有可能就会失去眼前的机会。通过这次面试你们可能就会吸取教训,注意细节,逐渐养成职场上的礼仪习惯。你们在某些方面一定会很优秀的,但是很遗憾我们指定的考核制度是不会更改的,祝大家以后求职顺利。"听完这番话,那几位同学低下头深思,出门后不禁感叹:要学会职场礼仪,养成注意细节的习惯是多么重要啊。

案例2:大学刚毕业不久的王莉接到一个外企公司的面试通知,别提有多高兴了,一大早提前半小时就赶到该公司等待面试。这个外资企业招聘一名总裁办公室秘书的职位,要求女性,英语口语流利。面试时间临近后,王莉发现有十多个应聘者前来面试,有的打扮得光彩夺目,有的靓丽动人,有的气质颇佳,她不禁有些紧张。虽然自己学的是英语专业,选修了行政管理的第二学历,英语方面有一定优势,而且曾在一家民营企业做过文秘的实习,自己的形象气质也说得过去,但还是有些惴惴不安。

当公司接待人员请应聘者进入一间会议室后,告诉大家等一会儿面试就开始。这时刚好八点半,正是面试开始的时间,应聘者都坐在沙发上,等待面试官的出现。可足足等了半小时,还不见企业的面试人员出现,又等了半小时,还是没人来,这时大家左顾右盼,有点坐不住了,又不好意思去问,只好有的聊天、有的看报纸、有的照镜子、有的玩手机等等,可又过去一个小时还不见企业的人来面试,很多应聘者焦急、不耐烦以及愤怒就表现出来。有人出会议室去找企业相关人员,可楼层其他办公室都没人,有些漂亮女孩气愤得开始说粗话骂街了,又过去半小时快到了中午,屋子里的应聘者实在坐不住了,埋怨着、骂着、情绪激愤地纷纷起身而走。王莉没有动,也没有流露出什么愤怒的表情,只是想既来之则安之。

这时算王莉只剩下两个人,一位30岁左右的很有气质的女士也没走,她坐在王莉身边后,问东问西地聊起来,还不时地用英语交流。时间已是中午12点半了,那位女士笑着对王莉说:"你被录取了,我是该公司的总裁办公室主任,这次面试就是测验应聘者的耐心和坚持力,而且刚才与你聊天,感觉你的素质和能力符合公司所招聘的职位,你可以在公司食堂吃午饭,然后与总裁面谈"。王莉感到很庆幸,正是这一份平和心、耐心和韧性得到了这份工作。

三、面试中的自我介绍

用人单位为了进一步了解应聘者,面试官在面试开始后,一般来说先让应聘者简单做一番自我介绍。有些同学认为自我介绍在面试中是很简单的事。其实不然,因为介绍什么、用什么样的表达方式、面试官对哪方面内容感兴趣、占用多长时间等,这些问题都是影响面试成功与否的重要因素。所以毕业生在面试之前,为了提高自我介绍的效果需要一番认真的准备。

(一)自我介绍的内容

1. 我是谁

主要包括姓名、年龄、学历、毕业学校、专业、个人特长、爱好等个人基本信息。这部分时间不宜太长,因为简历已写得很清楚。

2. 我做过什么、做得怎么样

这部分主要是介绍自己的学习经历和社会实践经历以及取得的成绩。这部分主要突出与你应聘的职位所需要的能力相关联的内容,包括专业学习及能力训练、学校内活动经历、相关的兼职和社会实践以及在其中所取得的成果和业绩。要将确切的时间、地点、担任的职务、工作内容、取得的重要成绩等说清楚。特别需要注意两点:第一,要特别突出你的能力特长和职业能力培训方面的优势与你所应聘的职位相契合。第二,主要介绍与应聘职位有关的内容,比如:你如果应聘销售岗位就重点介绍自己在兼职或社会实践中的销售业绩,与销售无关的其他内容少谈或不谈为宜。

3. 我将要做什么

这部分内容主要是你的求职愿望和职业理想。在介绍这部分时要把两个要点结合起来:一是对所应聘职位的热情和期望;二是对未来工作的规划,可以简单地谈一下如果你被录用,你将如何尽职尽责地工作,并根据工作的需要不断地完善和发展自己。

自我介绍的内容并没有一定之规,只要在有限的时间内将自己的基本情况、能力和优势以及求职的意向清楚地展示给用人单位,并能赢得主试人员良好的印象,就可以了。

(二)做好自我介绍的关键

1. 在语言表达方面下功夫

语言表达在自我介绍中占有最重要的地位。主试官可以借自我介绍之机考察应聘者的语言表达能力和应变能力,同时也是应聘者向主试官推荐自己、展示才华的好机会。因此毕业生必须在语言表达方面下功夫做准备。

(1)拟好草稿,预先演练

在接到面试通知后,毕业生最好要先拟好自我介绍的草稿,基本与所写的求职信的内容差不多,只不过自我介绍要更简练些,要口语化些,然后进行多次演练。可以按自我介绍的三方面的内容分为三个层次,每个层次之间使用过渡句,以便于讲述过程中的流畅。每次演练时间不宜过长。演练的过程中不要像背书一样一字不差,要像讲故事一样自然流利。演练时可以多听同学、老师、朋友的建议并随时改进,

(2)突出重点,言简意赅

毕业生陈述的内容要简洁、清晰,有层次有重点,重点突出自己与所应聘的职位要求相适应的地方。在语言表达中要精炼、言简意赅。

(3)条理清晰,层次分明

毕业生若想使自我介绍获得成功,必须要在表达中条理清晰、层次分明。只有这样才有一定说服力,才能让主试官能把握住你的语言脉络,明确你所表达的中心思想,有助于面试官按照你所陈述的思路来为你做出判断。

(4)语调得体,吐字清晰

毕业生在自我介绍的表述中,语调要有一定的起伏,但不要夸张,要铿锵有力但不要音量过大。要掌握好平衡,轻重缓急,使语音语调适中得体,既表示有充分的自信心,又要显得诚恳谦虚。在语速方面要快慢有序,可根据内容和对方的注意力来调整节奏。在表述中发音吐字要清晰自然,不要说难懂的家乡方言,遇到难发音的字或词可以慢一些。声音不要忽高忽低,要保持适中,既要听起来真切自然,又要使每个字、每句话让在场的人员都能听得清楚。

2. 自我介绍的时间控制

毕业生在自我介绍中一定要注意时间的控制,无论主试官是否规定了时间的限制,既不能时间太长,也不能过于简短。一般情况下,以三分钟为宜,最多也不要超过五分钟。在时间的分配上,可根据具体情况灵活掌握。适当的时间分配能突出重点,让人印象深刻。

自我介绍,如果以三分钟为限,通常可以这样分配:

第一部分"我是谁",用30秒左右即可。

第二部分"我做过什么并做得怎么样",这是毕业生的学习表现和实践经历以及你的业绩等,这部分可用一分半左右。这部分是最重要的,也是用人单位最为关注的部分。因为这部分是毕业生在专业学习能力和社会实践经验的体现,在介绍中要重点强调你的学习和职业技能培训方面的收获,以及社会实习实践方面所取得的业绩。通过你挖掘和展示出来的亮点,以此表明所具备的专业知识能力和社会实践的收获,可以适应并胜任所应聘的职位。因此可以适当地介绍详细些。

第三部分"我将要做什么",主要是明确你求职的愿望以及以后如何做,这部分可用一分钟左右。这部分虽然很重要,但不用太多的叙述,只要让用人单位了解你的求职意向和你的职业规划及职业价值观即可,最后用礼貌语结束。

3. 自我介绍中要特别注意的几个问题

自我介绍中的语言表达和时间掌控固然是重要的,但不能忽视在自我介绍中的一些细节问题,如处理不好,会产生负面影响。

(1) 自我介绍要与个人简历上的相关内容相符合

用人单位一般都是看了应聘者的个人简历等材料或自我推荐后才同意面试的,因而在自我介绍中如果出现与书面的材料不一致的话,容易引起主试官的误解。

(2) 面试礼仪同样适应于自我介绍

自我介绍也应该注意非语言交流,也可称肢体语言交流。主要体现在精神饱满、目光交流、面带微笑、端正的站姿与坐姿等。

(3) 注意情绪的控制,不要受到外界的干扰

毕业生在自我介绍过程中自己的情绪往往容易受到外界的干扰而起伏波动,比如主试官突然接个电话或有什么其他事情打断了你的讲述,这时往往在情绪上会受到影响。所以毕业生要有意识地做好心理准备,在自我介绍中如遇到外界环境的影响时,视情况停顿下来或者继续说下去。不论停顿下来或继续介绍都要稳住和调整好自己的情绪,以良好的状态完成自我介绍。

(4) 在介绍自己的特长、兴趣、爱好时要实事求是,要注意适度

第一,毕业生在没有特别的特长、爱好的情况下,千万不要编造。有的毕业生抱着考官不会追问的侥幸心理,说自己喜欢文学、旅游等。如果考官进一步询问你最近都看了什么书或去哪里旅游,给你留下什么深刻印象,你如果回答不上来,就会造成很被动的局面。

第二,在介绍特长兴趣爱好时要选择一两项最擅长的介绍,不要觉得多多益善才是好的。有的毕业生在介绍特长是唱歌时,不顾及考官的反应,自作主张现场展示歌喉,如被考官客气打断,会使应聘者处于很尴尬的境地。

(5)在自我介绍中做一下简单的职业规划效果较好

在自我介绍结尾前最好对自己假如能应聘到该职位后的一个简短的职业规划,如:"如果我能被录用,我会努力在领导和同事的帮助下努力工作,争取在三年左右的时间里向中层管理岗位挑战"。像类似的职业规划的表态最起码可以向用人单位表明你有努力的目标和有长远打算。用人单位很需要招聘到能在本单位长期干下去并有计划和目标的大学毕业生。

下面是一个大学应届毕业生在面试中自我介绍的实际案例,摘录如下:

尊敬的各位考官:
早上好!
今天来贵公司参加面试应聘会计的岗位,有机会向各位考官请教和学习,我感到十分荣幸,同时通过这次面试也可以把自己展现给大家,希望给考官留下良好的印象并实现我成为贵公司一员的愿望。我叫周岩,出生在哈尔滨市。我的性格比较温和、谦虚、认真细致、踏实、自信、吃苦耐劳、有较强的适应能力和社会责任感。21岁的我即将于2012年7月毕业于哈尔滨远东理工学院,作为一名会计专业的本科大学生,我热爱和喜欢会计专业。在大学四年的学习生活中,我曾担任过班级学习委员,连续三年获得学校颁发的奖学金和优秀班级干部证书,并组织班级参加学校的会计技能大赛取得了第一名。

我也曾利用寒暑假期间,在亲属办的一个小企业里做过出纳和实习会计。在2011年下半年,我参加了由学校统一组织的实习,在昆山的一家台资企业做实习工作。开始被分到质检部门,后来抽调财务部做实习会计。在财务部实习工作期间,我虚心地向老员工请教和学习,在我做的所有账目中没有出现任何错误。由于我的性格比较和善,做事也比较认真,做什么都要善始善终,在业务方面得到同事的帮助,进步也很大,多次得到部门的领导和同事的表扬。在实习结束后,公司和财务部门希望我能留在这里继续工作,因为我喜欢这项工作,并得到领导和同事们的信任,与同事们相处几个月也很融洽,真的舍不得离开。但因为母亲身体不好,父母希望我留在身边,在家乡找工作。

实习回来之后参加学校招聘会,得悉贵公司招聘会计岗位,并在招聘会现场向贵公司人资杨老师递交了个人简历,非常感谢贵公司给我这次面试的机会。我希望能珍惜这次机会向贵公司展示真实的自我,能荣幸地成为贵公司的一员,相信我会在工作岗位上尽职尽责,踏踏实实地贡献自己的一切力量。谢谢各位考官。

四、面试中的问题应答

用人单位不论采用什么形式的面试,面试官大多数场合都是以向应聘者提问各类问题的方式来了解应聘者各方面的能力和素质。

在面试中,对应聘者来说,最难把握和最困难的是如何回答面试官的问题。虽然面试中所提的问题五花八门、各式各样,很难预料,但都有一定的规律可循。只要毕业生能提前做好充分的准备,掌握和运用面试中应答的基本策略和技巧,加之临场发挥,诚实坦言并灵活机智地应对一些不同类型的具体问题,同时在应答过程中充分展示自己的个性和优势,那么在面对面试官所有的问题时,就能够有问必答。

下面是从大学毕业生在面试应答的实践中总结出来,并需要掌握的几点基本策略和技巧:

(一)提前了解用人单位和应聘职位

前面讲过参加用人单位的面试要做好"知己知彼"的准备。毕业生对用人单位和应聘职位了解得越清楚,面试的胜算就越大。在用人单位主考官的提问中,经常会提出关于应聘者对本单位了解程度和求职动机的一些问题,如果毕业生能够了解单位的情况,并能以单位的一些具体实例来回答问题,让主考官感觉就像"自己人"一样,其效果会好些。

下面列举三个类似问题的实例:

第一,你为什么要选择我们公司?如果对该公司没有深入了解的毕业生往往会回答得比较空洞,缺乏针对性。例如:"我可以在公司学到很多东西""可以有很大的空间发展自己"或"这项工作很适合,相信我一定能做好的"等。如果你对公司有一定的了解,就可以从重视人才培养或从优质的产品质量和服务等方面回答,能举个具体实例效果更好。可以这样回答:"据我了解贵公司一直是不拘一格地培养和重用年轻人,我所要应聘的部门,其经理和员工都是刚毕业不久的大学生。我作为一个刚毕业的大学生希望在这样的环境里发展自己。"又比如:你若能说出公司创办理念或宗旨来,表明正是这一理念和业绩使你对公司的发展充满信心,因而放弃了其他单位的选择,特意来此公司应聘,这样的效果会更好。

第二,你对我们公司有什么了解?主考官若问这个问题,对于没有准备而匆匆上阵面试的毕业生来说,真的不知该怎么回答,但对于进行深入了解公司情况的毕业生来说,这个问题就不难回答了。你可以从公司在业界的业绩、声望、企业文化、管理风格和人才培养等方面回答。你的回答可以表现出你对公司做了一些研究,而且对公司的业绩和取得的成果感到敬佩,因而希望成为公司的一员。

第三,我公司哪些方面是你最重视的?这个问题主要是用人单位了解毕业生的职业价值观和求职的动机。对于这样的问题,你对公司了解得越多就越容易回答,你可以选择公司一两项你认为最重要的部分来回答。比如:可以先从公司的良好信誉和产品质量的角度来谈，这就需要清楚该公司在业界和消费者中的口碑以及公司的产品质量和销售情况，这样回答可以证明你把信誉和质量放在第一位，符合公司的发展战略。然后再从自身的能力和专业技能等方面与所应聘的职位相匹配的角度来谈，这样回答针对性较强，让面试官相信你对所应聘的职位是重视的，并与其职位是相适应的。

在谈论用人单位时，态度要诚恳、谦和。不论企业规模大小，都有其优势和劣势。毕业生应该视实际情况提出自己的见解，不要牵强附会一味地吹捧对方，这样反而会适得其反。

（二）在回答问题过程中要精神集中、认真倾听、注意细节

在整个面试的过程中，注意认真倾听是最基本的礼仪，是应聘者对主试官表示尊敬的一种态度，也是面试交流的技巧之一。在回答主试官提问时，注意倾听的意义就更加重要，不仅要保持倾听的姿态，而且要精神高度集中，认真地倾听主试官的每句话以及每个词，只有这样才能够尽快地理解和领会所提问题的要点和实质。否则可能就会因领悟不到问题的要领而答非所问。毕业生在倾听时还要注意以下几个细节问题：

第一，在倾听面试官提问时，目光要专注，并且要经常与面试官进行眼神上的交流，不要目光游离不定、东张西望。

第二，虽然要全神贯注、精神集中，但面部表情要放松。

第三，可根据面试官的提问，做出适当的反应，也可以用一些短词句来肯定对方的讲话，如没错、可以、好的等。

第四，在倾听时身体要稍微向前倾斜以表示尊敬，不要昂头挺胸显得趾高气扬，也不要垂头哈腰显得很自卑。

第五，如果因为外界因素确实对问题没有听清楚，可以再询问一下，确定清楚后再回答，不要似懂非懂地匆忙回答。

（三）要诚实坦言又要机智应变

面试官通过提出问题让应聘者回答，这一过程的主要目的之一就是考核应聘者的反应能力和应变能力。但有个底线是不能突破的，那就是应聘者回答问题要诚实和真实。如果应聘者所回答的一些问题不诚实，弄虚作假，一旦被面试官察觉，那么即便再机智应变或对答如流，用人单位也是无法接受和录用的。虽然我们强调毕业生在回答问题时要诚实坦言、以诚取信和实事求是，但在此基础上毕业生也要反应灵敏、机智灵活并讲究应答的一些技巧，也就是要具有一定的应变能力。我们可以举两个例子来说明这个问题：

第一，面试官为了考核应聘者对待工作的态度会提出这样的问题："你对琐碎的工作是喜欢还是讨厌"？按照大学毕业生实际心理来说是不愿意做一些琐碎工作的。如果毕业生如实回答说"我不喜欢做琐碎的工作"，可想而知，这样的诚实回答是不会令面试官满意的。应聘者生可以这样回答："虽然作为年轻人大多数对做琐碎的事情可能不太喜欢，但在

工作岗位上不可避免地都会有一些琐碎的事情,如果我的工作中有琐碎的事情需要我做,那么我会认真、耐心、细致地将它做好。"这样回答既婉转地表达了大多数年轻人不喜欢做琐碎之事的事实,又巧妙地强调了自己会在工作中认真做好琐碎事情的敬业精神。这样的回答既诚实可信,又能机智应变、讲究技巧。

第二,有的用人单位为了考核应聘者的人品和诚实度,也会设计一些情景或事件,有一个真实案例可以给我们一定的启迪。

大学毕业生小程经过初试的良好表现,终于进入了面试的最后一轮,由用人单位的总经理主持面试。当小程自我介绍完毕后,总经理突然站起来握住小程的手问道:"我看你很面熟,记得前几个月,我太太的腿被车撞了一下,肇事司机逃逸,当时在现场的一个青年人报了警,并背着我太太到了附近的医院。由于治疗及时才不至于双腿留下后遗症,我赶到医院后由于忙着补办入院手续,也没来得及问你的姓名,等办完手续你却走了,我一直在找你,没想到你来我公司应聘,真是太感谢你了,对你的录用我会优先考虑的。"小程听了之后愣了一下,然后马上给予否认并平静地说:"总经理,您可能记错人了,我从来没有经历过这样的事情,但如果我真的遇到这样事情我也会像那个青年人一样,而绝不会袖手旁观的。"总经理听了小程的回答后,微笑着说:"是啊,你说得没错,是我弄错了,但不论怎样,我欣赏你的诚实,你被录用了。"

从这个例子可以看出,应聘者的诚实是多么重要。但从另一个角度来看,案例中的小程如果没有立即冷静下来马上回答那番回答,而是被总经理这突如其来的"问题"弄糟了,不知如何应答是好,或惊慌失措愣在那里,那么其效果就不会如此完美了。

(四)扬长避短,充分展示自己的优势

在用人单位面试大学毕业生的过程中,有两个经常提及的问题,下面举两个毕业生如何在回答问题中扬长避短、充分展示自己的优势的实际例子。

第一,关于大学应届毕业生年轻、没有实际工作经验的问题。

大学毕业生由于刚出大学校门的确存在着社会经历少,没有实际工作经验的事实,用人单位对有些职位是否适应年轻的大学毕业生也存在着担忧,因而在提问中往往会流露出这样的怀疑。

下面举一个实际的例子:北京新东方教育集团在招聘项目推广部经理助理的面试中,面试官曾向某民办高校应届毕业生小吕提出这样的问题:"根据你的年龄和社会工作经历,你认为应聘这个职位合适吗?"类似这样的问题主要是针对大学生年轻和没有实际工作经验,这对应届毕业生来说确实是一个短板。在回答这类问题时毕业生要注意扬长避短,将自己的优势与所应聘的岗位结合起来,将不利因素变为有利因素。

我们看看小吕是如何回答的：

我是市场营销专业的毕业生，虽然刚刚毕业还很年轻，没有经理助理这样职位的工作经历，但我在大二时就开始注重社会实践，在学校创办了大学生技能培训的社团组织，并利用课余时间和假期在一个教育培训机构做多家大学校园的总代理，特别是在大四期间由于没有课程了，我的精力投放得多一些，因而为该教育机构拓展了三四个新的培训项目。各高校的学生会以及社团的学生都视我为朋友，相信我是在为大学生提高职业素质做一件有意义的事情。经过实践证明，在我的宣传和推广下很多大学生考取了职业资格证书，提高了职业技能，为就业打下了基础，同时也为该教育机构创造了一定的社会效益和经济效益。虽然我所在的培训机构校长不舍得让我走，但为了我个人的发展前途，他也不得不忍痛割爱了。我确信我如果能有幸应聘成功，我会在部门经理和其他同事的指导下很快地适应这份工作的。

小吕的这番表述就是典型的扬长避短的回答，并充分地展示出他在学校期间所做的兼职工作的优势，并与所应聘的工作有机地联系起来。这样的回答作为用人单位会适当考虑的，即使没聘上经理助理，也会考虑从基层干起的可能。最终小吕成功地应聘到北京新东方教育集团项目推广部工作。

第二，关于不是名牌重点高校毕业生的问题。

有些大中型用人单位在招聘高校应届毕业生时，虽然是以毕业生的能力和素质等因素作为选择录用的主要标准，但有时也不排除比较青睐和重视重点高校的地位，对其毕业生也会另眼相待。对不是名牌重点高校，特别是对民办的普通高校的毕业生有时显得苛刻一些，反映在主考官态度和提问时不免会流露出此意。对于这类问题，作为民办高校的毕业生，更应该发挥出扬长避短，展示出自己的优势来。

一名民办高校的应届毕业生王丽，在应聘一家全国较著名的物流公司时就遇了类似的事情，招聘主管看了这位毕业生的简历并听完自我介绍后说："一般我们只招收公办的二本以上高校的毕业生，从没招过民办高校的毕业生，既然你来了就给你一个机会展示一下吧。"在这种情况下，王丽同学以自己事先做好的充分准备和诚恳态度向招聘主管表述了两点，并打动了招聘主管，最终录用了她。

王丽同学是这样表述的：第一，作为一名三本院校的毕业生愿意从最基层做起，不挑不拣，对自己有个清晰认识和判断，并且对贵公司以及所招聘的职位有着非常迫切的渴望，如果被录用往往会报以感恩的心情积极投入工作；第二，虽然高考时分数没有达到二本高校的分数线，但我平时特别注重社会实践和能力素质方面的锻炼及提高，比如利用假期和休息日在企业做兼职，从而磨炼意志和积累实际经验，同时在平常也注意锻炼自己的沟通表达等能力，并从提高职业素质方面来弥补自己的某些不足。

通过试用期考核，王丽同学是在同期应聘的毕业生中最早转正的。

通过上面的两个例子我们可以看出：大学毕业生无论实际工作经验是否丰富，无论毕业于哪所高校，是否是名牌，只要能够扬长避短，充分地将自己的优势发挥出来，而且展示出自身的能力和素质，符合用人单位的职位要求，那么用人单位就会根据你的现场表现和未来培养价值做出是否录用的决定。

【小资料】

16个经典面试问题及回答思路

问题一："请你自我介绍一下"

思路：

1. 这是面试的必考题目。
2. 介绍内容要与个人简历相一致。
3. 表述方式上尽量口语化。
4. 要切中要害，不谈无关、无用的内容。
5. 条理要清晰，层次要分明。
6. 最好事先以文字的形式写好并背熟。

问题二："谈谈你的家庭情况"

思路：

1. 家庭情况对于了解应聘者的性格、观念、心态等起一定的作用，这是招聘单位问该问题的主要原因。
2. 简单地罗列家庭人口。
3. 宜强调温馨和睦的家庭氛围。
4. 宜强调父母对自己教育的重视。
5. 宜强调家庭成员对自己工作的支持。
6. 宜强调自己对家庭的责任感。

问题三："你有什么业余爱好？"

思路：

1. 最好不要说自己没有业余爱好。
2. 不要说自己有哪些庸俗的、令人感觉不好的爱好。
3. 最好不要说自己仅限于读书、听音乐、上网，否则可能令面试官怀疑应聘者性格孤僻。
4. 最好能有一些户外的业余爱好来"点缀"你的形象。

问题四："你最崇拜谁？"

思路：

1. 最崇拜的人能在一定程度上反映应聘者的性格、心态和价值观，这是面试官问该问题的主要原因。
2. 不宜说自己谁都不崇拜。
3. 不宜说崇拜自己。

4. 不宜说崇拜一个虚幻的或是不知名的人,也不宜说崇拜一个明显具有负面形象的人。
5. 所崇拜的人最好与自己所应聘的工作能"搭"上关系。
6. 最好说出自己所崇拜的人的哪些品质、哪些思想感染着自己、鼓舞着自己。

问题五:"你的座右铭是什么?"
思路:
1. 座右铭能在一定程度上反映应聘者的心态、思想境界等。
2. 不宜说那些容易引起不好联想的座右铭。
3. 不宜说那些太抽象的座右铭和太长的座右铭。
4. 座右铭最好能反映出自己某种优秀品质。
5. 例子:只为成功找方法,不为失败找借口。

问题六:"谈谈你的缺点"
思路:
1. 不宜说自己没缺点。
2. 不宜把那些明显的优点说成缺点。
3. 不宜说出严重影响所应聘工作的缺点。
4. 不宜说出令人不放心、不舒服的缺点。
5. 可以说出一些对于所应聘工作"无关紧要"的缺点,甚至是一些表面上看是缺点,从工作的角度看却是优点的缺点。

问题七:"谈一谈你的一次失败经历"
思路:
1. 一般不要说自己没有失败的经历。
2. 不宜把那些明显的成功说成是失败。
3. 不宜说出严重影响所应聘工作的失败经历。
4. 可以说明失败之前自己曾信心百倍、尽心尽力。
5. 要说明一下仅仅是由于外在客观原因导致的失败。6. 失败后自己很快振作起来,以更加饱满的热情面对以后的工作。

问题八:"你为什么选择我们公司?"
思路:
1. 面试官试图从中了解你求职的动机、愿望以及对此项工作的态度。
2. 建议从行业、企业和岗位这三个角度来回答。
3. 参考答案:"我十分看好贵公司所在的行业,我认为贵公司十分重视人才,而且这项工作很适合我,相信自己一定能做好。"

问题九:"对这项工作,你有哪些可预见的困难?"
思路:
1. 不宜直接说出具体的困难,否则可能令对方怀疑应聘者不行。
2. 可以尝试迂回战术,说出应聘者对困难所持有的态度——"工作中出现一些困难是正常的,也是难免的,但是只要有坚忍不拔的毅力、良好的合作精神以及事前周密而充分的准备,任何困难都是可以克服的。"

问题十:"如果我录用你,你将怎样开展工作?"

思路:

1. 如果应聘者对于应聘的职位缺乏足够的了解,最好不要直接说出自己开展工作的具体办法。

2. 可以尝试采用迂回战术来回答,如"首先听取领导的指示和要求,然后就有关情况进行了解和熟悉,接下来制订一份近期的工作计划并报领导批准,最后根据计划开展工作。"

问题十一:"与上级意见不一是,你将怎么办?"

思路:

1. 一般可以这样回答"我会给上级以必要的解释和提醒,在这种情况下,我会服从上级的意见"。

2. 如果面试你的是总经理,而你所应聘的职位另有一位经理,且这位经理当时不在场,可以这样回答:"对于非原则性问题,我会服从上级的意见,对于涉及公司利益的重大问题,我希望能向更高层领导反映。"

问题十二:"我们为什么要录用你?"

思路:

1. 应聘者最好站在招聘单位的角度来回答。

2. 招聘单位一般会录用这样的应聘者:基本符合条件、对这份工作感兴趣、有足够的信心。

3. 如"我符合贵公司的招聘条件,凭我目前掌握的技能、高度的责任感和良好的适应能力及学习能力,完全能胜任这份工作。我十分希望能为贵公司服务,如果贵公司给我这个机会,我一定能成为贵公司的栋梁!"

问题十三:"你能为我们做什么?"

思路:

1. 基本原则上"投其所好"。

2. 回答这个问题前应聘者最好能"先发制人",了解招聘单位期待这个职位所能发挥的作用。

3. 应聘者可以根据自己的了解,结合自己在专业领域的优势来回答这个问题。

问题十四:"你是应届毕业生,缺乏经验,如何能胜任这项工作?"

思路:

1. 如果招聘单位对应届毕业生的应聘者提出这个问题,说明招聘单位并不真正在乎"经验",关键看应聘者怎样回答。

2. 对这个问题的回答最好要体现出应聘者的诚恳、机智、果敢及敬业,要充分地展示自己的优势,扬长避短。

3. 如"作为应届毕业生,在工作经验方面的确会有所欠缺,因此在读书期间我一直利用各种机会在这个行业里做兼职。我也发现,实际工作远比书本知识丰富、复杂。但我有较强的责任心、适应能力和学习能力,而且比较勤奋,所以在兼职中均能圆满完成各项工作,从中获取的经验也令我受益匪浅。请贵公司放心,学校所学及兼职的工作经验使我一定能胜任这个职位"。

问题十五:"你希望与什么样的上级共事?"
思路:
1. 通过应聘者对上级的"希望"可以判断出应聘者对自我要求的意识,这既是一个陷阱,又是一次机会。
2. 最好回避对上级具体的希望,多谈对自己的要求。
3. 如"作为刚步入社会新人,我应该多要求自己尽快熟悉环境、适应环境,而不应该对环境提出什么要求,只要能发挥我的专长就可以了。"

问题十六:"您在前一家公司的离职原因是什么?"
思路:
1. 最重要的是:应聘者要让招聘单位相信,应聘者在过往的单位的"离职原因"在此家招聘单位里不存在。
2. 避免把"离职原因"说得太详细、太具体。
3. 不能掺杂主观的负面感受,如"太辛苦""人际关系复杂""管理太混乱""公司不重视人才""公司排斥我们某某的员工"等。
4. 但也不能躲闪、回避,如"想换个环境""个人原因"等。
5. 不能涉及自己负面的人格特征,如不诚实、懒惰、缺乏责任感、不随和等。
6. 尽量使解释的理由为应聘者个人形象添彩。
7. 如"我离职是因为这家公司倒闭。我在公司工作了三年多,有较深的感情。从去年开始,由于市场形势突变,公司的局面急转直下。到眼下这一步我觉得很遗憾,但还要面对现实,重新寻找能发挥我能力的舞台。"

思考题

1. 你通过什么方式向用人单位推荐过自己?在向用人单位自我推荐前需要做哪些准备?
2. 笔试有哪几种类型?应对笔试需要哪些技巧?
3. 参加面试前要做好哪些准备工作?
4. 谈谈面试有哪些类型?各有什么特点?
5. 面试中自我介绍的内容由哪几部分要素构成?请准备3分钟的自我介绍。
6. 在就业教师的组织下或与同班同学进行一场模拟面试。

第十章

Chapter 10

大学毕业生学会保护自己

——就业权益与法律保障

【本章导读】

大学毕业生从求职开始到离开校园、走向社会的整个就业过程中,有时会出现毕业生自身就业权益受到侵害的情况。比如毕业生遭遇招聘与合同陷阱,一些用人单位随意违约、不兑现承诺,违反《劳动法》相关规定,在个别单位毕业生的合法权益得不到保障。通过本章的学习,使毕业生能够明确自身的就业权益,增强法律意识,学会运用法律的武器来保护自身的合法权益。

第一节 大学毕业生就业权益

一、大学毕业生就业权益的基本内容

大学毕业生在就业过程中,要明确自己应享有的权利,只有明确了这些权利,才能更好地维护自己的就业权益不受侵害。根据大学毕业生就业的相关规定,毕业生主要享有的权利有以下几个方面:

(一)自主择业权

《中华人民共和国就业促进法》总则第三条指出:"劳动者依法享有平等就业和自主择业的权利。"自主择业是高校毕业生就业制度改革的重大举措,是广大毕业生追求的目标,也是毕业生的权利。毕业生与用人单位按照"自主择业,双向选择"的原则,毕业生有权自主选择用人单位,如果用人单位选择了毕业生,毕业生有选择去与不去的权利,任何人和单位均

不得干涉。

(二)有关政策法规获知权

毕业生有权了解国家关于大学生就业等相关政策法规。各高校和地方教育及劳动就业主管部门应及时地让毕业生了解到当前的就业形势和国家关于就业方面的政策和法规,并做出明确的解释。

(三)获取就业信息权

就业信息是毕业生成功择业、顺利求职的前提和关键。毕业生有权获取用人单位用人需求的相关信息,只有充分地了解这些信息,才能结合自身情况来选择适合自己发展的用人单位。毕业生通过信息的公开性、及时性和全面性来获取就业信息,并学会将获得的信息进行甄别、筛选,选择出最适合自身需求的有价值信息,从而提高就业的成功率。

(四)接受就业指导和就业服务权

《高等教育法》规定:"高等学校应当为毕业生、结业生提供就业指导和服务。"毕业生接受学校和有关机构就业部门的就业指导、咨询和服务是一项重要的权益。各高校成立就业指导中心等专门机构,配备专业教师对毕业生进行指导咨询和服务。主要包括以下3点:

①向毕业生宣传国家的有关就业方针、政策、原则和法规等,分析当前就业形势。
②对毕业生进行求职前解压和心理咨询指导,引导毕业生根据社会需要并结合个人实际情况进行合理择业,指导毕业生求职过程中正确的方法和技巧。
③向毕业生在求职择业过程中所遇到的困惑提供帮助,提出建议供毕业生参考。

(五)自荐权与被推荐权

毕业生有权向有需求的用人单位自我推荐并接受高校向用人单位的推荐,高校向用人单位推荐毕业生是高校毕业生就业工作的一个重要职责。毕业生的自荐应与学校的推荐相结合。经验证明,学校的推荐将会促进用人单位对毕业生的录用。

(六)公平待遇权

用人单位在录用毕业生的过程中,要本着公正、公平、一视同仁的原则。毕业生享有公平参与竞争的权利,除特殊行业和特殊岗位外,求职者不能因民族、宗教信仰、性别、户籍、身高、相貌等因素受到歧视。目前,毕业生的公平待遇权还有待完善,用人单位在录用毕业生方面还存在着很多不公平和徇私舞弊的现象。公平录用是毕业生最为迫切需要得到维护的权益。

（七）隐私保护权

任何用人单位和个人都不得将毕业生的个人信息随意私自使用和发布出去；用人单位在招聘录用过程中不得侵犯毕业生个人的隐私权。

（八）违约补偿权

毕业生的就业协议一经签订，毕业生、用人单位和学校三方都要严格履行，任何一方不得擅自毁约。如果一方提出变更或解除协议，均须得到另外两方的同意，并应承担一定的违约责任。对于用人单位一方无故违约，毕业生有权要求用人单位承担违约责任，支付违约补偿。毕业生在签订就业协议、履行就业协议等方面应当依照国家法律法规进行自我保护。

二、大学毕业生就业权益受到侵害的主要现象

当前保护大学生就业权益已经引起了社会的广泛关注。我国先后出台了一系列的法律法规以保护劳动者的合法权益。其中《劳动法》《劳动合同法》和《就业促进法》的颁布与实施都充分体现了保护劳动者和大学毕业生权益的立法精神，但在保护大学生就业权益方面依然需要全社会大力加强。目前侵害毕业生就业合法权益的现象时有发生，CCTV与智联招聘网对大学毕业生就业权益保护问题进行了一个网上调查，有74%的毕业生在就业过程中遭遇过正当权益被侵害事件，其中毕业生选择通过各种途径主动维权的仅占少部分。毕业生正当权益受到侵害主要体现在以下几个方面：

（一）毕业生就业中的歧视现象

1. 经验歧视

在很多用人单位招聘信息中，总是标有"具有相关的工作经验"的字样，让大学应届毕业生望而却步。即使一些用人单位来高校进行招聘，对没有工作经验的毕业生有一定的考虑，但等毕业生应聘成功准备上岗时，仍然以没有工作经验来限制或调换岗位，令毕业生感到很无奈。

2. 性别歧视

虽然有些用人单位的岗位以招聘女大学毕业生为主，比如行政文员文秘、前台接待、话务客服等，但从总体上看女大学生在就业过程中受到性别的歧视较为普遍。从黑龙江省一份就业调研结果看，约有38%的招聘单位明确提出不要女毕业生，27%的招聘单位优先考虑男毕业生，无性别限制的招聘单位仅占31%，但在实际招聘过程中仍然是男性毕业生优先。目前，高校女毕业生遭遇的性别歧视，已经成为她们心头挥之不去的伤痛，这同时也是高校关注的焦点问题和社会舆论的热点之一。

3. 学历歧视

学历歧视包括两方面：一方面是对学历的要求，现在一些用人单位在招聘过程中不顾实际需求盲目地追求高学历，原本大专毕业生足以胜任的工作岗位，却要求本科或硕士毕业，学历略低些不予考虑，结果导致人才的浪费；另一方面是对高校出身的要求，普通高校和民办高校的毕业生在应聘过程中经常会遭到一些用人单位的"白眼"，只因为不是公立的、不是名牌高校。在有些用人单位眼里只觉得名牌高校毕业生其学历的含金量高，而不考虑毕业生的实际能力和是否有能力胜任工作岗位。

4. 身高、相貌歧视

有些用人单位在招聘过程中，招聘大学毕业生就好像是在选美，如规定身高必须达到多少，相貌如何等，而并不考虑毕业生的真才实学。有一些职业要求一定的身高和相貌是可以理解的，但很多用人单位却以此作为选人的标准，使许多毕业生特别是女生因身高和相貌问题而失去就业机会。

5. 户籍歧视

一些用人单位只招聘具有本地户籍的毕业生，外地的毕业生一律拒之门外，有些地方公务员招考中排除外地生源报考，很多高校会计专业的毕业生只因是外地户籍而不能从事企业会计岗位。这种户籍歧视严重地影响了大学毕业生人才的正常流动。

（二）毕业生遭遇就业陷阱的现象

大学毕业生就业过程中经常会遭遇就业陷阱。央视《东方时空》记者在 12 000 多名毕业生中调查，有 55% 的毕业生曾遭遇过就业陷阱。大学生就业陷阱是指一些黑中介、不法机构、不法之徒等，利用大学毕业生的弱势群体地位，以提供就业机会和高薪为诱因，采用违法欺骗等手段，侵害大学毕业生合法权益并从中获利的行为。当前大学生就业陷阱主要有以下几种：

1. 招聘会陷阱

招聘会陷阱是指一些招聘会的主办单位利用虚假的宣传来收取毕业生求职者的门票费或报名费、材料费等，这种现象在各个城市普遍存在。举办招聘会的主办单位有不少是类似人力资源或职业人才市场等公司，它们一般租用当地会展中心等场所作为招聘会的会场，然后针对高校毕业生进行宣传，既收取用人单位的展台费，同时还收取求职者的门票费（10—20 元），这些招聘会往往让毕业生都大呼上当，因为这种招聘会上大多数用人单位都面向社会招有工作经验的工人，大多数岗位不适合大学毕业生的需求。

2. 高薪、高职陷阱

此类陷阱是一些用人单位利用毕业生社会阅历不足，急于就业和对高报酬的追求等心理，以高薪待遇作为诱饵来诱惑求职的毕业生"上钩"。一些做销售行业的公司，在招聘宣传上会开出较高的底薪，外加有诱惑力的提成，等毕业生上岗后才明白，只有当业绩达到一定数额时才能保证底薪,才会有提成,还有的用人单位招聘岗位没有什么吸引力,大多是流水线操作工或普通销售人员,但由于人员流动性大、急缺人手,因而采取这种高薪和高职的诱惑方式,通常以"储备干部"的名义,把人招进来以应急之用,然后再派出人马继续招聘,已成了恶性循环,薪金和职位大多是不能兑现或缩水兑现;那些搞传销的非法机构以同样的招数把人骗来,进行"洗脑"并和限制人身自由,从事传销。

3. 合同陷阱

合同是用人单位与大学毕业生建立劳动关系、维护各自权利的法律依据。在签订聘用合同时,双方的地位是平等的,它是具有约束力的法律文本,约束的是双方的行为,当一方的行为违背了合同规定,另一方有追究对方责任的权力。

大学毕业生在就业过程中有时会陷入合同陷阱,常见的合同陷阱有以下几种:

(1) 口头合同

一些用人单位与毕业生就责、权、利达成口头约定,提出优厚的待遇条件,但并不签订书面正式文本。一些涉世未深的毕业生轻易相信那些冠冕堂皇的口头许诺,可这种口头合同最终实现不了,口头许诺变成了泡影。

(2) 格式合同

有些用人单位表面上按国家有关法律和劳动部门制定的合同示范文本事先起草了聘用合同,表面看起来很规范,可是具体条款却表述含糊,可以有几种解释。一旦发生纠纷,招聘方就会用对自己有利的合同条款来为自己辩护,吃亏的还是应聘者。

(3) 霸王合同

一些企业利用毕业生应求职心切的心理,录用后只约定应聘方有哪些义务,如,遵守企业的各项规章制度,若有违反要承担怎样的责任;毁约要交纳违约金等等,而合同上关于用人单位的权利几乎一字不提。这是典型的不平等的霸王合同,它严重侵害了毕业生的合法权益。

(4) 两张皮合同

有些用人单位与毕业生签订两份合同,一份合同用来应付劳动部门的检查,另一份只有利于用人单位的不平等合同才是双方真正履行的合同。

4. 收费陷阱

按照国家有关法律规定,严禁用人单位在招聘中向大学毕业生收取费用,包括资料费、培训费、保证金和押金等。可在现实的招聘中,毕业生会经常遇到一些用人单位巧立名目地收取很多费用,比如以诱人的岗位诱惑,然后要求你参加培训交纳培训费,或者在录取以后让毕业生交一定数额的保证金,声称转正后返还等等。毕业生一方面求职心切,认为付一些费用能到一个好单位也值得,另一方面缺乏相应的法律知识和保护意识,所以经常陷入此类陷阱之中。如果遇到招聘中这类"黑中介",被骗取的钱财一般来说有去无回。

5. 赚取廉价劳动力陷阱

赚取廉价劳动力陷阱也可称为实习期陷阱，即利用大学毕业生的试用期来骗取廉价劳动力。利用试用期骗取廉价劳力主要有两种形式：一种是试用期结束后以各种理由通知毕业生不适应工作岗位，公司解聘也是无奈之举，或者设置一些门槛，让毕业生知难而退自动辞职；另外一种就是不明确试用期时间，借故延长试用期。

三、毕业生合法权益的自我保护

大学毕业生在就业过程中要提高防范意识和风险意识，遇到就业歧视和就业陷阱知道如何利用法律等武器来保护自己的合法权益，这是毕业生成功就业必不可少的条件。

（一）了解有关法律常识及规定，提高毕业生的法律意识

毕业生应了解目前国家关于毕业生就业的有关政策和法律规定，熟悉毕业生在就业过程中的权利和义务，这是毕业生权益自我保护的前提。如果在就业过程中遇到有些企业规定或某部门规定与国家政策法规有抵触之处，侵犯了毕业生自身权益，要以国家的政策法规为依据，来维护自己的合法权益，可以参考《就业促进法》《劳动法》《劳动合同法》和《普通高等学校毕业生就业工作暂行规定》等相关的法律法规。

（二）掌握市场规则，预防侵害自身合法权益行为的发生

毕业生在就业过程中，无论是收集就业信息、自我推荐、参加招聘会、进行笔试和面试、洽谈就业意向、就业实习、就业报到等，都应本着真诚、信用、诚实、平等的原则，以自身的实力参与就业竞争。与此同时，毕业生要有一定的风险意识，掌握就业市场的规则，对有些用人单位在招聘过程中夸大优厚待遇条件、以欺骗手段吸引毕业生，或在实习和就业上岗后不兑现承诺、克扣工资的做法，要有提防戒备的心理。对一些自己没有把握判断和处理的现象，要及时请教学校教师或向有关部门咨询，以防范侵害自身合法权益的行为发生。我国先后出台了相关的法律法规对毕业生就业权益起到保障的作用，它不仅体现毕业生受到侵权后的补救措施，更重要的是为毕业生了解和熟知相关的法律法规做好事先的预防。

（三）学会用法律手段维护自身合法权益

随着我国劳动保护法律法规建设的不断完善和健全，目前，已基本形成了一套比较完整劳动纠纷解决机制。当毕业生自身权益受到侵害时，毕业生有权向用人单位上级主管部门和学校进行申诉并听取他们的处理意见，同时也可提交给当地的劳动争议仲裁机构进行调解和仲裁，或直接向人民法院提起诉讼。

总之，大学毕业生就业权益的保障是一个系统工程，是当今社会发展中一个亟须解决的问题。大学毕业生就业过程中的合法权益不仅需要毕业生学会自我保护，更重要的是要构

建起大学毕业生就业权益保障的体系,需要政府、学校和社会的共同努力,形成"三级保护"的合力,为大学毕业生顺利就业保驾护航。

第二节 大学毕业生就业权益法律保障

大学毕业生的就业权益需要毕业生的自我保护,更需要国家政策及相关法律法规的支持和保障。在毕业生就业过程中,直接涉及并关系到毕业生切身利益的就是关于"就业协议书"和"劳动合同"的问题。因此,大学毕业生有必要了解"就业协议书"和"劳动合同"的相关内容,并充分运用它们在求职就业中的作用,从而保障自己的合法权益。

一、签订就业协议书

1. 就业协议的概念

就业协议即全国普通高等学校毕业生就业协议书的简称。它是由国家教育部或各省、市自治区就业主管部门统一印制的,是明确毕业生、用人单位、学校三方在毕业生就业工作中的权利和义务的书面表现形式,此协议经毕业生、用人单位、学校三方签署意见后生效(也可称三方协议),并以此作为高校制订就业方案和进行就业派遣以及就业率统计的主要依据。签订就业协议书是为规范高校毕业生就业工作,避免混乱,杜绝就业过程中出现的欺诈行为,为维护毕业生、用人单位和学校的合法权益而采取的一项必要措施。

从法律意义上说,就业协议书具有法律效力,具备合同(或契约)的性质和特征。因此,就业协议书应该是毕业生与用人单位之间确立聘用关系、明确权利、义务的协议。

2. 就业协议书主要内容(下面以"黑龙江省高校毕业生就业协议书"为例)

①毕业生情况及意见。主要包括姓名、性别、民族、政治面貌、培养方式、学历、学制、毕业时间、专业、身份证号、本人意见(毕业生在此栏签名生效)等。

②用人单位情况及意见。主要包括单位名称、联系人、联系电话、组织机构代码、单位性质、组织关系接收单位、档案转寄、户口迁移地址、用人单位意见(用人单位在此栏盖章生效)和主管部门意见(如转档案户籍需当地人社部门盖章生效)等。

③学校意见。包括院(系、所)意见(院系盖章生效)、学校毕业生就业主管部门意见(就业指导中心盖章生效)。

④签约须知(一共九条)。

⑤其他约定事项(此栏空白,用人单位和毕业生可以在此约定一些事项,比如约定违约责任等)。

3. 签订就业协议书需要注意的一些事项

毕业生就业协议明确了毕业生、用人单位、高校三方的权利和义务,具有一定的法律约束力,也直接涉及毕业生的切身利益。在毕业生签订就业协议书的过程中也会出现一些不

规范及混乱的现象,因此有必要提醒毕业生要注意的几个问题:

(1)查明用人单位的主体资格,全面了解其相关情况

毕业生在签订就业协议书前,要查明用人单位的合法的主体资格,一般来说用人单位必须具有从事各项经营或管理活动的能力,并具备接受应届毕业生的资格。同时毕业生在签约前,要了解用人单位的一些相关的情况,如公司发展趋势、人员结构、职位性质、待遇福利、培训状况等方面。毕业生不要在对用人单位资质和其他信息等模糊不清的情况下草草签订就业协议,这样会给毕业生以后办理就业手续时带来不必要的麻烦。

(2)签订就业协议书的法律责任

①按照规定,毕业生只能与一家用人单位签订就业协议书。

②如用人单位签约生效后没有接收毕业生,则按照约定的违约条款承担责任。

③如果毕业生由于某种原因不去签约单位报到而要调整到其他单位,除了要承担违约责任外,还要在签约单位同意的前提下开具一份解除协议的证明,这样毕业生才能与其他用人单位再签约,如需要改派只有持解约函和新签的协议书,才可以到就业主管部门进行改派。

④毕业生签订就业协议书时,为避免在毕业上岗后与用人单位签订劳动合同时产生纠纷,应注意将就业协议与劳动合同在内容上相衔接,尽可能将劳动合同的主要内容体现在就业协议的约定条款中,表示在今后签订劳动合同时应予以确认。要注明如果试用期限、工作岗位、工资报酬、福利待遇、考研等发生变化导致协议变更、违约责任等。毕业生对所约定的条款内容把握不准时,要及时咨询就业老师和有关部门,避免产生歧义,损害毕业生就业的合法权益。

⑤关于签订就业协议书的违约金问题,通常是用人单位与毕业生之间协商而定,根据不同的用人单位违约金数目也有所不同,一般来说违约金在 1 500~3 000 元,这部分的约定可在协议书上其他约定事项中加以说明。

(3)签订就业协议书就业并非唯一的就业形式

虽然就业协议书是明确毕业生、用人单位、学校三方在毕业生就业工作中的权利和义务的书面表现形式,将起到保护毕业生就业权益的作用,也是各省就业管理部门统计毕业生就业率的一个主要根据。但毕业生签订就业协议书的形式并非是唯一的就业形式,如果毕业生自主创业或者暂时在一些经销部、服务门市等不具备法人资格的企业工作,毕业生不必签订就业协议,可以采取自主创业和"灵活就业"的形式就业。毕业生准备考公务员、考研、入伍、出国等也暂时不用签订就业协议。不签订就业协议的毕业生并不影响正常领取报到证,毕业生的档案关系可以委托当地或原籍地人才管理机构保存。

二、签订劳动合同

大学毕业生经过了自主择业、双向选择的努力,在毕业前落实了工作岗位并与用人单位

签订了就业协议,不论是毕业前上岗或毕业后上岗,都要经过一个的关键环节,就是与用人单位签订劳动合同。对于签订劳动合同的意义,很多毕业生认识的并不是十分清楚,有的毕业生甚至认为劳动合同签不签都可以。实际上对于毕业生来说与用人单位签订一份符合法律规范的劳动合同是自身合法权益得以保障从而实现顺利就业的重要一步。

1. 劳动合同的概念

劳动合同是劳动者与用人单位之间确立劳动关系,明确双方权利和义务的协议,是大学毕业生就业后在用人单位从事什么工作岗位、享受什么待遇等权利和义务的依据。

依照《劳动合同法》规定,订立劳动合同要遵循合法、公平、平等自愿、协商一致、诚实信用的原则,必须遵守国家政策和法律的规定,使劳动合同的各项条款符合国家的有关法律规定,否则该劳动合同无效。依法订立的劳动合同对签约双方都具有约束力,用人单位与劳动者应该严格履行劳动合同约定的义务。

2. 劳动合同的主要内容

劳动合同既然是明确用人单位和劳动者双方权利和义务的协议,那么必须有符合国家有关法律规定和符合双方权利和义务的条款。

劳动合同除了标明用人单位名称、地址、法定代表人和劳动者的姓名、住址、性别、年龄等基本情况外,还应该具备以下条款内容:

(1)劳动合同期限

劳动合同期限分为固定期限、无固定期限和完成一定工作的期限。

(2)工作内容

是指用人单位安排劳动者从事什么工作,包括工作岗位、工作性质、工作范围以及工作任务所达到的效果、质量等。

(3)劳动保护和劳动条件

劳动保护和劳动条件是指用人单位在劳动合同中向劳动者必须提供所从事的工作岗位的工作条件、安全卫生保护等措施的约定。

(4)劳动报酬

劳动报酬是用人单位根据劳动者的工作岗位、技能及工作数量、质量等支付给劳动者所有报酬,它包括三部分:一是货币工资,奖金、津贴、补贴等;二是实物报酬,即用人单位以免费或低于成本价提供给劳动者的各种物品和服务等;三是社会保险,如支付的养老、医疗、失业、工伤等保险金。国家并不规定劳动报酬的具体细节,双方可以协商约定。但约定的劳动报酬有一定底线,即最低工资标准,如果违背了这条底线,用人单位将承担相应的法律责任。

(5)劳动合同的终止条件

劳动合同的终止条件是指是指劳动合同关系自然失效,双方不再履行。《劳动法》第二十三条规定,劳动合同期满或者当事人约定的劳动合同终止条件出现,劳动合同即行终止。有以下几种条件劳动合同终止:

①劳动合同期满。
②劳动者开始依法享受基本养老保险待遇。
③劳动者死亡或者被人民法院宣告死亡或者宣告失踪。
④用人单位被依法宣告破产或者被吊销营业执照、责令关闭、撤销等。
⑤违反劳动合同的责任。
⑥法律、行政法规规定的其他情形。

(6) 劳动纪律

劳动纪律指劳动者在工作过程中必须遵守的劳动规则,是劳动者的行为规范。毕业生要注意这一条款中用人单位自订的规定是否与《劳动法》和国家法律、法规所规定的相符合。

(7) 违反劳动合同的责任

这部分条款内容是指在履行劳动合同过程中,如因为一方故意或者过失违反了劳动合同,致使劳动合同无法正常履行,并给对方造成经济及其他损失时,应承担的法律责任。

除以上条款外,双方还可以经协商达成如试用期、培训、保守商业秘密等其他事项的约定。

3. 签订劳动合同应注意的问题

大学毕业生在求职应聘过程中,从整体上来看是处于弱势群体地位。由于毕业生缺乏社会经历,存在着急于就业的心态,特别是对于如何与用人单位签订劳动合同的问题了解不够,容易陷入用人单位的"合同陷阱"之中。因此大学毕业生为避免在劳动合同问题上自身权益受到侵害,应在签订劳动合同时注意以下问题。

(1) 了解用人单位的合法性

大学毕业生在求职应聘时对要了解和查证招聘单位是否合法,所谓非法用人单位是指无营业执照或者被依法吊销营业执照以及过了执照有效期限的单位。如果用人单位是非法的,所签订的劳动合同则是一份无效合同。

(2) 注意合同内容的合法性

用人单位与大学毕业生依法签订劳动合同是劳动合同产生法律约束力的前提,但是劳动合同首先必须具有合法性,否则毕业生的合法权益就得不到应有的保护,这种不合法的劳动合同是无效的。无效的劳动合同主要体现在合同的内容是否合法。按照国家人社部门订立的劳动合同范本,用人单位可以根据实际情况和双方协商一致对合同的内容进行适当的增减,但内容主题必须符合《劳动法》及《合同法》等相关法律法规。

劳动合同的内容必须包括:用人单位的名称、住所和法定代表人或者主要负责人;毕业生的姓名、住址和居民身份证或者其他有效身份证件号码;劳动合同期限;工作内容和工作地点;工作时间和休息休假;劳动报酬;社会保险;劳动保护、劳动条件和职业危害防护;法律、法规规定应当纳入劳动合同的其他事项。除上述必备条款外,用人单位与毕业生可以约定试用期、培训、保守秘密、补充保险和福利待遇等其他事项。只有在这样的合法内容的框架下签订劳动合同,大学毕业生的合法权益才可以得到保护。

(3) 关于试用期的约定

一般说来大学毕业生应聘到用人单位都要经过一段试用期。所谓试用期是用人单位和劳动者约定相互了解和考察的特殊时期,毕业生在签订劳动合同涉及试用期时有几个问题要特别注意,以免给毕业生造成合法权益的损害。

①在大学毕业生就业过程中,有些用人单位经常以借毕业生需要试用期为理由而不签订劳动合同,这是不符合《劳动法》规定的。用人单位不允许先试用后再签订劳动合同。而且在试用期阶段,劳动者可以随时解除合同,只要提前通知用人单位即可;而用人单位也可如此,但必须提供足够的证据证明劳动者不适合该职位。如果试用期内用人单位没有证据证明劳动者不适合该职位而随意辞退劳动者,属于不合法的用工方式。

②同一用人单位与同一劳动者只能约定一次试用期,而且试用期包含在劳动合同期限内,仅约定试用期是不成立的,所约定的期限为劳动合同期限,没有单独的试用期合同。

③有些用人单位在劳动合同中约定劳动者在试用期解除合同需承担违约责任,这种约定是侵害劳动者的合法权利的行为,对于这种约定条款,法律一般确认为无效。

④按《劳动合同法》规定,劳动合同期限三个月以上不满一年的,试用期不得超过一个月;劳动合同期限一年以上不满三年的,试用期不得超过二个月;签订三年以上的劳动合同,试用期不得超过六个月。

⑤劳动者在试用期的工资不得低于劳动合同约定工资的百分之八十,更不得低于用人单位所在地的最低工资标准。在试用期间劳动者还依法享有社会保险待遇。

(4)《劳动法》规定,用人单位要与入职的劳动者签订劳动合同

如果公司暂时没有与毕业生签订劳动合同,就有必要收集证明雇佣与被雇佣关系的相关证据,如工卡、工服、工资条等,以此证明劳动关系确实存在,一旦发生劳动纠纷等情况便可以持此证据向相关劳动监察保障部门提出申诉。如果用人单位在用工之日起超过一个月不满一年没有与劳动者签订劳动合同,员工可以要求用人单位两倍赔偿工资。

(5) 关于劳动合同解除问题

有不少毕业生担心与用人单位签订劳动合同后,就必须按劳动合同所约定的时间服务期满,如有特殊情况提前提出辞职要承担经济赔偿责任,同时也担心自己本来没犯什么过错,而无故被用人单位解除劳动合同,这些就是涉及劳动合同的解除问题。劳动合同的解除是指劳动合同订立后、尚未全部履行以前,由于某种原因导致劳动合同一方或双方当事人提前终止劳动关系的法律行为。关于劳动合同的解除问题,毕业生最为关心的有以下几项:

①关于劳动者单方面与用人单位解除劳动合同的问题。按《劳动合同法》规定:劳动者单方解除劳动合同一般要提前30天以书面形式通知用人单位,劳动者在试用期内解除劳动合同须提前三天通知用人单位。所以毕业生不必担心签订劳动合同期限内不能提出辞职的问题,但毕业生在行使解除劳动合同权利的同时必须遵守解除合同预告期的法定程序。

②关于用人单位单方面与劳动者解除劳动合同的问题。用人单位虽然可以行使单方解除权,但必须具备法定的解除情形。用人单位单方解除劳动合同,可以分为以下情形:

其一,过失性解除,也就是员工存在《劳动合同法》第三十九条所规定的情形之一的,用人单位可以单方解除劳动合同,而不需要支付经济补偿金,而且因员工过错给用人单位造成损失的,用人单位有权要求赔偿。

其二,非过失性解除,即出现《劳动合同法》第四十条情形之一的,用人单位提前三十天通知员工或支付一个月工资的待通知金,可以解除劳动合同,但是应当向劳动者支付经济补偿。

其三,经济性裁员,即《劳动合同法》第四十一条所规定的四类情形出现的。经济性裁员需要支付经济补偿。

③关于解除劳动合同违约金的问题。有些用人单位常常利用其优势地位预先在劳动合同中设定违约金,以此限制劳动者正常的自由流动,其实这严重地侵害了劳动者的合法权利。《劳动合同法》明确规定,除了以下两种情形劳动者应当按照约定向用人单位支付违约金:

第一,用人单位为劳动者提供专项培训费用,对其进行专业技术培训的,可以与该劳动者订立协议约定服务期,如果劳动者违反服务期的约定,应当按劳动合同的约定向用人单位支付违约金,但违约金不得超过服务期尚未履行部分所应分摊的培训费用;

第二,用人单位与劳动者可以在劳动合同中约定保守商业秘密和与知识产权相关的保密事项。用人单位可以在劳动合同中与劳动者约定竞业限制条款,如果劳动者违反竞业限制约定的,应当按照约定向用人单位支付违约金。

除了以上两种情形外,用人单位不得与劳动者约定由劳动者承担违约金,任何约定的违约金、赔偿金均无效。

思考题

1. 大学毕业生就业权益基本内容有哪些?
2. 如何利用法律等武器来保护自己的合法权益?
3. 毕业生在与用人单位签订就业协议书要注意哪些事项?
4. 毕业生如果与用人单位签订了两年劳动合同,那么按《劳动合同法》规定,在用人单位的试用期最多不能超过几个月?

第十一章
Chapter 11

从学生到职业人
——大学生的角色转换

【本章导读】

大学生在毕业前经过一番千辛万苦的求职应聘,最终得到了一份工作,并怀着雄心壮志和美好憧憬踏上职业道路,开启了职业生涯的序幕。从求职择业到离开校园踏入职场,这意味着年轻的学子告别校园、告别学生身份,进入一个崭新的职业社会。这就是大学生在人生中最重要的转折,这个转折是一个艰难的过程。这个过程就是角色转换的过程,即从学生角色向职业人角色的转换。大学毕业生是否能够顺利地实现角色转换,可以说是促进大学生成功就业并取得职业成功的关键所在。

本章通过大学生角色转换的认知和角色转换过程中所完成的任务,以及角色转换中职业规划管理等三个方面的讲述和分析,旨在使大学生建立起对职业环境客观合理的期待,从心理和行为上做好角色转换的准备,从而顺利完成从学生角色到职业人角色转换的任务。

第一节 学生角色向职业人角色转换的认知

如果将社会比喻为一个大舞台,那么每个人都可以在这个舞台上扮演着一定的社会角色,而每个人所扮演的角色都是多样的。不同的角色在不同的时期有着不同的任务,也承担着不同的责任和义务,而且在特定的时期会发生角色的转换。作为一名大学生,从小学、中学到大学这十几年来,主要扮演的角色是学生角色,而到了大学毕业,离开校园走向工作岗位,学生的角色就被职业人的角色取代。从学生角色进入职业人角色的过程,这就是角色转换的过程。

一、学生角色与职业人角色的对比

在学生时代,学生除了学习、考试的压力外,基本上是无忧无虑地充当了十几年的学生角色,对自己的角色内涵,包括思维方式、行为规范、承担的责任义务、学生的规章制度等,都比较熟悉和理解。一旦成为应届毕业生,即将离开校园,就会在心理和行为上发生一些波动和变化,我们可以从学生角色与职业人角色所承担的不同责任、规范、权利和面临的环境等四个方面进行比较,对即将开始的职业人角色的内涵有一个初步的认知。

(一)所承担的社会责任不同

大学期间的学生角色其主要社会责任是在学校接受高等教育、学习科学文化知识、锻炼并提高自身的素质和技能,为将来走向工作岗位,服务社会做好准备。学生角色所承担的责任履行得怎么样,将关系到学生自身知识掌握的多少和能力培养的程度。

而职业人角色的社会责任则是以特定的身份去履行自己的社会职责,主要是运用自己的本领和技能为社会与他人服务,完成职业角色所要求的工作和任务。作为职业人必须适应社会,首先要服从单位的领导和管理,如在工作中犯了错误,必须承担造成损失的责任。可见如果职业人所承担的责任履行得不好,不仅会影响到个人的声誉,还会使单位甚至行业的受到影响。

(二)社会角色的规范不同

社会角色规范是指对社会中各种角色的行为规范,对于不同的社会角色,就会有不同的行为规范和要求。学生角色规范多是学校从培养、教育的角度出发,促使学生能顺利成才。学校制定有明确的规章制度,社会对处于成长时期的学生也有约定俗成的要求,主要反映在国家制定的《大学生行为准则》和学校制定的《大学生手册》之中。比如,如何学习,怎样做人,如何提高素质等。因为学生是受教育者,在违反角色规范时,主要还是以教育帮助为主。

社会赋予职业人角色的规范与行为模式,则因职业的不同而不同,这些规范更加具体和严格,若违背了就要承担一定的责任,直至法律责任。比如国家工作人员,必须严于律己、克己奉公,如果不作为、渎职、玩忽职守、收取贿赂等就要受到纪律处罚甚至法律的制裁。

(三)角色的社会权利不同

学生角色的权利主要是受教育的权利。具体表现在学生有要求父母支持其进入学校接受教育的权利,如果家庭经济条件困难的情况下,有请求外界理解并取得经济生活保障或资助的权利。

职业人角色有着更强的独立性,其权利是依法行使职权,开展本职工作,运用自己的知识和能力,向本单位及外界提供自己的劳动。在履行义务的同时有获得相应的薪酬、休假等权利。

（四）所面对的社会环境不同

在校园里，大学生作为学生角色的主体，所面临的是轻松愉悦的校园文化环境，以及"寝室—教室—图书馆—食堂"四点一线的简单而安静的生活方式。虽然在学习和考试时也会有些紧张并感到些压力，但大多数学生都能够弹性地安排好自己的作息时间；学校的教学大纲提供明确的学习目标，学术上提倡师生讨论和不同见解的争论，布置的作业按时完成即可；考试不及格还有补考的机会；一年有两次假期以及正常的休息日，师生和同学之间的关系简单而纯朴。

作为职业人的角色，所面临的是充满激烈竞争的社会环境，快速的生活节奏、紧张的工作氛围，以及人与人之间的竞争，很多人担负着一定的效益指标，面临着绩效考核，甚至面对着可能被淘汰的境地；在单位里，规定的上下班时间，不能迟到早退，为了努力工作，得到领导肯定、完成指标、增加收入，会经常性地加班加点，并承担着出差任务，还可能放弃节假休息日；有的企业领导比较独断，不愿意听取不同的意见，一切以经济利益为导向，职业人必须要准时完成上级交付的每件具体的工作。

以上四点说明了学生角色和职业人角色存在着很大的差异，大学毕业生只有通过对职业人角色和职业社会进一步认知，并在实践中不断地学习和领悟，才能逐渐适应新的角色，顺利实现角色的成功转换。

【小资料】

一位常年做人力资源管理的经理曾生动描述了作为在学校的大学生角色和职场的职业人角色的不同处境：

在学校，所有的学习都是按照学校教学大纲安排的，考试是由老师拟定的，你不需要操心教学计划，只需要按时上课、完成作业、考好成绩，每年还可以享受两次长长的假期；在职场，不是所有的工作都已经安排得按部就班，而是需要你去主动工作、去创新工作，而且经常失去休息日来加班加点。

在学校，你如果考试成绩不好，不会给班级和学校造成经济损失，还会有补考的机会；在职场，如果工作做不好，就有可能会造成重大损失，甚至没有挽回的机会。

在学校，由于自己的考试成绩优秀就可能获得奖学金；在职场，就必须为他人或为团队创造价值这样才能获得工资报酬，而且必须是创造超额价值，才能获得奖金。

在学校，如果你和同学或老师不能相处融洽，你仍然可以当一个不合群的"小鸭"，可以保持自己的个性，孤芳自赏；在职场，如果你不能和领导和同事搞好关系，如果被组织认为你没有团队精神，不能进行团队合作时，就必然成为出局之人。

在学校，老师往往是你尊敬和崇拜的对象；在职场，你的上级也许不是你尊敬和崇拜的对象，但你必须服从他的领导和管理。

在学校，如果你不喜欢某个老师，你可以不去听他的课或上课做些别的，可以不必交流和沟通，也可以期盼着下学期换一个老师；在职场，不管喜欢不喜欢你的上司，必须要适应他的管理风格，而且还要学会与他进行交流和沟通，否则换掉的必然是你。

在学校，如果你迟到、旷课只是耽误你自己的学习，受到处罚只是老师和辅导员的批评；在职场，如果你迟到、旷工，耽误的是整个团队的业绩，受到的处罚就不是几句批评那样简单。

在学校，如果你不出现触犯法律或严重违反校规等情况，基本可以持续在这个学校完成你四年的学业，也没有"跳槽"的概念；在职场，基本上是"铁打的衙门，流水的兵"，说不定哪一天你会被莫名其妙地辞退，或者你随时会"跳槽"。

二、毕业生在角色转换中自身容易出现的问题

从心理学角度来说，任何个体的社会角色发生变化时，新旧角色的转换过程将会伴随着不同角色之间的冲突。对大学毕业生来说，从开始找工作到离开校园走向社会、进入职场，从一个学生的角色转换到一个职业人的角色，这个转换过程不是很快就能完成的，而是一个渐进而艰难的过程。从一个只读"圣贤书"的平静环境经过一个充满竞争的求职过程、再到一个适者生存、优胜劣汰的职场环境，这都说明毕业生在角色转换过程中很少是一帆风顺的，毕业生的心理还会因为自身的一些问题而产生新旧角色之间的冲突。如不及时认知和解决所存在的问题，不仅会延缓角色转换的完成，也会对以后的职业发展造成不良的影响。大学毕业生在角色转换过程中容易出现的问题有以下几个。

（一）经不起挫折，容易产生对学生角色的依赖

毕业生从开始求职择业到初涉职场得到第一份工作，会产生一些复杂的情绪。求职中"双向选择"的残酷，职场中竞争的激烈，人际关系的复杂，工作任务的巨大压力等，这些都是过惯了恬静校园生活的大学生从未经历过的。很多毕业生在职场中受到挫折时，就会自觉不自觉地依恋学生时代给自己带来的无忧无虑，并把自己重新置身于学生角色之中，继续以学生角色的习惯性思维方式和行为来对待现实，似乎只有这样才能对自己的不适应和受挫带来的困惑给予一些安慰和保护。

这种对学生角色的依赖，从主观意识上回避现实，迟迟不能从学生的角色中摆脱出来面对工作单位和社会、现实是顺利实现角色转换的一大障碍。要消除这一障碍，首先要在心理上经得起挫折，在挫折中不断磨炼和提高受挫能力，使自己的心智成熟起来，用一种释然的心态对待过去，勇于面对和参与现在所面临的职场竞争，尽快地承担起职业人的角色。

一个进入试用阶段的大学毕业，由于经验不足，能力还有欠缺，在工作中出现了一些失误，受到上司的批评，他很不开心，也很不理解，对接下来的工作没了信心。

有人问他："你为什么不开心？"

他说："经理骂我了。"

又问："你是不是工作没做好？"

他回答："即便工作没做好，他也不应该对我这样的态度，我还是个刚毕业的学生啊，在学校、在家里还没有人对我如此地大声喊过。"

问："那你希望以后怎么样？"

答："我希望我下次再犯错时，经理应该向对待学生那样态度好一点，我真想重新回到大学校园那段无忧无虑的时光。"

这个案例中的毕业生就是经不起一点挫折、不能面对现实、还摆脱不了学生角色的典型。

（二）过于理想化，对社会现实容易产生失落感

现实社会有许多社会现象，很容易引起刚踏入社会的大学毕业生的困惑。他们对于社会上存在的一些不良现象，缺乏深层次的理解，对职场中出现的一些等级森严、分配和考勤制度、论资排辈、加班加点等现象更是难以适应。一些毕业生对未来生活和工作过于理想化，对自己的期望值过高，好高骛远、脱离实际，一旦在现实工作中遇到挫折和困难，就容易产生失落感，出现情绪低落的现象，甚至经常抱怨社会、单位、上级或同事对自己的不公平和不理解等。如果不能面对现实，及时地调整期望值，从失落感中摆脱出来，将会影响自己进入新的角色。

所以要指导毕业生在学生时期就要尽可能地认知自我，更多地认知职业社会，既要有自己的理想和抱负，又要从实际出发，缩小理想与现实的差距，学会入乡随俗，逐步适应职场中的游戏规则，摆平心态、踏实工作，尽快实现角色转换。

（三）以"自我"为中心，难以适应新的环境

近几年的大学毕业生大多数是独生子女，有的在家里或学校里或多或少存在着以"自我"为中心的思维定式。他们在家里"独"惯了，父母宠爱有加，在学校"独"一些，也不会受什么谴责，仍然可以孤芳自赏、我行我素。可一旦走向社会、进入职场，来到了一个新的环境，过去的"自我"意识就行不通了。因为除了做好本职工作外，还要接受上司的管理和监督，受到团队的约束；完成工作任务要按上级的要求，处理工作问题要兼顾团队的协作；还要处理好周围的人际关系，遵守各种规章制度，熟悉许多业务流程；每项工作要请示汇报，有事生病要请假批准等等。如此之多的限制和约束，这对一个初入职场并带有"自我"倾向的毕业生确实难以适应。毕业生这种以"自我"为中心的倾向是家庭、学校教育和成长环境以及十几年所担当的学生角色而形成的思维模式，具体反映到职场中主要表现出的就是以自我感受去思考问题。如果在职场中发生的事情与"自我"相冲突，就容易产生心理的不平衡，对

什么都不满意,好像整个世界都在与自己作对。由于抱有这种情绪不仅会影响自己融入新环境的进程,而且还可能因为自己的不适应和不开心而被辞或辞职。

一般来说新的环境可以随着时间的推移慢慢去适应,但职场中的激烈竞争和快节奏的工作性质是容不得毕业生像逛公园那样慢慢适应的。所以毕业生进入职场之后,要从主观意识上告别一贯的"自我"意识,尽快重新开始,以自己的诚实、友善、虚心、实干等品质融入新的环境中,以自己的工作绩效和团队合作精神得到领导和同事的认可。

(四)缺乏职业规划、工作中情绪浮躁,导致频频更换工作

2012年《中国大学毕业生就业蓝皮书》调查统计显示,大学生初次就业后一至两年内是工作变动最频繁的时段。有50%以上的毕业生在一年内更换工作,而两年内毕业生的更换率接近75%,比例之高令人惊叹。面对大学毕业生就业竞争如此激烈,得到一份稳定的工作来之不易,为什么还会如此频繁地跳槽呢?其原因是多方面的。

从大学毕业生的自身因素来分析,主要因素是很多大学生平时缺乏职业规划,没有一个清晰的职业目标,临毕业前抱着先找一个工作试试以后再说的想法,进入职场后发现这也不适应,那也不喜欢。原本就缺乏职业规划,工作以后更没有心思规划一下自己的工作目标,因而干一段时间就表现出心浮气躁、患得患失,不能静下心来踏踏实实地钻研业务、开展工作。正是由于这种不稳定的情绪,对工作失去耐性和信心,三心二意,这山看着那山高,其结果不是找各种理由离职不干,就是被企业辞退同样的,再调换新的工作岗位又要重新适应,可能还会出现同样的结果,这是毕业生处在角色转换阶段普遍存在的现象。

其实有些毕业生为了追求自己职业目标偶尔跳槽有其合理性,但频繁更换工作不仅会给毕业生带来不稳定和不安全感,也会让用人单位对他们产生信任危机。对大学毕业生来说,只有在学校期间做好职业规划、明确职业目标,有目的性地求职择业,走向职场后脚踏实地、专心致志地工作、克服心浮气躁的情绪,在工作中实事求是、切实可行地规划自己的职业目标,才能在稳定的环境中实现从学生角色向职业人角色转换。

总之,在任何新旧角色转换中发生角色冲突是一个必然过程。从学生角色转换为职业人的角色也是如此,但对转换中出现的冲突和矛盾如果不及时解决,就会影响或阻碍着转换的进程,如果角色转换得不顺利、不彻底,承担和胜任职业人的角色就很困难。在角色转换中尽快化解冲突、克服困难,顺利地完成角色转换是大学毕业生就业过程中必须解决的问题。

【小资料】
据麦可思研究院编写、社科文献出版社出版的2010年大学生就业蓝皮书——《2010年中国大学生就业报告》中调查统计:

> 大学毕业生一年内的离职率分别为:"211"院校22%,非"211"本科院校33%,民办高校40%,高职高专院校45%。
>
> 离职类型分为:主动离职和被雇主解职。其中主动离职的占到了70%左右,在离职的毕业生中,有30%多的人是因为感觉个人发展空间不够、对工作的要求和压力太大而辞职,有20%多因为薪资福利偏低辞职,还有20%多因为想改变职业和行业等;有30%左右是被解职的,其中主要原因是对工作岗位不适应,没有业绩以及雇主的不良印象等。
>
> 本科毕业生一年内离职率最高的前五个专业是:市场营销、艺术设计、外语、计算机应用与技术广告学。
>
> 考上公务员和事业单位的毕业生离职率最低,在带编的国企工作的离职率次之;在民企的毕业生离职率最高,外企次之。

第二节 毕业生在角色转换过程中的主要任务

由学生角色到职业人角色的转换过程大致可以分为三个阶段,大学毕业生在每个阶段都有其主要的任务。

第一阶段是毕业生求职择业阶段。主要任务是应聘找工作,签订就业协议,开始向职业人角色过渡。

第二阶段是毕业生毕业实习阶段。主要任务是通过上岗实习尽快地熟悉和适应职业社会,是职业人角色"实战预演"阶段。

第三阶段是毕业生毕业后与用人单位签订劳动合同进入试用期阶段。这是结束学生角色向职业人角色转换的完成阶段,主要任务是从开始承担职业人的角色到胜任职业人的角色,真正完成角色的转换。

前两个阶段大学毕业生还没有毕业,还属于学生角色,完成这两个阶段的任务是顺利实现角色转换的前提。而第三阶段是角色转换最后实现阶段,完成这个阶段的任务,不仅可以胜任职业人所承担的角色,还可以为以后的职业发展取得成功奠定坚实的基础。

一、毕业生求职择业阶段的主要任务

大学毕业生在毕业前的一年,通常在十月份以后就进入了求职找工作时期,在这个阶段毕业生的主要任务是为就业做准备,即通过求职择业的方式与用人单位双向选择,从而谋求一份将要离开校园、踏上职业社会的实习工作。从这时起就拉开了角色转换的帷幕,开始了从学生角色向职业人角色转换的第一步。

毕业生在求职择业阶段往往会遇到种种困难和坎坷,比如在择业上的迷茫困惑、求职时屡遭用人单位的拒绝等。这是毕业生在角色转换过程中必须要面对和正视的,也是不可或

缺的历练过程。

有的毕业生能够顺利完成求职择业的任务,为角色转换的下一阶段奠定了基础;有的毕业生在完成过程中迟缓、甚至停滞了进程,给角色转换带来了不确定因素。通过对毕业生在求职应聘过程的现状看,主要有以下三种情况:

(一)顺利完成求职任务

有些毕业生由于平时就对自身的专业知识、个人素质、综合能力、心理状态等方面做好了准备,在大四的上学期就开始收集就业信息、积极参与求职应聘,即使受到了一些挫折也能顶住压力,通过与用人单位双向选择,凭自己的实力和优良的表现得到用人单位认可并顺利签约。用很短的时间完成了这一阶段的主要任务,并实现了自己所规划的职业目标,为角色转换的下一步打下了基础。

市场营销专业的应届毕业生小吕,在学校算是品学兼优的学生,除了学习成绩优良外,还利用业余时间在一家教育机构做兼职,在大三时他就对以后的职业方向有一个清晰的目标,那就是将来去北京新东方教育集团从事与本专业相关的工作,并有针对性地做了大量的准备工作。到了大四刚开学就开始给新东方教育集团投递简历和求职信,不久就得到笔试和面试的回复,经过网络笔试和视频面试后,赴北京进行复试,虽然在面试过程中遇到一些曲折,但最终由于小吕的素质和能力等方面达到了新东方的招聘要求,当场被项目推广部录用,试用期结束后签约。从投档到录用前后没超过20天。

(二)迟缓了完成任务的进程

另一些毕业生虽然做了一定的准备,也在为所规划的职业目标,努力地奔波于各类招聘现场,也经常在网上向有关用人单位投递简历,但在求职应聘的现实中却遇到很多困难,甚至屡遭挫折。虽然也曾被有些用人单位录用,但因达不到自己的期望值或在犹豫不决中而错过。由于迟迟不能与自认为理想的用人单位签约,因而在心理上受到挫伤,对自己的前景感到迷茫和困惑。这些毕业生虽然在求职中遇到困难、受到挫折,迟缓了完成任务的进程,但最终没有放弃,经过一段时间的坎坷和波折,能够面对现实,调整自己的心态,降低自己的期望值,通过一再努力,在毕业前还是找到工作,完成了求职任务。

徐磊是国际贸易专业的应届毕业生,虽然学习成绩一般,但平时性格开朗、乐于助人、善于沟通,在师生中人缘很好。到了大四找工作的时候,他信心满满,自认为会很快地找到喜欢的市场销售的工作,但参加了若干场招聘会,投了十几份个人简历后,其自信心动摇了,因为一些著名的大公司竞争太激烈,经过几次面试不是面试时缺乏竞争力就是因他是民办高校的毕业生而被淘汰。有些小的公司因各方面条件较差他又不想去,按他的说法是心仪的用人单位不要他,要他的用人单位他又没相中,就这样在选择的纠结和受挫中度过大四的上学期。下学期开学后他回到学校,平时的活泼劲不见了,满脸的沧桑和愁云。经过与学校就业指导老师一番请教和交谈,他对自己的心态和求职方法进行了调整,又静下心来做一些应聘前的准备,又投入到求职应聘中。在四月中旬收到TCL设在本地的分公司面试函后,他用三天的时间对该公司进行了细致的了解,以平和的心态参加了面试,终于功夫不负有心人,他被录用签就业协议后进入了实习阶段。

上述例子中的徐磊同学代表了毕业生在求职应聘中的普遍性,虽然经历挫折和坎坷,但最终还是完成了求职任务。

(三)放弃或停滞完成任务

在求职择业过程中,有不少毕业生在求职的黄金时期迟迟没有与用人单位签约,甚至有的直到毕业也没有找到一份工作。出现这样的现象可以归结于以下两种原因:

(1)有些毕业生并不是没有能力找到一份工作,而是沉迷于宁静的校园生活,对走向社会充满了恐惧感,对应届毕业生如火如荼地求职热潮漠不关心,似乎与己无关,心安理得地继续依靠家庭资助,家里也任其自由,待在学校或回到家里都无所事事,也有的以考研为为借口,主动放弃了毕业生应在这一阶段所要完成的求职任务。有的认为现在还早,等到拿到毕业证后再由家里安排。有的毕业后仍然 在家里靠父母供养,甘当一名"啃老族"。

(2)有些毕业生也很积极地参加招聘会,投了大量的个人简历,但因为自己的期望值过高、眼高手低、对职业岗位高不成低不就;或者漫无目标,四面出击只开花不结果,在屡遭应聘失败后,心理上受到较大挫伤,因而在行动上失去了继续找工作的勇气和动力,被迫停滞了角色转换的进程。

会计专业的应届毕业生钟林,平时学习成绩一直是班级的中上游,而且心气也很高,进入10月以后,他踌躇满志地向几家当地较大的企业财务部投递了个人简历,也参加了几场校园招聘会的现场应聘,可是经过几次面试都没有成功,不是他嫌用人单位不理想,就是用人单位没看中他,投的几份简历也渺无音讯。开始他并没在意,仍然继续投简历,继续奔波于各个招聘现场。可过了一段时间,眼见着一些同学纷纷签约或上岗实习。他却始终没有找到自己心仪的用人单位。这下他在心理上有些承受不住了,对自己失去了信心,整天唉声叹气、怨天尤人,提不起精神来,逢人就说自己如何如何郁闷和失落、如何如何不走运,后来他干脆放弃了求职,以准备考研为借口回家了,做了一个"啃老族"。

我们对毕业生在求职择业阶段出现的三种情况进行一下综述:

第一,虽然有很多些毕业生并没有完成求职择业阶段的主要任务,暂时停滞了角色转换的进程,但他们并非没能力或找借口逃避,而是为了继续深造,使自己的专业知识层次有一个更高的提升。他们选择考研究生或出国深造等方式,其主观意识是为以后更加胜任职业人角色打下专业基础。这与那些主动放弃求职的"啃老族"和因受挫而知难而退的毕业生是有本质上的区别的。

第二,我们无法断言那些顺利完成求职任务的毕业生一定要比那些求职不顺利的毕业生在未来的职场上会取得更大的成功,因为职场的路是漫长的,有很多不确定的因素。但从毕业生在求职阶段中的表现和用人单位对毕业生择优选择的过程来看,那些较为顺利完成求职任务的毕业生,在角色转换的过渡中占据了心理上的优势,为角色转换的下一步增添了自信。

第三,那些在求职阶段受到挫折的毕业生,虽然也完成了求职的任务,有些选择是迫于无奈,与自己的职业方向有差距。但往往坏事可以转化为好事,只要他们把受挫的经历当成以后成长的锤炼,增强受挫的能力和自信心,摆正自己的心态和位置,先就业、后择业,通过职场的磨炼,仍然会完成角色转换的任务,成为合格的职业人。

第四,每个大学生终究都要告别学生角色转换为职业人角色。至于那些在求职阶段放弃或遭到困难而退却的毕业生,也不要气馁而失去信心,这仅仅说明他们在心智等方面还不太成熟,这里包括自身的因素和家庭的因素。只要他们从迷失中走出来,通过自身的努力或其他渠道继续求职择业,并积极地面对职场的竞争,勇于战胜挫折,不断提高自己的素质和能力,在漫长的职业道路上是会找到自己的位置的。

二、毕业生实习阶段的主要任务

如果毕业生通过了求职应聘这一阶段,那么下一阶段的考验会更加严峻、更加具有挑战性,那就是暂时离开校园生活,进入职场进行上岗实习。这意味着大学生进入了从学生角色向职业人角色转换的第二步,也是角色转换中重要的一步,是角色转换的"实战预演"阶段。

(一)从心理上调整好自己的期望值

一般来说年轻的大学毕业生,大多对自己的未来抱有美好的憧憬,个人理想和期望值很高,无论是求职顺利与否,进入一家实习单位并开始实习,都希望能够以出色的表现做出点成绩来。可是一旦进入职场,所做的工作一般都要从基层和辅助的小事做起,自己所学的专业知识和技能难以发挥出来,自己的期望值与现实状况产生了反差,就会产生心理上的失落感。这种失落感往往会影响着毕业生坚持继续工作的热情,容易在实习阶段就半途而废,暂缓和延误转化为合格职业人角色的进程。

机械专业的应届毕业生小李,经过笔试面试,终于被一家国际知名的电梯生产安装公司录用,在毕业前属于上岗实习阶段,并通过培训考取了电梯维修调试职业证书。小李在学校学习成绩名列前茅,还是系学生会干部,本想到企业后大展宏图干一番事业,可他只干了不到两个月就辞职了。后来了解到,他由于刚参加实习工作,还不具备独立操作的能力,在实习期间暂时跟在师傅学习实际操作技能,边学习边做一些琐碎的打杂工作,心气很高的小李实在忍受不了整天日复一日地跟在师傅后面干着辅助零碎的工作,于是只坚持了不到两个月就申请辞职了。

作为初出校门的毕业生,首先要从心理上调整自己的期望值,调整的自己的心态,认清自己的位置,在实习阶段,沉下心来踏踏实实地从基层做起、从琐碎小事做起,尽快适应实习单位的工作环境和做好本职工作。然后根据自身的实际情况和职场上的客观情况来制订近期和中远期职业目标,为实现自己长远目标打好基础。只有这样才能在角色转换的"实战演习"中完成任务,并实现转换过程,承担起职业人的角色。

(二)对职场的艰苦环境要有充足的心理准备

真正进入上岗实习阶段,有很多毕业生因为不适应单位的艰苦环境而中途退缩。

这里所讲的艰苦环境并非指办公条件简陋、吃住环境差、生活水准得不到保障等生活环境,而主要是指毕业生在实习中要经过基层岗位工作的磨炼,以及工作中遇到种种困难的境遇。比如:建筑工程专业的学生,要到建筑工地上摸爬滚打;机械电子专业的学生要深入企业车间,从操作机床开始熟悉生产流程;在公司做市场销售的学生,要起早贪黑,经常加班和出差等等。所以毕业生在离开校园之前,无论准备去什么样的用人单位、什么工作性质的岗位实习,都要做好面对艰苦环境、付出辛劳、不怕吃苦和挫折、坚持到底的心理准备。只有预先做好准备,在实习中遇到困境,才不至于措手不及、半途而废,才有可能坚持下去并完成实习任务。

省外的一家国企建筑集团公司来学校进行现场招聘,经过两轮的面试,有8名工程管理专业的应届毕业生被录用,在签约后由公司人力资源部经理为即将赴该公司实习的毕业生说明了集团公司对大学毕业生实习的一些规章制度,他告诉毕业生在实习期间必须到下属基层建筑公司的建筑工地实习锻炼以尽快地适应岗位工作,直至毕业后再由集团公司根据实习表现分配岗位。

在毕业生临行前,学校就业指导中心老师专门对这8名学生进行了上岗实习前必要的心理指导和相关的培训,让他们对实习工作中的艰苦环境和所遇到的困难要有一个充分的心理准备。在这几名毕业生实习期间,就业老师也一直与他们及用人单位进行联系了解学生的实习情况,到了第二年6月份实习的几名毕业生回学校论文答辩时向学校就业处、学生处等部门提交了用人单位的写给学校实习鉴定并做了实习的汇报。这几名毕业生面对建筑工地上的艰苦环境克服了种种困难,经过了半年多的磨炼,全部坚持下来并通过了实习考验,得到用人单位的认可,等到毕业后重新分配岗位并正式签订劳动合同。

在实习汇报的会上,几名实习的毕业生感谢了学校和老师对他们培养和关怀,特别感谢了在临实习前为他们进行心理指导的就业老师,正是因为提前在心理上有了面对艰苦环境和克服困难的准备,他们才能够逐渐适应环境,顺利完成实习走向正式岗位。

从这个例子来看,毕业生离开校园,踏上职业社会,不免会遇到在学校从未经历过的艰难环境以及工作中的种种困难,不仅毕业生自身要做好一定的心理准备,更重要的是学校也要及时地承担起对毕业生进行心理指导的重任。

(三)增强受挫折的心理承受力

毕业生刚踏上社会,一般来说是先以实习生的身份进入职场的,经过一段培训后,就要像其他员工那样独立承担起职场的工作职责和任务。面对陌生的工作环境、职场的压力、从未独立完成过的工作任务,总会遇到许多困难和挫折。不少毕业生在实习过程中一旦遇到一些挫折就会陷入郁闷、焦虑或抵触情绪之中而不能自拔。

市场营销专业的应届毕业生许林通过校园招聘会被北京一家电子商务的公司所录用,主要从事电子商务营销业务,有三个月的实习期。他应聘结束后的几天就满怀信心、踌躇满志地踏上了去首都的列车。经过公司一周的培训,刚工作一切都从学习和摸索开始,由经理带领熟悉业务,这期间许林表现不错,学习领悟得也很快。公司为了考核许林的独立工作能力,让他与一家规模较小、成交额不大的公司进行业务洽谈,结果因为他准备不足,在细节上有些疏漏,洽谈失败。他回公司后部门经理并没有批评他,可他却闷闷不乐,情绪低落,并向公司提出请假一天,公司同意他放假一天,好好梳理思路、冷静一下。可一天过后他又擅自休息了一天,只是用手机短信通知公司由于心情不好再请一天假。等再上班时迎接他的是经理在部门会上的严厉批评,这下他更无法承受了,甚至留下了委屈的泪水。要不是经理事后找到他详谈一次,他差点就辞职了。

可见大学毕业生在实习前非常有必要做好心理准备,特别是受挫准备。生活中、职场中的挫折和磨难,是造就成功者的必由之路,前提是要做好受挫的心理准备,具备和增强受挫的心理承受力。大学生在实习及以后的职场工作中,遇到困难和挫折要及时调整心态,冷静客观地分析失败的原因,认真反思,吸取经验教训,尽快地从受挫的困境中走出来,争取下一次的成功,这才是大学生顺利完成实习任务,并取得以后事业成功所应该具备的素质。

(四)做好面对职场中复杂人际关系的心理准备

一旦踏入纷繁复杂的社会,面对崭新的生活方式、陌生的社会环境、复杂的人际关系,作为一个职场"新手"的毕业生,不仅要尽快地熟悉和掌握职场环境和工作技能,还要充分意识到新的环境就是自己成长的舞台。要本着诚心待人的态度与人沟通交往,努力缩短与同事之间的距离,在自己受到委屈或误解时,要胸怀大度,克制感情,冷静处理,在实习工作中虚心请教领导和同事,出现失误时,应主动承担责任。这样人际关系搞好了,在工作生活各方面,同事和领导都会给予积极的帮助,对自身的职业成长就会大有裨益。

以上四点概括了毕业生在完成实习阶段任务过程中所面临的主要问题,如果不做好充分的心理准备,就有可能阻碍任务的完成,影响角色的顺利转换。

三、毕业生试用期阶段的主要任务

这一阶段是毕业生正式毕业,告别了学习与生活四年的大学校园,并与用人单位签订劳动合同后,进入试用期(最长不超过六个月)阶段,这是大学生的学生角色向职业人角色转换的完成阶段。这一阶段的主要任务是从开始承担职业人角色到胜任职业人角色,也就是毕业生从试用期经过自身努力和用人单位的考核到正式转正阶段,从身份上完成角色的转换。

我们前面讲过,毕业生在求职择业和进入实习阶段,是角色转换过渡与"实战预演"的阶段,主要任务是从学生角色向职业人角色过渡并开始熟悉和适应职业人的角色,这一时期毕业生仍然还属于学生角色。到了毕业后其学生的角色才算结束,从而进入试用期阶段,开始承担起职业人的角色。在这个阶段里角色的转换还没有真正完成,因为很多毕业生还很难独立完成和胜任职业人角色的工作任务,因而用人单位还需要经过一段试用期来考核毕业生在实际工作中的表现,只有从形式上承担职业人角色到实质上胜任职业人角色,角色转换才算真正的完成。为此在试用期阶段大学毕业生的主要任务就是尽快地得到用人单位的认可,从而胜任职业人的角色,顺利完成角色的转换。

(一)从主观意识上做好角色定位,学会独立开展工作

大学毕业生在实习期对自己的角色还没有明确的定位,因为那时还属于学生身份,经过签约录用并进入试用期后,经过用人单位调整后工作岗位基本确定,其职责范围、工作任务以及所承担的权利义务已经明确。此后毕业生就不能再像实习生那样抱着学生的身份以适应和锻炼的心态来对待工作了,而是要从主观意识上将自己的角色明确定位到职业人角色上面来。我们经常看到有不少毕业生在职场经过几个月试用期后,仍然不能独立地开展工作,其主要原因就是在心理和行为上仍然没有摆脱过去学生角色所带来的固有习惯,因而影响着角色转换的完成。所以处在试用期的毕业生,要明确自己的角色定位,以职业人角色的信念和意志独立开展各项工作,这是顺利度过试用期、完成角色转换的思想保障。

(二)虚心学习,善于观察与思考,在实践中提高职业能力

毕业生在学校学到的知识毕竟有限,大部分知识和能力需要在工作实践中学习、积累和提高。初到职场的毕业生最好的老师就是职场中有经验的领导和同事。他们在岗位上工作多年,具有丰富的专业技能和实践经验,从他们身上会学到很多在工作中处理和解决问题的方法。要以诚恳的态度向别人学习和请教,要多学、多看、多请教,通过学习和领悟,将学到的东西和自己所拥有的知识融合在一起,逐渐地完善自我。学习过程也是一个观察与思考的过程,要充分利用好试用期的机会,在实际工作中要开动脑筋、善于观察、勤于思考,把自己所学的知识和方法运用到工作中去,逐步独立开展工作、在实践中提高自己的职业能力,为缩短试用期、胜任职业人角色创造条件。

(三)认真对待每一项工作,树立工作责任意识

大学毕业生在试用期间,从一开始就要从严要求自己,无论在工作中做什么事情,哪怕是简单的小事或琐事都要认真对待、一丝不苟,要经得住领导和同事的考验。有些毕业生对待重要的工作比较重视,对一些辅助性的简单工作就缺乏热情,甚至敷衍了事。作为一个初入职场的毕业生来说,对于一项重要工作即使高度重视,也不一定能够胜任,所以用人单位一般要用比较简单的工作来对毕业生进行试用期的考核,毕业生要树立起岗位工作意识,充分认识到职业道路的发展和成功并非一朝一夕之功,而是需要从完成日常的简单工作中慢慢积累起来,才能逐步承担重任,这是完成角色转换的一个重要步骤。

(四)做好本职工作,乐于奉献

在职场中做好自己的本职工作,是分内的责任,这是毕业生在试用期间必须要做到的。但是单位领导所青睐的是不仅能完成本职工作,而且还能不计较个人得失、乐于奉献的员工。这就要求毕业生在做好本职工作的基础上,随时以快乐的心态,接受上级交代的分外工作,不要认为此项工作不在自己的职责范围内而推托。上级每交给你一项新工作,实际上都是对你的一次考验,你必须努力完成这些任务。如果还能主动地帮助同事分担一些工作压力,多做一些力所能及的额外事情,那么不仅能得到上级的赏识、同事们的喜欢,并能更好地融入团队之中。

(五)增强人际交往能力,加强团队协作意识

毕业生进入试用期后,其工作岗位按照用人单位的管理基本稳定了下来。毕业生在试用期内也开始结识了众多的新同志和新朋友。良好的人际关系可以增添你的工作乐趣和干劲,有助于顺利完成工作任务,而糟糕的人际关系就会使你陷入孤立的境地,导致工作消极、萎靡不振。你的人际关系好坏以及人际交往能力,最终是体现在团队的工作中。毕业生除

了处理好与领导和同事人际关系,增强人际交往能力,更关键的是融入团队中,要自觉加强团队的协作意识,在一个和谐、快乐的团队环境里工作,这是毕业生能够尽快结束试用期,完成角色转换的外在条件。

大学毕业生在初入职场后要经过一段试用期来做最后的冲刺,验证是否能够胜任职业人所承担的工作。虽然大学生迟早会以职业人角色拼搏在职业道路上,但在角色转换的过程中,如果能很好地完成每个阶段的主要任务,使角色转换顺利完成,这对大学生以后的职业发展和成功会起到很大的推动作用。

第三节 角色转换中的职业发展规划和管理

刘晓在学校时担任校学生会副主席,是一个表达能力很强的学生。她曾在省教育部门举办的高校大学生职业生涯规划大赛中获得过优秀表现奖。她所学的是汉语言文学专业,她对自己所规划的职业目标是毕业后从企业行政文员做起,3年后当上企业的行政主管。到了大四开始求职择业时,在众多的用人单位中选择了准上市公司从前台接待开始实习。毕业前夕回学校参加毕业典礼,就业老师询问她实习工作情况时,她很沮丧地描述道:"在这半年期间已经调换了两家公司,第一家公司虽然规模不小,也准备上市,但前台接待太单调了,学不着什么东西,没意思就辞职了,第二家是房地产公司,工作是行政秘书,可是工作了一段时间尽是打字、记录、收发文件、端茶送水和迎来送往等琐碎工作,而且是公司待遇最低的岗位。目前又到一家公司里做人力资源专员工作,正在试用期间,毕业后看看发展再说吧。"老师又问她,你是按照在学校所规划的那样去做的吗?她苦笑着回答:"整天忙忙碌碌,哪有时间再考虑那些啊。"

从上面的例子来看,像刘晓这样在学校期间规划了自己的职业目标,但走向职场后却迷失自己的方向,这在毕业生中并不少见。

前面讲过,从学生角色向职业人角色转换过程中不会一帆风顺、畅通无阻的,不可避免地会出现角色的冲突和矛盾。大学生在学校通过做好职业规划从而明确自己的职业方向,是为以后的职业发展做好了准备,但当走向社会、进入职场后,在学校时所做的职业规划和制订的职业目标还必须通过职场实践的检验,是否切合实际、是否需要重新规划,这是大学毕业生所要面对的一个重要课题。

大学毕业生无论在学校规划了多么明确的职业目标,或者自认为找到了适合自己目标的职业,但在每个阶段都要进行重新审视自己的规划目标,在角色转换过程中更是如此。这是因为毕业生进入职场后环境和个人角色都发生了变化重新认知自己、认知社会,重新调整自己的职业发展目标是必要的。

一、以实际工作为坐标,进一步做好职业发展规划

大学毕业生在工作岗位上再次来规划自己的职业生涯和目标,要比在学校时做得更实际、更重要。这是因为毕业生经过求职择业的磨炼和实习期的实践,又经过在实际工作中的考验,对自己的职业选择、职场的适应情况、完成工作的能力、职业发展空间等,有一个新的认知,在此基础上对自己职业发展进行规划,就会更加客观和切合实际。

从毕业生在角色转换和完成过程中看,有的毕业生的境遇不尽相同,再次规划的职业目标在进程上、效果上也会有所不同。

第一,初入职场后,适应工作环境比较快,能够相对稳定地在岗位上工作。在这种情况下,毕业生有必要、也有精力和时间根据自己的工作状态、工作能力、发展空间等做一个近期和中长期的职业目标计划和规划。它包括了职位方面、收入方面以及自我价值实现等方面。例如,在职位方面:近期计划(一年之内),争取提前转正、尽快融入团队、完成角色的顺利转换;中期计划(3~5年)在某岗位上做出贡献,成为中层管理者;长期规划(5~10年)成为高层管理者等。

第二,处于被迫无奈的职业选择,进入职场后对新的环境不适应,对本岗位的工作没兴趣,不安心本职工作,没有很好地融进团队之中,有的在实习或试用期间离职,在角色转换中因自身的因素而遭受挫折。这些毕业生对自己的未来职业前景和下一步目标很难做进一步的规划。但人无远虑,必有近忧,大学生毕业后无论更换过多少工作岗位,受到多少次挫折,工作压力有多么大,一旦进入了职场环境,并能相对稳定在一个工作岗位上,首先要做的就是,实事求是地为自己下一步的工作和以后的职业发展进一步做出规划。

大学毕业生步入社会、走进职场,这只是刚刚开启漫长的职业生涯的第一步,下一步和未来的步怎么走、怎样走好,这关系到毕业生的职业发展的成败。

所以不论你在学校有多宏伟的职业蓝图,不论你初入职场顺利与否,都要以你现在的实际工作为坐标,认真地、切合实际地做好明天的职业发展规划,这样才能逐步实现自己的职业发展目标。

二、学会对自己职业目标进行有效管理

在现代管理学上把目标管理定义为:以目标为导向,以自我管理为中心,以成果为标准,使组织和个人取得最佳业绩的现代管理方法。现代管理大师彼得·德鲁克在目标管理理论中提出:"个人作为团队的一员,必须在团队总体目标的指引下,建立自己的个人目标,并对自己实行目标管理,这样才能在团队目标与个人目标不断实现的前提下,使个人能力与价值不断提升。"

进入职场中的大学毕业生要想获得事业上的成功,必须首先确立明确的职业目标,并为实现此目标不懈地努力,这样才有获得成功的可能。随着目标的不断提升,事业才能不断地

发展。大学毕业生在工作中规划自己的职业生涯,其目的就是要实现自己的职业发展目标,在这一过程中学会对自己所设定的目标进行有效的管理,是实现自我目标的一个必要条件。

(一)学会对职业目标的有效管理首先要学会有效的自我管理

美国现代管理专家杜拉克在《二十一世纪的管理挑战》一书中指出:"自我管理的基础是从自我认知开始,我的长处是什么?我做事的方式是什么?我如何学习?我的价值观是什么?我的目标是什么?在自我管理中把自己组织起来,自己管理自己,自己约束自己,自己激励自己的事业,这是完成自己奋斗目标的一个过程。"可见有效的自我管理是有效的目标管理不可分割的部分,也是实现自我目标的重要推动力。

大学毕业生在职场中制订自己的职业目标,在很大程度上要靠自己的思维、自己的行为、自己的约束等自我管理的方法来实现。

1. 在工作中要自律

自律是指在没有人现场监督的情况下,通过自己要求自己,自觉地遵循规章制度,并以此来约束自己的一言一行。成功源于自律,而自律是自我管理中重要的标志。对大学毕业生来说几年的校园生活大都养成了自由散漫的习惯,虽然初到工作岗位要严格遵守职场的规章制度,但不免在某些场合会出现不能自律的表现。

对于走上工作岗位的大学毕业生来说,一定要以自律行为对待工作和生活,只有这样才能克服工作中的懈怠,取得工作成绩,实现所制订的职业目标。

2. 管理好自己的有限时间

时间是最稀缺的、也是最宝贵的资源。管理和利用好自己的时间不仅能提高工作效率,而且还是自我管理有效性的基础。一位刚就业参加工作不久的毕业生曾感叹过:在学校时感觉时间一大把,都不知道干些什么好,可上班以后每天的时间紧张得连晚上睡觉都觉得奢侈。很多毕业生在工作中忙忙碌碌总觉得时间不够用,主要是不会妥善地分配和利用有限的时间,分不清工作中的轻重缓急,把宝贵的时间浪费了。

史蒂芬·柯维在《高效能人士的七个习惯》一书中指出:"不能分辨'重要事'和'紧急事'是人们浪费时间的最大理由之一。因为人的惯性是先做最紧急的事,而导致重要的事被荒废掉。"一些毕业生经常抱怨说,本来很重要的事情已经计划好了并准备实施,但不断地被一些突发的急事干扰,没时间去完成已经计划好的重要事情。实现自己的职业发展目标是重要的事情,如果总是被一些所谓的紧急事情占用时间而不能自拔,那恐怕很难实现你的目标。所以无论在工作中还是在做工作计划以及为自己规划职业目标时,要合理地分配好处理手头紧急事的时间与办好重要事的时间。紧急事要抓紧时间处理,而重要的事要专注地、有计划地、按步骤地完成。

3. 养成良好的生活习惯,有助于实现自己的目标

许多大学毕业生进入职场后,都会因工作的压力而感到疲惫不堪。如果平时养成良好

的生活习惯,拥有一个健康的体魄和积极乐观的心态,不仅会对沉重的工作压力适应较快,还能起到缓解作用,从而有助于顺利开展工作并实现自己制订的目标。这是进行有效自我管理的基础。

毕业生要养成良好的饮食习惯,保证均衡的营养供应;合理地安排作息时间,坚持良好的作息制度;积极参加文体活动;保持健康的体魄和良好的精神状态。

(二) 将每天和每完成的工作与你所制订的目标结合起来

一个人的成功之路是由一个个目标铺垫而成的,一个目标实现以后,一个新的目标必然出现在前方。而一个人最终目标的实现就是在每天具体工作的完成中体现出来的。

大学毕业生进入职场后,虽然对自己的职业目标有所设想和规划,但很容易在忙碌的工作中为应付沉重的工作任务和压力下而无暇顾及,对自己如何实现目标茫然无措。这就需要毕业生在工作中学会目标管理的方法,即把每项工作与你设定的目标紧密联系起来。对每天的工作做一个测评,然后将工作完成过程视为实现自己目标的过程,也就是说将目标分成阶段并细化,通过每天或一段时间的工作和每完成一项任务来实现每个小目标,从而完成你的大目标。

一位已经工作三年并当上部门经理的高校毕业生说:"自己刚入职时的目标就是在三年内进入中层管理阶层,但是不能操之过急,而是要把自己的目标在工作中分成每个阶段。虽然不是每天都有成绩,但力争把每天的工作做好,然后通过对当天的不足之处进行总结和评估,在第二天工作中加以改善,这样每天工作都有动力。当每完成一项工作任务,就觉得离我的目标越近,就这样在工作中一个一个地去积累、去突破,最终实现了我所设定的目标。我当上部门经理后还像以往那样做好每一天,专心工作,完成每项工作任务,来实现我下一个更高的目标。"

(三) 对自己所规划的目标要具有客观性和可操作性

作为大学毕业生胸怀壮志、志向高远、对未来充满鸿鹄之志这是值得称赞的,但对于初入职场的毕业生在设定自己的职业目标时必须具有客观性和可操作性。

客观性就是结合自己所处于客观环境和具体的实际工作性质来制订自己的目标。个人的发展目标建立在个人兴趣、知识、能力、身体条件以及社会因素的基础上,而且自己的发展目标要与组织的战略目标相一致的。

可操作性就是通过自身的努力是可以实现的。如果脱离了这些因素,你所制订的目标就是一种无法实现的幻想。比如我们也经常听到某些年轻人的豪言壮语:几年后要成为世界500强的CEO或成为中国的比尔·盖茨等。他们的理由似乎是只敢想就有实现的可能。

作为大学毕业生走向社会之后,暂时不要抱有如此不靠谱的想法,而是要脚踏实地,根据自己的实际情况来规划自己看得见、摸得着,既有客观性又有可操作性的发展目标。

当然你所制订的目标不是一成不变的,当你的阅历、知识、能力和追求等有所提高,所处的环境有所变化,适当地或及时地调整自己的目标有利于更好地实现人生价值。

【小资料】

工作中的12个时间管理妙招

一天的时间永远是24个小时,高效率的人能把24小时变成48小时,而低效率的人却能把24小时变成12小时,如何有效地利用时间,请看给大家总结的12个时间管理妙招吧。

步骤/方法:

1. 高度的集中力。任何事情,没有专注的能力效率无从谈起,因此要培养迅速将注意力集中到一件事情上的能力,而且抗干扰能力要强。

2. 善于利用碎片时间。人一天的碎片时间是很多的,对于上班族来说尤其如此,比如等汽车、等火车、等飞机的时候,比如路途中没有美女搭讪的时候,不要小看碎片时间,积少成多是很可观的,完全可以用这些时间看看书、思考一些问题。

3. deadline。工作中学习中的 deadline 除了外界施加的,个人也应当对自己提出要求,并且把这个 deadline 作为一个强制性的标准,必须按时完成,取信于人很重要,取信于自己也很重要,这能让你尊重自己的计划和安排。

4. 每天有一个时间的计划。事情的轻重缓急按顺序排好,首先完成重要且紧急的,其次是重要但不紧急的,最后才是其他事情。另外不要把时间浪费在无意义的事情上面。

5. 休闲也是合理使用时间的一部分。不要长时间闲散,但是应当把休闲作为生活中的一部分。

6. 掌握良好的做事方法。工欲善其事必先利其器,好的方法可以提高效率。在做事情的时候应当迅速学习和总结经验,选择最优的方法。

7. 看电视。电视节目可以作为娱乐,但是作为学习方式不合适。

8. 形成自己的工作/学习节奏。在需要相互协调、协作的事情上,和团体保持一致。在个人的领域中,应当根据自己的能力形成符合自己习惯和能力的学习/工作节奏。对于学生来说,老师讲课的节奏并不快,完全可以形成自学+疑难找老师的模式。

9. 一鼓作气很重要。很多事情往往都是刚开始气势高昂,决心满满,但是做到后来越来越拖沓。与其如此,不如一鼓作气完成,尤其对于那些意志力不强的人。

10. 培养自己的意志力。给自己制订一个30天计划,在这30天内每天一定完成某件事情,比如按时起床或者跑10公里等。

11. 经常体育锻炼。体育锻炼可以培养意志力,同时让你的头脑变得清醒和兴奋,比打鸡血好用。

12. 对未来有想法。目标如同灯塔,人生中大方向上的努力和主要时间都是往这个方向。不管有什么目标,有目标并且努力实践的人会过得比没有目标的人充实,也会更加懂得时间的可贵。

思考题

1. 学生角色与职业人角色有哪些区别？
2. 在从学生角色向职业人角色转换的过程中，有哪些自身的问题容易影响角色的顺利转换？
3. 请结合自身实际情况谈谈，在角色转换中，如何对自己进行有效的管理？
4. 请重新拟定一份进入职场后的职业发展规划和目标。

第十二章
Chapter 12

改变传统观念的全新选择

——大学生创新创业

【本章导读】

当前大学毕业生就业压力日趋严峻,推进大众创业万众创新,是我国新常态下社会发展的重要举措,更是加快经济转型发展和解决就业压力的战略抉择。

大学生创新创业已成为时下大学生群体最为流行的话题之一。在大众创业万众创新的大背景下,有不少在校大学生积极参加大学生创业社团和创新创业的实践活动,开始为以后实现创业梦而初试牛刀;一些有创业意愿的大学毕业生离开校园之后,改变传统的就业观念,怀揣着创业梦想,义无反顾地选择了创新创业的道路。

当然,大学生的创业之路绝非平坦,要想取得创业成功不仅需要自身强烈的创新创业精神、创业激情和动机、创业能力和素质等因素,更需要国家对大学生创新创业的扶持,给予优惠政策,并营造一个良好的创新创业环境等外部环境。

大学生创业带动着就业,反过来就业促进了创业,创业实际上就是就业的形式之一,是成功的就业。

本章通过对创新创业概念、创业者、大学生创业环境以及大学生创业现状等问题的介绍和分析,让同学们对大学生创新创业有一个初步了解,并在以后的学习和实践中,逐渐对创新创业有全面、客观的认知,从而为将来时机成熟选择走创新创业之路做好准备。

第一节 了解创新创业

当下很多大学生在职业选择中把创新创业作为首选,但当问及什么是创新创业、是否适合创业、为什么要创业等问题时,他们却很茫然,并对创新创业的基本知识不甚了解。本节将对大学生创新创业基本问题作一解析。

一、创新创业的概念

创新创业是基于创新基础上的创业活动,它既不同于单纯的创新,也不同于单纯的创业,因为创新的重点在于开拓性与原创性,而创业的重点在于通过实际行动获取利益的行为。而说到"创新创业"中的创新,则是创业的前提和基础,而创业,是创新的体现和延伸;创新引领着创业,反过来创业又深化着创新。

(一)创新创业含义

1. 什么是创新

创新这一概念是美国经济学家熊彼特于1912年在他的著作《经济发展理论》中首次提出来的。他认为:所谓的"创新"就是把生产要素和生产条件的新组合引入生产体系,其目的是为了获取潜在的利润。

20世纪90年代,我国把"创新"的概念引入了科技界,形成了"知识创新""科技创新"等提法,进而发展到社会生活的各个领域,至今创新的说法和运用几乎无处不在。

简单说创新的含义是以一种新思维、新发明和新描述为特征的概念化过程。

创新的原意有三层含义:第一,更新;第二,创造新的东西;第三,改变。

一般来说创新主要可分为五种类型:产品创新、技术创新、市场创新、商业模式创新和管理模式创新。

创新在经济,商业,技术,社会学等任何领域的研究和实践都具有举足轻重的作用。创新是人类特有的认识能力和实践能力,是人类主观能动性的高级表现形式,是推动民族进步和社会发展的不竭动力。

2. 什么是创业

关于创业的含义国内外学者有不尽相同的表述,总结起来有以下几点是共同的。

第一,创业是一个过程,是创业者通过捕抓商机,对自己拥有的资源进行优化整合,承担风险,从而创造出更大经济和社会价值的过程。

第二,创业的含义有广义和狭义两个层面。从广义上看,创业是指创立基业、开创事业、开拓业绩、创建新职业、新行业、新岗位等,它是成就自己事业、实现自我价值和能力的体现;狭义的创业主要指创办企业,如开店、办厂、创办公司等生产经营活动。

第三,无论从创业的广义和狭义两个层面上看,创业都蕴含着开办和首创的含义,并充分体现了在过程中的开拓和创新以及创业者的艰辛和冒险。

第四,创业是创造不同价值的劳动活动,也是思考、推理、决策和行为的活动。在创造不同价值的活动中需要投入必要的时间和付出努力,承担相应的资金和社会风险,并能在财富和个人成就感方面得到回报。

第五,创业的含义适用于更广泛的领域,特别是对大学生的创业教育,不仅有利于大学生开辟更广阔的职业道路,更重要的是可以启迪大学生开拓创新和积极进取的创业精神和品质。

(二)创业的特征

创业是大学生自我挑战并实现自我价值的一种选择。创业过程具有自身的独特性,所以了解创业的特征对大学生掌握创业机会、增添创业信心、评估创业风险、发挥创业的潜能有着重要的意义。

1. 创业的自主性

创业是一项独立自主的行为,具有很强的自主性。在创业过程中,创业者根据自己的构想对创业项目进行策划、投资、运营、风险和收益等完全要独立承担、自负责任。准备创业的大学生在平时就要注重培养独立思考能力和独自承担责任的意识,在条件成熟的情况下,通过自己创业项目的构想和系列运作走上自主创业的道路。

2. 创业的创新性

创业本身就是一个创造和创新的过程。创业者选择创业就是开创一项前所未有的事业,虽然他可以借鉴和学习前人所取得的成功经验和正确的方法,但必须要从头做起,比如创建一个经济实体。只要具有创造力、有所创新,才能从无到有并从小到大。我们所提倡的创业精神的实质就在于开拓创新。

3. 创业的风险性

任何创业活动都存在着一定的风险。由于创业环境的不确定性和复杂性,创业者必然要承担着技术、市场、投资、管理、决策以及政策变化和心理承受等一系列的风险,也包括要承担创业失败的风险。

4. 创业的经济性

创业的经济性也是指创业的回报性。在创业过程中,创业者通过商业机会和资源整合,创立自己的事业,实现自身的社会价值和成就感,最终要取得商业成功和回报,获取商业利润,为社会及创业者个人创造财富、积累财富。

(三)创业基本要素

创业是一项非常复杂的社会实践活动,在创业过程中是由很多不可或缺的要素所构成,如果没有这些要素也就谈不上创业活动了。大学生在选择投身创业之前要了解创业的构成要素,才能够进一步地认清创业过程中的脉络,为自主创业做好准备。创业活动主要由以下几个要素构成。

1. 创业者(创业团队)

创业者是创业活动中最主要、最活跃的因素,只有创业者才构成创业活动的主体,是创业活动的具体实施者和操作者。如果认为创业者无非就是凭借自己的实践能力来养家糊口,并间接地为社会创造社会价值,那未免把创业活动和创业者看得过于简单。创业者首先要有明确的创业动机,有足够的创业激情,具有开拓性和创新性的创业精神,还要具备一定的创业素质和与之相匹配的专业知识和社会知识,同时也包括由创业者组成的优秀的创业团队。创业者不仅可以通过创业活动使自己得到财富和实现自我价值,更重要的是为社会创造了财富、提供了就业机会,并推动了社会发展。

2. 创业资源

资源是创业活动必不可少的重要构成要素,没有资源或资源不足,创业活动就很难取得成功。创业者在创业初期所拥有的创业资源经常非常有限,特别是刚刚离开校园选择创业的大学毕业生,正是由于缺少创业资源,而举步艰难。所以对大学生创业者来说要尽快地学会组织、利用和积累创业资源。创业资源主要有以下几项:

其一,人际资源。人际资源是大学生创业者亟须积累和拥有的资源。它包括两个方面:一方面是人才资源,作为创业者不一定是某专业领域的人才,但他必须要有专业能力和创新能力强的人才来辅佐,同时还要有志同道合者组成的和谐、有凝聚力和战斗力的创业团队。美国著名风险投资专家乔治·多里特说过:"我宁愿选择拥有二流创意的一流创业者和团队。"可见人才资源对创业的重要性;另一方面就是人脉资源,主要包括社会团体和个人的帮助、支持以及建立良好的客户关系。

其二,资金资源。任何创业活动都离不开资金的投入,即使有一些"白手起家"而取得创业成功的实例,也是借助和利用资金资源的投入来实现的。创业资金的筹措途径主要有:自筹,合伙人筹资,国家对高科技项目或专利的投入,银行贷款,风险投资等。虽然筹措资金对创业活动很重要,但最重要的是如何使用好资金资源,使资金源源不断地支持创业活动的整个过程。

其三,技术资源。技术资源主要指创业者具备创新和开拓能力,并通过创新过程研发或转化生成的创新型科技成果和产品。正是由于创业者拥有和利用技术资源这个要素才使得创业活动具有创造性和创新性,从而促进社会经济的发展。

其四,社会环境资源。如果大学生选择创业,除了要了解自身所拥有的人际、资金、技术等资源外,更重要的是要了解社会环境资源,其中包括社会政治环境、经济发展环境、法制和人文环境、政府对创业的优惠政策等。和谐和具有正能量的社会环境资源是大学生创业者进行创业活动的前提和保障。

3. 商业机会

商业机会也可称为市场机会。一般来说,创业活动都要面对市场、面对客户和消费者,创业者能否捕捉到商业机会,特别是发现潜在的商业机会,并以自己的产品与服务来满足消费者尚未满足的需求,这是创业者在竞争激烈的市场中能否取得发展的关键,也是实现企业利润的良好先机。谁抓住了商业机会这个要素,谁就抓住了发展的机遇。如果总是发现不了或识别不了商业机会,企业和事业就很难发展起来。

作为选择创新创业的大学生,只有在市场中反复地进行市场调查、了解和掌握顾客的需求情况,经过不断地学习和实践逐渐提高观察事物的敏锐性和洞察力,要学会在众多的市场信息中做出正确的识别和判断,一旦发现商机,要当机立断,及时把握,通过实际运作把商机转化为创业发展的契机。

5. 创业精神

创业精神也是创业基本要素之一,因为创业精神是创业活动的核心和灵魂。有些学者等将激情、勇气、自信、敬业精神、积极进取等因素列为创业基本要素之中,而这些因素可以归结于创业精神的范畴之内,属于创业活动精神和态度层面上的要素。虽然目前对创业精神的准确定义还没有一个统一界定,但无论从何角度来定义,创业精神的本质是一种创新活动的行为过程,其含义代表着积极进取、勇于冒险和开拓创新的精神,代表着创业者通过创新手段,突破资源限制,用有限的资源创造更多的资源。无论是新创办的企业,还是已经成熟的企业,只有具备创业精神,才能有创新的行为过程,企业才能具有旺盛的生命力,它是企业发展和成长的原动力。

6. 产品或服务

产品或服务是创业最基本的要素。创业者只有通过产品或服务才能为社会和企业创造出价值,这是创业者成功的必要条件,也是创业者对社会的贡献。

二、大学生创业者

创业者是构成创业活动基本要素之一,是创业的主体,是创业活动的具体实施者和操作者。创业者既可以是一个单独的个体,也可是一个团队。

国内外的学者对创业者的定义有各种解释。香港创业学院院长张世平先生对创业者的定义是这样的:"创业者(Entrepreneur)是一种主导劳动方式的领导人,是一种无中生有的创业现象,是一种需要具有使命、荣誉、责任能力的人,是一种组织、运用服务、技术、器物作业的人,是一种具有思考、推理、判断的人,是一种能使人在追随的过程中获得利益的人,是一种具有完全权利能力和行为能力的人"。

结合众多学者对创业者所作出的定义,为创业者下一个比较简单明了的定义:创业者首先是创业活动的参与者和新创企业的主导者,是具有使命感和创新精神、勇于承担责任、敢冒风险,在不确定的环境下,能够创造机会、整合资源、获得收益,并创造出新价值的人或团队。

根据对创业者的概述,我们对大学生创业者就有了一个明确的概括:大学生创业者是指那些有理想、有抱负、有胆识,不通过传统的就业方式取得职业发展,而是通过自己的学识、才能和专业技术等,以自筹资金、技术入股、寻求合作等方式,创立新的企业,为自己、为社会创造就业机会和财富的人。

作为大学毕业生投身于创业事业成为大学生创业者,不仅会给整个创业活动带来一片生机,而且会成为未来企业家的生力军和中坚力量。

(一)创业者的创业动机

动机是促使人从事某种活动的念头或愿望,并朝一个方向前进的内在动力,是实现一定目的而行动的原因。人们从事任何活动都有一定的动机驱使着,创业活动也是如此。

20多年前,一个叫拉里·埃利森的美国人突然对自己说:"我不能再干技术了,我要挑战一下自己,开创一番自己的事业,我要开办自己的公司,自己当老板,实现自己的价值。"就是这句话造就了一个全球软件业巨头——甲骨文公司,1977年,埃利森抵押了自己的住房,创办了属于自己的甲骨文公司,2001年,由于股票升值,埃利森所持有的股票的价值为530亿美元,超过盖茨成为世界首富,完成这一切,埃利森只用了不到25年。

从这个例子可以看出,拉里·埃利森开办公司的动机就是要改变自己的现状,实现自己的理想。

从创业动机来看,有一种现象耐人寻味,即不同学历的创业者其创业动机存在着较大的差异。学历高的创业者更多的是以发展机会为目的而开展创业,趋向于为了对开创事业的追求和自我价值的实现,把创业当作一项具有挑战性的事业来对待;学历低的创业者一般是为了生存或不得已选择创业活动,趋向于生存的需要或希望致富。由此可以根据以上的现象将创业者的创业动机分为两种:机会型创业和生存型创业。

1. 机会型创业

机会型创业是指那些为了追求和发现一个商业机会而从事创业的活动。创业者已感知到商业机会而自愿开发商业机会,虽然创业者还有其他的选择,但由于自己的特质和个体偏好而选择了创业。机会型创业的特征是创业起点高,对经济社会的推动力大,市场空间大,创造的就业岗位多、利润高、风险大。由于大学毕业生受到过高等教育,比较容易接受新思想、新事物和新技术,具有创新精神和开拓精神,所以在创业的动机方面更倾向于机会型创业。

2. 生存型创业

生存型创业是指创业者以生存为目的,为获得基本的生存条件而选择了创业。从事这种创业类型的人多数是进城的农民工、下岗及内退人员和暂时失业的青年等。他们从事创业的项目基本是零售、餐饮、服务、租赁、娱乐业等。生存型创业的企业大多是以重复和模仿为主,因而会加剧市场的竞争。虽然有些大学毕业生从创业动机上来看,并非以选择生存型创业为目的,但因为没有更好的就业机会,为了谋求生存暂时选择了生存型创业。

从创业者两种不同的创业动机来看,机会型创业对社会经济发展、创造新市场的机会、促进科技进步、提供就业机会和增加出口等的影响力,要远远大于生存型创业,社会效益优于生存型创业,因而机会型创业者能够比生存型创业者获得更多的政府支持和贷款;机会型创业不仅能解决自己的就业问题,而且能解决更多人的就业问题;机会型创业着眼于新的市场机会,拥有更高的技术含量,有可能创造更大的经济效益,从而改善经济结构。所以政府和社会都更加关注机会型创业,并大力鼓励和倡导大学生创业者选择和投身于机会型创业。

(二)大学生创业者的创业方式

按照大学生创业者参加创业活动的时间来划分,可以分为三种创业方式:兼职创业、休学创业和毕业后创业。下面分别对这几种大学生的创业方式进行比较和评述。

1.兼职创业

兼职创业方式是指大学生在校期间不中断、不放弃学校安排的课程,完全利用课余的时间开展的创业活动。

在校期间进行兼职创业的大学生,有的是有意锻炼自己的社会实践经验和能力,有的是凭借自己的兴趣去找事做,有的是为以后创业增强自己的经商意识,有的是在学校发现了一些商机等。这些做兼职创业的大学生一般不甘于校园的恬静平淡的生活,不愿意只被课堂和书本所束缚。他们思维活跃、独立性较强、有一定的沟通交际能力,以白手起家的创业成功者为榜样。而且多数学生的家庭并不困难,因为刚开始有些小的投资还需要家庭支持。他们把在课堂学习和课余创业之间穿梭而忙碌当作兴趣,把能够实现自己更大的价值视为快乐,把在校期间创业能赚到钱视为自己提高能力的手段,把自己能成为一名企业家作为以后的奋斗目标。

下面举一个在校生做兼职创业并取得初步成效的案例:

小王是哈尔滨远东理工学院国际贸易专业的毕业生,在大一时就组织十几个同学成立了一个学生创业社团,为某些培训机构在学校宣传招生。到了大二下学期,他发现本校以及其他高校应届毕业生的职业装是一个商业空白,因为学生如需买较便宜的职业装要到40公里之外的市区的服装城才能买到,小王看到了这个商机,于是向父母借资,在学校所在地的工商部门注册登记了王氏凯利服饰有限责任公司。他聘用了同班同学和外校学生利用课余和周六日时间,在本校和其他高校联系业务,并与附近的一家规模不大的服装厂合作为生产基地,聘请了服装师,为学生设计和裁剪服装。经过一年多的努力经营,大学毕业生的职业装和一些学校的校服等订货不断增加,一年多的时间不仅归还了向家里的借款,而且公司也开始有所盈利,还受邀参加了省大学生创业成果展示会。他虽然在不到大三时就开始自办公司,但并没有间断学业,各科考试均顺利通过,现在他一边忙着自己业务,一边为毕业论文答辩做准备。按他以后的规划目标是毕业后继续创新创业,并准备找投资人或风投公司,把自己的公司做大。

上述案例中,小王同学在校期间投资创办了有限责任公司并开始赢利,这在大学生做兼职创业的模式中还不是很多。大学生在校期间做兼职创业大多数是以电商、微商为主,或以互联网+做些加盟代理项目和饮食及其他服务。还有一部分大学生,为了减轻家庭的经济压力和负担而兼职创业,通常以做兼职打工为主。

虽然在校期间做兼职创业,大多数只是"小打小闹",但对大学生来说的确能够锻炼社会实践能力,培养独立自主、吃苦耐劳等优良品质,并对以后自主创业或者成功就业起到奠定基础的作用。

2. 休学创业

国务院办公厅 2015 年印发的《关于深化高等学校创新创业教育改革的实施意见》中提出:"实施弹性学制,放宽学生修业年限,允许调整学业进程、保留学籍休学创新创业"。从 2015 年以来全国已有 20 余省份出台了鼓励大学生创业的改革方案,这些省份明确支持实施弹性学制,允许大学生休学创业。在一些地方设计的方案中,大学生休学创业可保留学籍的年限被细化为 2 至 8 年不等。其中,黑龙江省规定,经高校评估后大学生休学创业学籍最长可保留 8 年。

3. 辍学创业

辍学创业即中途辍学,把全部精力用在了创业活动上,离校时得到肄业证书。

尚杰是黑龙江某高校市场营销专业的肄业生,他在大二时就开始做一家品牌白酒的区域代理,经常不来学校上课,到考试时回来几天,到了大四时用自己赚到的钱,又贷款一部分,找了两个合作伙伴买断了当地一家亏损的军工白酒厂,自己当上了董事长,把以前的军工白酒改名为抗联白酒,后来酒厂不断扩大,生意也越做越好。因为他在学校的各科成绩不及格的太多,也不可能补考成功,因而毕业时得到了肄业证书,失去了学士学位资格。几年过去了,虽然自己的生活得到很大的改善,企业也算在稳步中发展,但他还是有些后悔自己的学业半途而废。他有时去其他高校为大学生进行创业演讲,就经常对大学生讲到自己的经历,并鼓励大学生在创业的同时要完成自己的学业,学好理论和专业知识,为毕业后自主创业做好知识上的储备。

虽然在创业成功者的案例中有一些辍学创业取得成功的典范例,但从大学生创新创业教育的角度来说,不倡导在校大学生采取这种方式创业。在学校学习应是大学生的天职,我们鼓励和引导大学生创业是激发大学生的创新创业精神,用所学的专业知识和技能以及创新意识为社会创造财富,同时也实现自己更大的人生价值。在现实中出现大学生为创业而中断自己的学业的现象,这也为高校的教育改革和大学生创业教育提出了新的思考和课题。

3. 毕业后创业

大学生毕业后创业是一种大学生创新创业的常态方式，是指大学生在大学毕业之后走上自主创业的道路。选择毕业后创业的方式对高等教育基本没有冲击，而且作为大学生创业者在接受了完整大学教育，提高的文化知识和素质，更有利于创新创业的项目。

大学生选择毕业后创业的方式有两种：大学生毕业就创业和先就业再创业。

第一种情况：大学生毕业后就创业。这在大学生创业者中比较常见。选择毕业就创业的大学生通常是出于自身的性格以及自我实现的需要，他们之所以选择了毕业后就开始自主创业，大多是在学校期间就开始了兼职创业，并且从兼职创业中得到了乐趣和自我价值的体现，从中锻炼和增长了实践能力，磨炼了自己的意志品质，在各方面的素质和专业知识水平也得到较大的提高，一旦毕业选择创业也就顺理成章了。选择毕业就创业的大学生创业者，虽然刚开始从人脉关系、社会经验、承受能力等方面还显得很稚嫩，创业风险也很大，但这种方式的创业对缓解大学生就业压力起到积极的作用，应该得到政府、社会和高校支持和提倡并给予正面的引导。

第二种情况：大学生毕业后先就业再创业。这种创业的方式是指大学生毕业后先就业几年再开始自主创业。选择先就业后创业的大学生创业者，大学毕业后暂时按捺住创业的激情，经过一段时间角色转换的磨炼，积累了一定的社会经验和技能及资本，心理承受能力等等方面也有了一定的提升，等待时机成熟再开始创业。在这种情况下创业，其创业的成功概率相对较大，比如马云、俞敏洪、史玉柱、王石等都是先就业再创业的成功典范。

（三）大学生创业者应具备的基本素质

从某种意义上说，创业是一个很有诱惑力和可以改变一个人的命运伟大活动。但任何创业活动是否能够顺利开展或能否取得成功，在很大程度上取决于创业者的素质和能力。有不少当代大学生在成功创业者榜样力量的激励和感召下，纷纷走上自主创业的道路，但并不是所有创业的大学生都适合创业，或能成为成功的创业者，因为作为创业者除了机遇和环境等因素外，还应具备创业者所特有的基本素质和能力。许多优秀的大学生都具有优秀的个人素质，但不一定能成为成功的创业者。

美国著名管理专家威廉·拜格雷夫将优秀的创业者素质归纳为10个以"D"字母为首的要素即：理想（Dream）、果断（Decisiveness）、实干（Doers）、决心（Determination）、奉献（Dedication）、热爱（Devotion）、周详（Details）、命运（Destiny）、金钱（Dollar）、分享（Distribute）。

根据我国创业环境和众多创业者的成功案例，大学生创业者应具备的基本素质有以下几个方面。

1. 强烈的创新创业意识

创业意识是指创业者根据社会和个体发展的需要所引发起的创业动机和创业愿望，是创业者从事创业活动的出发点和强大内驱力，是构成创业者进行创业活动的动力。创业意识由创业需要、动机、欲望、意志、抱负、兴趣、信念、价值观等要素所构成。正是由于这些要素及相互作用激发着创业者,促使其无论在创业的道路上遇到任何的艰难险阻都会勇往直前地走下去,也正是创业者有着强烈创业意识,才构成了创业者优秀素质的重要组成部分。假如一名大学生即使各方面都很优秀,但缺乏强烈的创业意识,那么他会在其他行业里成为佼佼者,但他也不会成为一名优秀或成功的创业者。

2. 良好的心理素质

大学生顺利就业需要良好的心理素质,大学生自主创业成为创业者更需要良好的心理素质。创业者的心理素质是创业者的心理条件,是创业者从事创业活动的心理过程、心理状态、心理现象以及关系到一系列创业活动的个性心理特征。它主要包括自我意识、性格、气质、情感等心理要素。作为创业者,其自我意识应具有自信、自主、欲望、诚信等特征;其性格和气质应具有勇气、胆识、激情、坚持、毅力、果敢、乐观和经得起挫折等特征;其情感应具有理性、客观等特征。

创业的过程是对大学生综合素质的检验,更是对大学生心理素质的考验。对于一个刚刚走上创业道路的大学生来说,成功的喜悦或失败的痛苦往往就像过山车一样,创业者所面临的困难、挫折、竞争以及失败的风险是随时可能发生的。大学生从创业的准备到创业初期的打拼,再到创业中期的坚持,一直到创业最后收获,都必须具备一个良好的心理素质。可以说,具备良好的心理素质是大学生成为成功创业者不可或缺的条件。

3. 丰富的知识素质

知识素质是能力的基础,在竞争日益激烈的当今社会,知识和人才是竞争的核心。作为创业者如果不具备一定的知识素质,势必会在当今知识爆炸、激烈的竞争中所淘汰,因此创业者的知识素质对创业能否取得成功起着举足轻重的作用。

所谓知识素质是创业者应该具备的创业知识结构和知识储备量。一般来说大学生经过系统的专业知识学习,应该说是具备了一些知识素质,但作为创业者仅靠在大学所学的书本知识是远远不够的。创业活动是从无到有、从小到大的创造过程,创业者必须善于学习,及时掌握新的知识改善自己的知识结构。创业者应具备的知识主要包括:开办企业知识、经营管理知识、财务税务知识、法律知识、市场营销知识、人力资源知识、国际贸易和国际金融知识、历史人文知识等。

4. 健康的身体素质

身体素质是指创业者身体必须健康,有充沛的体力、旺盛的精力和敏捷的思路。现代企业间的竞争是十分激烈,企业经营管理复杂,作为创业者,如果没有一个好身体,必然会力不从心、难以承受创业的重任。在创业的道路上到处都充满着艰辛,创业者所付出的辛劳和汗水是常人难以想象的。在超负荷的工作中,必须有一个健康的身体作为支撑,可以说健康的身体素质是创业者取得创业成功的必要条件。

作为大学生创业者,在大学学习期间就应该经常锻炼身体,拥有一个健康的身体,这样可以保持持久的创业激情,以充沛的精力和十足的干劲,实现自己的创业之梦。

5. 过硬的能力素质

创业者的能力素质主要是指创业者在创业活动中体现出的创业能力,创业能力是一种高层次的综合能力,它是创业成功的关键因素。大学生在创业前或创业过程中,要不断地培养和提高自己的创业能力,拥有创业能力,才能在创业的道路上克服各种艰难险阻,在激烈竞争的商战中立于不败之地,使自己的企业不断发展壮大,最终到达创业成功的彼岸。

大学生创业者所应拥有的创业能力内容有很多,主要是包括创新能力、决策能力、组织能力、经营管理能力、激励能力、专业技术能力、人际交往与协调能力等。

以上概括了大学生创业者应具备的几项主要的素质。年轻的大学生想要成为创业者在各方面就需要不断地磨炼和提高自己,只有在创业实践中逐渐地提高素质和能力,努力达到成功创业者所应具备的素质和能力,才有可能成为成功的创业者。

【小资料】

大学生创业十种人不适合

1. 缺少职业意识的人。职业意识是人们对所从事职业的认同感,它可以最大限度地激发人的活力和创造力,是创业的前提。而有些工薪族人员却对所从事的工作缺少职业意识,满足于机械地完成自己分内的工作,缺少进取心、主动性,这与激烈竞争的环境不相宜。

2. 优越感过强的人。自恃才高,我行我素,难以与集体融合。

3. 唯上是从,只会说"是"的人。这种人缺乏独立性、主动性和创造性。若创业,也只能因循守旧,难以开展开拓性的工作,对公司发展不利。

4. 偷懒的人。这种人被称作"工资小偷"。他们付出的劳动和工资不相符合,只会发牢骚、闲聊,每天晃来晃去浪费时间,影响他人工作。

5. 片面和傲慢的人。有的人只注意别人的缺点,看不到别人的优点;有的人总喜欢贬低别人,抬高自己,总以为自己是最强者,人格方面存在缺陷。

6. 僵化死板的人。做事缺少灵活性,对任何事都只凭经验教条来处理,不肯灵活应对,习惯于将惯例当成金科玉律。

7. 感情用事的人。处理任何事情都要理智,感情用事者往往以感情代替原则,想怎么干就怎么干,不能用理智自控。

8. "多嘴多舌"与"固执己见"的人。"多嘴多舌"的人,不管什么事,他们都要插上几句话。"固执己见"的人,从不倾听别人的意见。

9. 胆小怕事、毫无主见、树叶掉下来怕砸破脑袋的人。这种人宁可因循守旧也不敢尝试革新,遇事推诿,不肯负责,狭隘自私,庸碌委琐。

10. 患得患失却又容易自满自足的人。这种人稍有收获就欣喜若狂;稍受挫折,就一蹶不振,情绪大起大落,极不平衡。

——摘自 2012 年创业网

三、大学生创业环境

大学生自主创业,创办自己的企业,自身素质和能力起到关键作用,但外部的创业环境也是决定着大学生创业者成败的重要的因素。

创业环境是创业者在创立企业的整个过程中对企业生存和发展产生影响和制约的一系列外部因素的总和。对创业环境清晰地分析可以说是大学生开展创业活动可行性分析的前提。

具有良好的创业环境,对大学生创办企业的成长和发展具有推动和促进作用,反之,则起到限制阻碍和作用。从当前来看,大学生创新创业教育之所以在高校如火如荼地开展,大学生创新创业之所以成为很多大学生未来的选择方向,这与我国当前越来越好的创业环境是分不开的。

大学生的创业环境主要包括以下四个方面。

(一)政策环境

政策环境对创新创业起着重大的影响作用,大众创业万众创新已成为中国经济新常态下实现中高速增长的内在动力和重要发展战略。大学毕业生在创业前应该对时下的政策环境进行全面的分析和判断,把握住当前的政治环境,充分利用国家对大学生创新创业的系列优惠政策和法律上的保障,做好决策,为创新创业从起步到发展抓住这个良好的机会。

为鼓励大学生创新创业,提高大学生创业质量和成功率,中央政府和地方政府都相继出台了一系列优惠政策,不断改善着大学生的创业环境,特别是2012年教育部向全国高校推出《国家鼓励普通高校毕业生自主创业政策公告》和2015年国务院办公厅印发的《关于深化高等学校创新创业教育改革的实施意见》,使大学生的创业环境更加趋于成熟和完善,让那些怀揣创新创业梦想以及正准备在创业之路大显身手的大学毕业生更加充满自信。

关于大学生自主创业优惠政策主要有以下几个方面。

1. 放宽市场准入条件

高校毕业生申办个人独资企业、合伙企业,不受资金数额限制。鼓励高校毕业生依法以知识产权、实物、科技成果等可评估的非货币资产作价出资;允许高校毕业生以股权出资自主创办企业。黑龙江省在全国率先全面实施组织机构代码证、社会保险登记证和工商营业执照"四证合一""一证一照"登记制度。按照相关规定可将家庭住所、租借房、临时商业用房等作为注册地点及创业经营场所。

2. 享受资金扶持政策

哈尔滨市出台了《哈尔滨市大学生创新创业工程实施方案》。按照《实施方案》,哈尔滨市将小额担保贷款调整为创业担保贷款,凡有创新创业需求并符合一定条件的大学生,可在创业地申请两年期最高额度为10万元的财政贴息创业(小额)担保贷款;对合伙经营和组织起来创业的,按人均10万元、实际贷款人数和额度分别给予两年期的创业(小额)担保贷款。对个人发放的创业(小额)担保贷款,由财政给予全额贷款贴息。

3. 实行税费减免优惠

实行高校毕业生创业有关证照免费办理制度。从事个体经营的高校毕业生,符合有关收费减免政策的,均可享受管理类、登记类和证照类等有关行政事业性收费的优惠政策。

实行优质高效便捷的准入服务。各级工商部门开通工商注册绿色通道,设立创业注册登记优先窗口,负责高校毕业生创业注册登记事项。

享受税收减免优惠。高校毕业生从事个体经营,销售额(营业额)未达到现行政策规定的增值税、营业税起征点的,不征增值税、营业税;开办其他生产经营服务项目,符合国家规定的,可享受相应税收优惠政策。

4. 大学生创业企业可免费入驻孵化器

哈尔滨市针对大学生创业群体构建了一批低成本、便利化、全要素、开放式的孵化基地。按孵化基地内用于大学生创业企业孵化的总面积,每月给予5元/平方米补贴。大学生创业企业入驻各类大学生创业孵化器,享受第一、二年免费,第三年按50%缴费的优惠扶持政策。对创业带动就业10人以上的大学生创业企业,给予5 000元奖励。

5. 提供培训指导服务

对高校毕业生在毕业年度内参加创业培训,根据其获得创业培训合格证书或就业、创业情况,按规定给予培训补贴。

进入"高校大学生科技创业园"创办企业,可以享受减免12个月的房租、专业技术服务与咨询、相应的公共设施以及公共信息平台服务等。

在办理自主创业行政审批事项时,可以通过"绿色通道"享受联合审批、一站式服务、限时办结和承诺服务等。

自主创业申报灵活就业的高校毕业生,各级公共就业和人才服务机构按规定提供人事、劳动保障代理服务,做好社会保险关系接续工作。

6. 创业项目最高可获30万元经费资助

按照哈尔滨《哈尔滨市大学生创新创业工程实施方案》规定,凡大学生在哈尔滨市创业的,对其创业项目给予2 000元的一次性创业项目补贴。对优秀和重点创业项目给予资助,对携带项目在哈尔滨创业的大学生,根据项目的市场前景、创业带动就业效果和经济社会效益等情况,经评审分别给予3万元、5万元的经费资助。对科技含量高、市场潜力大、能在短时间内形成经济增长点的优秀和重点科技创业项目,经评审给予20万元至30万元经费资助。

(二)经济环境

经济环境反映国家或地区的经济发展总体水平状况,包括了生活水平、收入分布状况、经济结构、产业结构等要素。大学生在一个好的经济环境下创新创业,不仅能抓住商机发展自己的企业,而且能为社会创造更大的价值。

当今我国社会经济稳步的发展,正为大学生创业者提供广阔的发展空间和有利条件。

1. 市场经济在中国的确立和迅速发展

市场经济的发展,一方面使得人才能够自由流动,资源得到优化配置,对大学生创业者捕捉商机、发展自身实力十分有利;另一方面也促使一些大学生转变就业观念,走上自主创业的道路。

2. 第三产业为大学生创业者提供广阔的舞台

第三产业目前已成为我国一个极具魅力的投资领域,而且还有极大的发展空间,第三产业的发展为大学生创业者提供了广阔空间。

3. 资本市场日趋健全和活跃

在融资方面,银行贷款、金融支持、融资担保、风险投资、产权交易等业务不断推陈出新,为大学生创业资金提供了许多便利条件。

(三) 科技环境

科学技术是第一生产力,科技发展对社会进步和经济发展产生着巨大影响。世界新科技革命正在迅猛的发展,经济和生产的增长越来越多地依赖科技进步,互联网、电子商务等高科技新行业的涌现和发展,伴随而来的就是信息大爆炸和移动互联网、物联网、大数据、云计算时代的到来。在互联网+、电子商务、通信等高科技领域涌现出大量的创业明星,如马云、丁磊、李彦宏、马化腾等。这正是在优越的科技环境下造就出的创业人物,给当代大学生来提供前所未有的创业机遇。

(四) 社会文化环境

社会文化环境是由所处的社会结构、社会风俗和习惯、信仰和价值观念、行为规范、生活方式、文化传统等因素所构成的。社会文化环境是影响大学生创业的重要因素,良好的社会文化环境会对大学生创业在社会认可度、价值观和精神心理等方面起到积极的促进作用。美国90%以上的人认为,从事创业活动是令人尊重的工作,成功的创业者会得到很高的社会评价。

随着我国社会进步和市场经济的发展,人们对民营经济的看法和态度正在发生根本的改变。创业光荣、致富荣耀已成为人们的共识,一种鼓励创新、创业的观念正在形成,加之政府不断地出台鼓励创业的优惠政策,特别是针对大学生自主创业的优惠政策,加大创新、创业教育和宣传舆论的力度,为大学生创业营造了一个宽松、和谐、积极的创业环境。作为有创业梦想的大学生及已经创业的大学生创业者,在当前政府支持创业、鼓励创业和社会价值观念、舆论导向有利于创业的社会文化环境下,必将会在创业的大舞台上施展自己的创业才能,为个人和社会创造出更大的财富。

【小资料】

哈尔滨出台政策支持大学生创新创业　大学生创业最高可获30万元扶持
2015年12月14日

大学生可申请贴息贷款创新创业

按照《实施方案》，哈尔滨市将小额担保贷款调整为创业担保贷款，凡有创新创业需求并符合一定条件的大学生，可在创业地申请两年期最高额度为10万元的财政贴息创业（小额）担保贷款。

对合伙经营和组织起来创业的，按人均10万元、实际贷款人数和额度分别给予两年期的创业（小额）担保贷款。对个人发放的创业（小额）担保贷款，在中国人民银行公布的同期限贷款基准利率基础上上浮3个百分点以内的，由财政给予全额贷款贴息。对小微企业当年新招用各类就业困难人员达到企业员工总数的30%（超过100人的达到15%）以上，并与其签订1年以上劳动合同的，给予为期两年、最高不超过200万元的担保贷款，财政部门按中国人民银行公布的同期限贷款基准利率的50%给予贴息。

哈尔滨市对返乡到农村（乡镇及以下）创业的大学生可申领3 000元的一次性创业补贴；对创业项目优先给予立项和资金支持。哈尔滨市支持大学生通过科技成果转化实现创业。大学生在校期间参与教师科研项目或自己研究取得发明专利成果，其创业成果转化成功的，经认定，可利用省、市科技成果转化引导基金，按照技术交易额的10%，给予不超过20万元的后补助资金支持。

大学生创业企业可免费入驻孵化器

3年内，哈尔滨市建设市级大学生就业创业见习基地300个，并对入驻就业创业见习基地的大学生按市大学生就业见习补贴标准给予创业见习补贴。同时，鼓励培训机构对离校未就业及登记失业大学生免费开展创业培训，按培训人数和培训效果给予培训机构1 000元/人的补贴，其中，对未实现成功创业的按标准的80%给予培训补贴，一年内实现成功创业后补足其余20%。对经认定具有资质的创业培训（实训）基地，给予设备购置补贴、软件及相关费用补贴，补贴标准为上述费用总额的5%。

哈尔滨市针对大学生创业群体构建一批低成本、便利化、全要素、开放式的孵化基地。按孵化基地内用于大学生创业企业孵化的总面积，每月给予5元/平方米补贴。大学生创业企业入驻各类大学生创业孵化器，享受第一、二年免费，第三年按50%缴费的优惠扶持政策。对创业带动就业10人以上的大学生创业企业，给予5 000元奖励。

创业项目最高可获30万元经费资助

按照《实施方案》，凡大学生在我市创业的，对其创业项目给予2 000元的一次性创业项目补贴。对优秀和重点创业项目给予资助，对携带项目在我市创业的大学生，根据项目的市场前景、创业带动就业效果和经济社会效益等情况，经评审分别给予3万元、5万元的经费资助。对科技含量高、市场潜力大、能在短时间内形成经济增长点的优秀和重点科技创业项目，经评审给予20万元至30万元经费资助。

哈尔滨市每年举办哈尔滨市大学生创业大赛，搭建人才、项目与资本对接交流平台。对大学生创业大赛获奖项目，进入市场运作或完成中试的，设立特等奖1名、一等奖1名、二等奖3名、三等奖6名，奖金分别为3万元、2万元、1.5万元和1万元；处于创意或研发阶段的，设立一等奖1名、二等奖3名、三等奖6名、优秀组织奖20名，奖金分别为1.5万元、1万元、0.8万元和0.5万元。

哈尔滨新闻网－哈尔滨日报

2012年国家鼓励普通高校毕业生自主创业政策公告

一、放宽市场准入条件

1. 初创企业时,允许按行业特点放宽资金、人员准入条件,注册资金可分期到位。

2. 按照相关规定可将家庭住所、租借房、临时商业用房等作为注册地点及创业经营场所。

二、享受资金扶持政策

3. 对符合条件的高校毕业生自主创业的,可在创业地按规定申请小额担保贷款;从事微利项目的,可享受不超过10万元贷款额度的财政贴息扶持;合伙经营和组织起来就业的,可根据实际需要适当提高贷款额度。

4. 视当地情况,可申请"大学生创业资金"。

三、实行税费减免优惠

5. 毕业2年以内从事个体经营时,自在工商部门首次注册登记之日起3年内,可免交管理类、登记类和证照类等有关行政事业性收费。

6. 持《就业失业登记证》(注明"自主创业税收政策"或附有《高校毕业生自主创业证》)的高校毕业生在毕业年度内(指毕业所在自然年,即1月1日至12月31日)从事个体经营的,3年内按每户每年8 000元为限额依次扣减其当年实际应缴纳的营业税、城市维护建设税、教育费附加和个人所得税。

7. 从事农、林、牧、渔、环境保护、节能节水等行业,开办高新技术企业、软件企业、动漫企业或小型微利企业等,均可依法享受国家现行规定的税费减免政策。

四、提供培训指导服务

8. 对高校毕业生在毕业年度内参加创业培训的,根据其获得创业培训合格证书或就业、创业情况,按规定给予培训补贴。

9. 进入"高校学生科技创业实习基地"创办企业,可以享受减免12个月的房租、专业技术服务与咨询、相应的公共设施以及公共信息平台服务等。

10. 在办理自主创业行政审批事项时,可以通过"绿色通道"享受联合审批、一站式服务、限时办结和承诺服务等。

11. 各城市应取消高校毕业生落户限制,允许高校毕业生在创业地办理落户手续(直辖市按有关规定执行)。

12. 自主创业申请灵活就业的高校毕业生,各级公共就业和人才服务机构按规定提供人事、劳动保障代理服务,做好社会保险关系接续工作。

教育部高校学生司
全国高等学校学生信息咨询与就业指导中心

第二节 大学生创业的现状

尽管现在国家已将大众创业万众创新当成了促进经济发展、解决就业问题的发展战略,但从现实来看,大学生"双创"之路并不平坦,创业成功的梦想与现实之间还有一定的差距,特别是大学生创业的质量数量和成功率均不容乐观。

大学生创新创业还处于不成熟和有待进一步引导和提高的阶段，相信随着社会的进步、国民经济、科学技术的发展，教育改革的深入、大学生自主创业之路会越走越宽。

本节通过介绍大学生创业发展过程和大学生创业现状，并对大学生创业的优势和劣势以及所面对的机会和挑战的分析，让同学对当前大学生自主创业的形势有一个清晰的认知，以便能够以平常的心态和理智的态度对待创业，为以后有条件走向自主创业道路多一份思考和准备。

一、大学生创业的发展过程

（一）创业的萌芽时期

大学生创业的萌芽时期是在改革开放之后，大致在1978年至20世纪80年代末。这一期间是以个体经济发展为主，当时所谓的"个体户"，通过商品贸易的积累成为改革开放的第一批致富者，尤其是以温州、广东等南方城市较为集中。这时期大学毕业生就业体制还属于国家统一分配。虽然也出现过大学生个体户，比如北大毕业生陆步轩做了一个卖猪肉的个体户，但由于当时大学生没有发挥出自己的专业与特长，而且数量极少，因而这期间大学生创业还形成不了主流。所以只能称为创业的萌芽时期。

（二）大学生创业起步发展时期

大学生创业的起步发展时期大致在80年代末年至90年代中期。这期间我国的经济体制从计划经济向市场经济转变，大学毕业生就业体制也正逐渐由"国家分配"向"双向选择、自主择业"过渡。当时许多人看清了社会经济发展趋势，特别是已经在政府机关、高校或科研等部门工作的知识分子，他们从"个体经营"和当时经济体制改革中看到了创业的前景，特别是深受邓小平"南方谈话"精神的鼓舞，纷纷"下海"经商办公司或承包企业。有部分大学毕业生办理了停薪留职或辞职，只身去深圳、海南等沿海城市发展。当时"下海"经商已成为一种大潮流，大有"全民经商"之势。

那个时期创业的主流并不是大学在校生或刚毕业的大学毕业生，而是那些具有一定工作经验、在单位已是中坚力量的由大学毕业多年的知识分子。也正是那时经商热以及在商海取得成功的老一代大学生，对当时的大学生创业的起步起到了推动作用，从此拉开了大学生自主创业发展进程的帷幕。

现今的许多著名的企业家如万通集团董事长冯仑，现任SOHO中国有限公司董事长潘石屹、现巨人网络CEO史玉柱、东方教育集团创始人俞敏洪、联想集团的柳传志等都是在这一时期开始"下海"创业并取得成功的。

(三)大学生创业热浪高涨时期

这一阶段是以互联网、电子商务、信息技术等高科技领域为创业的热点,时间大致是90年代中末期至21世纪初。这期间最引人注目的是大批海外留学人员回国创业和以互联网、电子商务、风险投资等为主导的新经济、新市场产生和发展,从而造就了一批年富力强的财富精英。这批创业者打破传统的经营模式,凭借着卓越的科技才智和对资本市场把握机会的能力走在新经济的前列。其代表人物诸如马云、张朝阳、丁磊、李彦宏、陈天桥、冯军、施正荣等。正是这批代表新时代的富豪崛起,使人们对靠智慧、靠知识、靠科技催生和带动一个新产业而致富的人有一个重新的认识和看法。也正是这些成功创业者的传奇经历和成功之路,使当时有创业梦想的大学生有了学习和效仿的榜样,从那时起,中国进入了大学生创业的高潮阶段。

这个时期虽然唱主角主要的创业者仍然是有工作经历的毕业生,但在大学校园里在校大学生创业的热情却像滚滚热浪汹涌澎湃。自1998年清华大学发起了首届"清华大学创业计划大赛"和1999年团中央、中国科协、全国学联举办全国首届"挑战杯"大学生创业大赛之后,"视美乐"、"易得方舟"等一批高科技大学生公司就此诞生。从此在全国高校掀起了在校大学生创业、办公司的高潮。

(四)冷静反思后的缓慢发展时期

进入21世纪以后,那些曾经以互联网、信息技术等高科技为主导的创业者在实现了原始积累之后,很多人已成为了现代中国的著名企业家。受到鼓舞的在校大学生,也以专业知识和创业激情纷纷开始创办公司,但随后由于社会经验不足及其他种种原因,大多数大学生公司纷纷倒闭或转行。在大学生创业、办公司的热潮之后,进入了大学生创业冷静反思中的缓慢发展阶段。2003年至今,虽然大学生创业的速度有所减缓,但大学生的创业形势发生了很大变化,创业的主流成为大学毕业生。虽然大学生创业的热情依然高涨,但在实际行动上更加谨慎、务实。

一方面是大学毕业生就业形势严峻,一方面是政府和社会对大学生创业的支持和鼓励,大学生对创业的热情和梦想始终很高涨,但就业难的压力和对创业的梦想没有让现在的大学生头脑发热。深入开展大学生创新创业教育、增强创业意识、培养创业精神和政府对创业不断推出优惠政策以及大学生对创业的谨慎态度,是最近几年大学生创业发展进程的主题。从2003年以后大学生自主创业进入一个相对缓慢发展时期。

(五)推动大众创业万众创新,大学生创新创业的黄金时期

2015年以来全国掀起了大众创业万众创新的浪潮,创新创业环境和对高校大学生创业的支持和鼓励,大学生创新创业开始进入了黄金时期。

第一,高校作为大学生创新创业的教育阵地,适应新形势新要求,扎实推进创新创业教育改革。

黑龙江省教育厅印发了《关于深化高校创新创业教育改革促进大学生创新创业的实施方案》,以创新发展理念引领大学生创新创业,促进全省高等院校转变观念,加强引导,有效推动,营造氛围,让更多有创新创业意愿的大学生放下包袱,全力以赴地走上创新创业的主战场,为黑龙江经济增长和未来发展积蓄企业家后备力量。

第二,政府职能转变,加大简政放权力度,开放政策、开放市场,全力为大学生"双创"服务。

国务院颁发的《关于大力推进大众创业万众创新若干政策措施的意见》,为政府职能转变以及推进创新创业提出了明确的框架。黑龙江省在全国率先全面实施组织机构代码证、社会保险登记和工商营业执照"四证合一""一证一照"登记制度;哈尔滨市政府颁发《哈尔滨市大学生创新创业工程实施方案》为大学生创新创业资金贷款提供了政府贴息的优惠条件。

第三,国务院总理李克强主持召开国务院常务会议,将"众创空间"和"创客"一词首次写入政府工作报告中,确定支持发展"众创空间"和"创客"的政策措施,为大学生创业创新搭建新的服务平台。

正是由于地方政府和高校积极打造众创空间和各种类型的创客空间,为大学生创新创业提供了技术创新活动开展和交流的场所,也是技术积累的场所,也必将成为创意产生和实现以及交易的场所,从而成为大学生创业的集散地。众创空间除了向大学生创业者提供办公场地外,还提供包括创业沙龙、创业培训、公司注册、人才招聘、项目孵化、天使投资、企业公关等一站式服务。

第四,互联网+和移动互联网的发展,为大学生创新创业提供了信息技术空间。

2015年10月,李克强总理对首届中国"互联网+"大学生创新创业大赛做出了重要批示。批示指出:大学生是实施创新驱动发展战略和推进大众创业万众创新的生力军。

大学生创业有多种形式,但更多的大学生根据所学的知识和专业特长利用互联网+采取O2O的线上线下模式,寻找商机,提供创意,获取收益。

政府向服务型的职能转变,各种创新创业的优惠政策,宽松的创业环境,国家全方位的大力支持,以创业带动就业的战略,发展众创空间和互联网+和移动互联网,大数据、云计算等科技平台,正在点燃大学生创新创业的激情,必将有越来越多有创业意愿的大学生,投入到创新创业的社会实践中。

二、大学生创新创业的现状

从现状来看,一方面是国家和政府乃至全社会对大学生创新创业营造出良好氛围;另一方面是大学生顶着就业的压力对创新创业在行动上持谨慎态度。大学生对创新创业的高涨热情与所付诸的实践形成一定的反差。

目前大学生自主创业的几个特点反映出了大学生创新创业的现状。

(一) 榜样的力量和创业精神的激励

当代大学生学习的楷模是经过艰苦创业而取得成功的著名企业家,如马云、俞敏洪、李彦宏、马化腾等。企业家们经常在电视节目或到高校进行以创业意识和企业家精神来激励大学生走上自主创业道路。正是因为他们都是大学毕业后开始创业的,所取得创业成功的传奇经历和故事也激励着大学生对创业的热情迅速高涨。高校不少大学生怀揣着成为一名企业家的梦想。决心以创业英雄为榜样的力量,毕业后走创业之路。

(二) 对创业的态度越来越理性和务实

大学生普遍对通过创业取得成功的企业家在膜拜和敬佩的同时,在面临着是选择就业还是自己创业时,大多数毕业生还是宁愿选择竞争激烈的择业之路,而不选择创业之路。

他们对自己是否适合创业、是否拥有一定的条件去创业,还是能够冷静地面对现实并做出全面的考量的,自己既缺乏社会经验、也没有人脉关系、更没有融资渠道,还是先就业比较现实。学生家长的态度也起到重要的作用,再加之社会上一些专家、企业家关于"先就业,再创业"的观点在大学生的心里占上风,所以绝大部分大学生对创业还是采取了比较理性和务实态度。

钟凯在大学期间曾组建过大学生创业社团,在教育部门举办的大学生创业大赛获得过三等奖。他积极参加学校组织的创业教育和活动,并利用业余时间策划和组织一个大学生诚信驿站,以无人售货自助找零的小超市形式满足学生的日常需求,受到学校师生的支持和认同。当地媒体也采访过他,肯定了他的创新创业意识和精神。大家都认为王凯毕业后会选择自主创业,可他却选择了去苏州一个与他专业对口的企业就业。在他回学校办理毕业手续时,一番话表露了他当时选择的心声,他说:"在学校时做什么都没有压力,做些创业的活动只是锻炼一下自己,但由于缺乏社会经历以及创业所需要的人脉、资金等条件,自己还是先选择就业,以后有了工作经历和一定的条件再琢磨开始创业。"

钟凯同学的选择和对创业的考虑可以说有一定的代表性。

(三) 对创业有想法的人多,但付诸行动的人少

据统计,在大学生群体中有创业想法的超过了六成以上,一方面他们容易被成功创业者的传奇经历和成功故事所感染、所激励,也梦想着自己成为创业成功的人士;另一方面意识到毕业后找到合适的工作不是容易的事情,与其找工作难,还不如自己干。有以上想法的大

学生很普遍,但真正付诸实际行动的比例却很低。据美国创业周的主办者、考夫曼基金会对中美大学生创业情况的调查显示,美国大学生中想创业的人数达到70%,实际创业的人数占到20%;而中国大学生中,想创业的人达到80%,但真正创业的只有0.01%。在我国创业教育试点的黑龙江大学,从2004年以后开始实施创业培训项目,到目前已有近万名学生学习过这一课程,但到目前,只有不到20名学生毕业后创办了自己的企业。

这是个值得深思的现象,分析一下主要原因有以下几点。

1. 缺乏创业的动机

现在的大学生普遍都是80年代末或者90后的独生子女,家庭环境较好,在选择职业方面大多都是追求稳定或专业对口的工作。大多数学生家长不赞成学生自主创业,甚至有些家长也在努力地帮助学生找工作。正是因为如此,大学生对创业只停留在表面的热情上,缺乏创业的动机。没有动机也就不可能产生开展创业活动的动力,更谈不上付诸创业的实际行动了。

2. 创业项目选择的困惑

有的大学生对创业抱有梦想,积极性也颇高,但涉及创业要做些什么项目时,似乎就有些迷茫和困惑。在各高校里创新创业教育基本开展起来了,但创业指导教师大多数是没有创业经历,从别的学科转行过来的教师,对创业选择什么项目等具体问题,也只停留在理论分析层面,对大学生产生不了实际的指导和帮助。由于大多数大学生缺乏社会实践,对社会上哪些创业项目有发展空间,哪些项目适合自己更是不知所措。

有些大学生利用自己的专业知识,力图用"智力换取资本",在高校大学生创业计划大赛获得大奖,对自己的创业项目有一个不错的构思,并且靠着自己所选择的创业项目走上自主创业道路,但这只是少数。大多数商业计划书所选择的创业项目很难得到投资并转化为商业运作行为,是"纸上谈兵",只能束之高阁。大学生对选择创业项目的迷茫和困惑,也是导致真正参与创业实践的人数不多的主要原因。

3. 创业素质和能力比较低

大学生之所以付诸创业实际行动的人数较少,其中与创业能力比较低也有直接关系。创业能力包括专业技术能力、经营管理能力、社交沟通能力、风险承受能力、创新求变能力等,正是因为创业能力是多方面的,这也正是大学生所欠缺的。

4. 创新创业教育还处于起步阶段

政府和教育主管部门非常重视高校大学生的创新创业教育。诸如教育部高教司组织全国高校著名专家学者编写"创业基础"示范教材,分别到有关省辅导培训各高校的创业教师;黑龙江省动员高校和有创业经历的学者等用几个月时间编制了《大学生创新创业导论》,目前在省内高校作为学生创新创业的教材。根据国办发(2013)35号文件精神"将创业教育课纳入学分管理",以鼓励在校大学生积极参加创业教育和创业实践活动等。总之,从形势上看,大学生创新创业教育在各高校已经开展起来。

但从效果来看,大学生创新创业教育在各高校开展的情况参差不齐,教创业的师资力量严重不足,大多数高校还没有形成比较成熟的创业教育模式,也没有成系统的创业教材,有的高校只把创业教育作为宣传口号,没有开设过创业类课程。另外担任高校创业教育的教师多数没有创业的经历,对创业的艰辛和取得成绩的喜悦没有亲身感受,很难对学生有号召力和感染力。有些创业教师甚至对国家在大学生创办企业的流程、贷款手续、减免税费等方面的优惠政策等问题一知半解,导致很多大学生不了解当前的自主创业优惠政策。虽然有些高校请来社会上的较为成功的企业人士进校园讲座,但结果只是迎来学生的一阵阵掌声,还起不到从心灵上唤起大学生创新创业愿望效果。

虽然有不少大学生有过创新创业的愿望,但由于在学校缺乏必要理论教育和创业实践指导,有创业愿望却始终难以转化为创业行动。可见高校的创业教育还是任重道远。

5. 大学创业的质量较低,成功率不高

大学生通常在参加高校创业大赛时,所参赛的项目大多数属于高新技术或科技附加值较高的项目,可一旦毕业离开校园,凭个人或小团队之力创办高科技企业,却往往经验不足并显得势单力薄,而风险投资公司当然不愿意投资到规模小、风险大、前景不明朗的由学生创办的企业上。即使有些通过其他渠道筹资创办的科技公司,也是举步维艰,发展壮大起来的为数不多。因此,大部分毕业生在创业时选择了启动资金少,容易开业且风险相对较小并较容易操作的第三产业或传统等行业上,如餐饮、服务、广告、咨询、培训、批发零售、租赁、服务性门户网站等科技含不高的微小企业。但这样一来大学生创业的质量上就打了折扣。

大学生选择同行竞争广的行业,一方面可以节约成本,入行门槛低,另一方面也可以先积累经验,寻求机会在发展壮大。但在复杂多变、竞争激烈的市场经济条件下,大学毕业生本来就欠缺社会经历和磨炼,再加之缺乏深入的市场调研、缺少经营管理经验、后续资金不足、较为盲目选择项目、没有核心竞争力等因素,真正取得成功的并不多,大多数是在维持生存。据《南方日报》早在2008年末的一篇报道说:"据不完全统计数字显示,一般创业企业的失败率在七成,而大学生自主创业成功率只有2%～3%"。

正是因为目前大学生创业的质量不高,成功率较低等问题,在不同程度上影响大学生实际参与创业实践的人数。但这只是大学生自主创业前进道路上不可避免的波折。

(四)在自主创业的成功道路上不乏跋涉的探索者

虽然近几年我国大学生自主创业举步艰难,创业成功率也不高,但在政府、高校和整个社会努力营造大学生自主创业的氛围下,仍然有不少当代大学生经过深思熟虑,在创业成功者的精神鼓舞下,勇敢地踏上自主创业的道路,并以自己的聪明才智和坚强毅力以及百折不挠精神坚持了下来,在向创业成功的方向迈进。这些大学生创业的典范正在激励着众多大学生对自主创业的憧憬。

大学生自主创业符合时代发展规律和要求,尽管在大学生创业道路上有着艰难险阻,但大学生创业的成功道路上不乏跋涉的探索者。相信,在大众创业万众创新的浪潮下,我国一定会迎来大学生创新创业的春天。

三、大学生创业的优势、劣势以及面对的机会和挑战

下面通过SWOT态势分析法(在本书第一章第三节已经将这种分析法运用到大学生职业规划方法之中)分析一下作为大学生开展自主创业的优势和劣势以及所面对的机会和挑战,大学生只有清晰认识自身的优点和缺点,才能在扬长避短的基础上准确定位,抓住当前的机遇,迎接更大的挑战。

(一)大学生创业的优势(S)

创业是一项综合性的实践活动。作为创业者不仅需要勇气和胆略,更需要智慧头脑和缜密的思维。大学生作为是一个知识和智力都相对密集的群体,在创业活动中有其自身的独特优势。

1. 较强的智力和技术知识

大学生毕竟通过高校系统地学习到文化理论和专业知识,有着较高层次的智力和技术基础。在互联网、移动互联网、大数据、云计算、智能机器人等迅猛发展的今天,大学生占有天时、地利、人和的优势。

2. 年轻的血液、蓬勃的朝气

大学生是一个年轻的群体,他们对未来充满希望,流淌着年轻的血液,具有蓬勃的朝气以及"初生牛犊不怕虎"的精神;年轻有活力,视野开阔,勇于拼搏,敢于尝试,不怕冒险和失败,对有风险和刺激性事物有极大的乐趣和热情等。这些正是一个成功创业者所应具备的基本素质。

3. 思维活跃、有激情、有挑战精神、有创新精神

大学生处在现代社会和当代新科技的最前沿,是潮流的引导者,他们具有活跃的思维,容易接受新的思想和新的潮流,对新鲜事物有较强的领悟能力,有些新东西一点就通,能提出独特见解,对认准的事情有激情去做,并且对传统的观念和行业有进行挑战的信念和欲望。所以现代大学生有较强的创新精神,勇于挑战现状,这种创新精神也给大学生自主创业注入了极大的动力,这也正是创业成功的精神基础。

4. 没有家庭负担

5. 国家对大学生创新创业的大力支持

国家、高校和对社会对大学生创新创业的大力支持,特别是2015年"两会"以来,大众创业万众创新已经成为富国之道、强国之举,这是大学生创业的最大优势。

（二）大学生创业的劣势（W）

1. 缺乏社会经验、心理承受能力差

大学生普遍缺乏社会经验和职业经历，想事情和做事情容易盲目乐观和理想化。容易出现凭借一时的冲动，比较盲目地追随所谓的潮流或热点项目。由于缺少足够的心理准备、心理承受能力差，一旦遇到困难和挫折，往往经受不住打击而轻易放弃。

2. 喜欢纸上谈兵，好高骛远

一些毕业生只是纸上谈兵、不努力付诸行动，眼高手低、好高骛远。很多大学生在创业大赛上、演讲会上等场合，谈起自己的创业设想，往往是慷慨激昂、宏图远大、大而无当，大谈如何赚取"第一桶金"，而不谈如何从赚"第一分钱"起步，而且对市场预测普遍过于乐观。缺乏脚踏实地，面对困难和挫折的准备。

3. 专业知识与社会实践严重脱节

作为走向成功创业者，首先要将自己的专业知识、经营管理知识等运用到社会实践之中，与社会以及市场紧密地衔接上，而刚出校门的大学生正是缺乏这一点。一些大学生所学习的专业技能、企业管理、经营理念、营销策略和财务流通等相关知识只停留在书本上，与社会现实严重脱节。学习能力、适应能力、商业捕捉能力等难以很快得以提升的话，在面对残酷的市场竞争和无情的商战中轻易败下阵来。这也是对高校的教育体系、人才培养模式和大学生创新创业教育提出的课题。

4. 缺乏吃苦精神和艰苦奋斗的意识

现在的大学生大都是生活在物质条件较好的家庭，而且多数是独生子女，这使得他们从小就缺少吃苦的经历和对艰苦的环境的亲身体验。对吃苦耐劳精神和艰苦奋斗意识的领悟和体会还不够深刻。

5. 市场竞争意识淡薄

由于大学生缺少社会实践经验和职业经历，对市场和企业间的竞争意识淡薄。大学生依靠专业技术和能力给企业打工与自己独立做企业有着极大的区别。自己做企业、自己当老板，既要了解市场行情、了解消费者的需求，考虑产品质量、成本、销售，又要敢于参与市场竞争，学会在竞争中发现商机，并赢得先机。这样才有可能吸引投资人的眼球，把自己的市场做大。而现在的大学生恰恰在竞争意识方面是一个薄弱环节。

（三）大学生创业的机遇（O）

党的十八大以后，党和政府对大学生创新创业的大力鼓励和支持，"大众创业万众创"已成为促进经济增长和推动实现大学生更高质量就业的一项重要方略。同时伴随着经济技术全球化新格局的到来和产业结构的大调整，这在一定程度上为当代大学生投身于创新创业道路创造了有利的条件和前所未有的机遇。

1. 政府为大学生创业提供了强有力的政策和制度的支持

任何一个新生事物的发生和发展,都离不开政府的重视和支持。我国大学创新主创业与西方发达国家相比历史并不悠久,还属于有待成熟和发展的新生事物,而这个新生事物已经得到国家和政府的高度重视和大力支持,而且明确提出以创业带动就业、促进经济和科技的发展进步。政府相继出台了一系列促进、保障大学生创业包括融资、税收、行政服务、创业指导培训、法律保护等相应的优惠政策和制度支持。国家、政府、高校以及全社会的大力支持,是大学生创业者的福音,也是大学生创业并走向成功的难得机遇。

2. 经济迅猛发展和产业结构的调整为大学生创业提供外部环境

在我国宏观经济环境不断好转、经济保持持续中高速增长、市场经济日益成熟、产业结构巨大调整、经济技术趋于全球化的条件下,大学生的自主创业有了一个难得的外部环境。特别是第三产业的发展和互联网等高科技在大众生活中的广泛应用,为大学生服务类创业和科技类创业提供了越来越广阔的舞台和发展契机。经济、科技发展与创业活动息息相关,有创业意愿的大学生要充分抓住当前经济环境有利于开展创业活动的良好机会,利用自己的智慧和专业知识,勇敢地迈出创业的第一步。

3. 媒介传播宣传为大学生创业提供了舆论支持和引导作用

当今传媒业的发展和传播方式的日新月异,使社会大众的传统观念被不断突破、不断更新。当前社会对大学生创新创业形成强大的正能量宣传舆论,再加上政府对创业提供的宽松政策和创新创业教育的深入开展,正在营造出全社会对大学生创新创业鼓励和支持的良好舆论环境。

(四)大学生创业面临的不利因素和挑战(T)

1. 市场激烈竞争压力的威胁

大学生开展创业活动必然要进入竞争激烈的市场之中。首先是同行业的竞争,对初出茅庐的大学生创业者所构成的威胁最大。那些先入行的同行业者所拥有的资源、经营经验、资金和市场占有份额等,都是大学生的新创企业所不可企及的。

然而,竞争是客观存在,只能 对如果回避或害怕竞争,企业将难以生存和发展。

2. 大学生家庭和自身压力的不利因素

激烈的市场竞争压力一般来说是大学生创业后必须面临的挑战和威胁。但来自家庭和自身的某些因素使大学生对创业"采取观望和回避的态度",或者只产生一些想法而不能付诸实践。

一方面是来自大学生家庭的压力。大多数家长不支持大学生毕业后就去冒险创业,他们希望自己的子女大学毕业后能找到一份稳定而体面的工作,有的家长不惜找门子、托关系也要为孩子包办工作。这样,即使有些大学生有创业的志向,最后也只好放弃自主创业的想法。

另一方面是来自于大学生自身的压力。大学生由于本身缺乏社会经验，欠缺所应有的创业素质和能力，对创业没有充分的心理准备，也缺乏一定的心理承受能力，因而导致大多数大学生对创业没有自信、惧怕失败，宁愿辛苦地找工作，也不敢去尝试自主创业。正是由于大学生自身的压力，使得很多大学生对创业望而却步，因而出现大学生对创业想法较多但付诸实践却很少的状况。

关于对大学生自主创业有威胁的因素还有很多，但激烈的市场竞争压力和大学生自身的压力可以说是影响大学生创业的主要因素。

通过对大学生自主创业SWOT分析法的分析表明，大学生在创业的实践活动中有其明显的优势，也有些劣势，有开展创业良好环境的机遇和前景，也有影响创业活动的不利因素，这正是当前我国大学生创业所面临的实际现状。用SWOT分析法分析大学生创业，就是让大学生能够清晰地认识到自身优势和劣势，充分了解当前社会环境对大学生创业所创造出的机遇所在，同时也要意识到在创业的道路上还存在着困难和风险等因素。

作为当代的大学生向往创业的梦想不会破灭，迈向创业的脚步也不会停止。在当前新经济发展的时代背景下，创业的机会和挑战并存，只要大学生能够扬长避短，抓住创业机遇，勇于挑战威胁，大学生创业将迎来黄金时代。会有更多的大学生投身于自主创业的行列中，也会有更多的大学生创业者成为成功的企业家。

【小资料1】

众创空间

众创空间是顺应创新2.0时代用户创新、开放创新、协同创新、大众创新趋势，把握全球创客浪潮兴起的机遇，根据互联网应用深入发展、创新2.0环境下创新创业特点和需求，通过市场化机制、专业化服务和资本化途径构建的低成本、便利化、全要素、开放式的新型创业服务平台的统称。发展众创空间要充分发挥社会力量作用，有效利用国家自主创新示范区、国家高新区、科技企业孵化器、高校和科研院所的有利条件，着力发挥政策集成效应，实现创新与创业相结合、线上与线下相结合、孵化与投资相结合，为创业者提供良好的工作空间、网络空间、社交空间和资源共享空间。

【小资料2】

北京创客空间

北京创客空间成立于2011年1月，是全球创客网络中的重要组成部分，是亚洲规模最大的创客空间。

在北京拥有创客会员超过300人，影响人数超过10万人，拥有超过1 000平方米的活动场地和300平方米的原型加工基地以及最完备的加工设施与设备。

在这里的人们，希望创客精神成为一种大众创造和社会创新的新力量。创客空间让大家体验从0到1的过程并学习相关知识，通过跨领域协同合作完成各种酷炫的产品。

> **柴火创客空间**
>
> 柴火创客空间是机器科技的工作坊。"创客"概念源自国外,来源于英文单词"Maker"意指热衷于创意、设计、制造的群体。柴火创客空间是深圳的创客们聚集的"创意会所"。据悉,每周三晚上,柴火创客空间像各地的创客空间一样,会举办聚会活动,创客们分享大家最近的战斗成果,或者关注到的最新的技术。
>
> 2010年,柴火创客空间正式成立。作为深圳第一家创客空间,承载了一分执着,一份信念,当然也终于给在深圳的创客们带来了一个可以拧成一绳的契机。

思考题

1. 根据创业的相关概念,你认为学校第一个开设创业教育的教师其工作是不是创业?为什么?

2. 组织班级几个有创业想法的同学探讨一下:大学毕业后就创业好,还是先就业再创业好?说出理由,最好做一个5分钟的演讲。

3. 根据创业者的应具备的素质,回答你具备这些素质吗?还应在哪些方面有所提高?

4. 谈谈你们学校对支持和鼓励大学生创新创业的做法。

5. 运用SWOT分析法分析一下,成为大学生创业者,自己的优势、劣势在哪里?所面临的机会和挑战有哪些?

第十三章
Chapter 13

开展你的创新创业活动
——大学生创业准备与过程

【本章导读】

前一章对创业、创业者、创业环境和创业现状等基本概念有了初步了解,接下来就要对创业准备过程实践中所遇到的实质性问题进行进一步的深入了解,并开始对创业进行准备,着手付诸行动。创业活动是一项非常复杂并承担风险的实践活动,是以创办新企业为依托,并使企业从开设到发展的一个实践过程。年轻的大学生缺乏社会经验,对企业的知识和经营管理不熟悉,自己经营企业就更陌生了。所以大学生应该做好充足的创业准备,在准备中寻求机会、增长见识、成熟思路、积累经验、提高技能,通过实践,使创办的企业能够生存并不断发展壮大。

本章通过对创业项目选择、创业团队组建、创业融资等准备以及创业机会识别、创业风险防范、创业计划书撰写和申办新企业的创业过程等进行介绍,使大学生对创业准备与过程有一个全面了解,目的就是让大学生为创业实践做好准备,为创业成功迈出坚实的一步。

第一节 创业项目选择

创业项目的选择是大学生准备创办企业最基本和最重要的环节,项目选择符合市场的需求,企业就具备了生存和发展;如果项目选择错了,不仅投资会亏损、企业也会失败。

调查结果显示,95%的创业失败是因为选择的项目不合适,这也是创业教师在大学生创业教育中所遇到最普遍的问题。对于有创业意愿的大学生来说,选择合适的创业项目是做好创业准备的关键一步。

一、创业项目源于创业构思

（一）好的创业构思的必要条件

好的创业构思主要有以下三个必要条件：

1. 具有现实可行性

好的创业构思不是异想天开和不切实际的幻想，它必须是在现有的能力和技术等条件下，能够得以实现并且可以操作的设想方案。有了切实可行的创业构想，才能够选择出经得起实践和市场考验的创业项目。对大学生而言，由于年轻和缺乏社会经验等因素，容易产生一些不切合实际的创业构思。如果没有切实可行的创业构思就贸然地开始创办企业、进入市场必然会遭到失败。因此现实可行性就成为创业构思的第一个必要条件。

2. 具有创新性

创业本身是"创造和创新"。创业构思如果停留在市场上已经饱和或趋于饱和的项目上就很难吸引投资者和潜在的消费者，所以创新性是创业构思的另一个必要条件。创业构思的创新性是以新技术、新方法、新思维等融入创业项目中，在市场上具有新产品、新服务、新事业，或者具有在原有的基础上达到新规模、新创意和新层次的特点。

3. 具有价值性

一个念头或一个想法能否成为创业构思，主要看它有没有市场需求，能不能给消费者带来真正的价值。如果按照一个想法构思出来的产品或服务没有市场，即没有消费者花钱去买，那么这种想法就不是好的创业构思。一个好的创业构思，一定要具有市场价值，由此才能产生利润，否则，即使构思再新颖、再有创意也毫无意义。

大学生应该根据创业构思的现实性、创新新和价值性三个基本条件来选择和确定创业项目。

（二）如何挖掘好的创业构思

挖掘好的创业构思有以下两条基本途径：

1. 专业技能与兴趣

挖掘大学生好的创业构思，首先要从自己的专业技能和专长来考虑，比如你是学计算机专业的毕业生，你的计算机技能和专长就会比其他专业的毕业生要强一些，在创业构思方面可能就会偏重于本专业和自己专长的方面；其次要尽量从个人的爱好、兴趣来选择和构思创业方案，做自己喜欢并感兴趣的事情，会更有利于自己创业活动的发展。

2. 市场需求

创业构思不是仅从自己的技能或爱好产生的，重要的是看它是否有市场需求。任何一项创业构思最终都要经过市场的检验，要有消费者的需求，否则就是纸上谈兵。

大学生开发自己的创业构思主要从以上两个途径出发。如果仅从自己的技能专长或爱好出发，不考虑或不知道是否有消费者需求，那么你所创办的企业必然会失败；如果你的创业构思符合市场的需求，但仅从兴趣出发，不注意提高经营管理和生产的技能和能力，也就不能提高产品或服务质量，或者没有兴趣投入精力去做这件事情，那么企业也同样不会成功。

【案例1】

视频简历：凭借好的创意而致富

在上海念大学期间，开封女孩戴娜有一个令她感到自卑的称呼——特困生。每个学期报名时，她的名字都会出现在学费减免名单里。在校园食堂里吃的是最廉价的饭菜，那时戴娜暗暗发誓：我一定要好好学习，摆脱贫困！

大学毕业后，几经周折，戴娜进入浦东人才市场做了一名档案管理员。随她一同留在上海发展的河南籍同学宋晓蔓，工作问题一直悬而未定。两个姐妹整天抱着一大摞简历四处奔波又四处碰壁，戴娜灵机一动，建议她说："求职竞争太激烈了，你不如制作一份视频简历试试，说不定就能出奇制胜呢！"

"视频简历？"宋晓蔓一下子被这个新名词诱惑住了。戴娜解释说，她在人才市场工作时，每天都能接触到很多求职简历，这些简历的制作和设计都大同小异，雷同、陈旧老套的模式根本无法吸引用人单位的注意力。所以我建议你，在个人简历中来一次创新！

在戴娜的全程协助下，宋晓蔓在一家网吧的包间里，对着电脑摄像头拍起了最简单的"求职片"。通过戴娜的循循善诱和一遍遍的导演，宋晓蔓轻松而愉快地完成了20分钟的视频录像，最后剪辑成了5分钟的视频。看着自己的精彩表现和完美造型，宋晓蔓激动地连续看了好几遍。接着，宋晓蔓把"求职视频"刻录在15张光盘上，分别寄给了10多家用人单位。

就在宋晓蔓忐忑不安地担心投递的时髦简历会不会又被人家扔进垃圾桶时，第一个联系电话飘然而至："你的简历很独特，这不单是一份简历，它让我看到了你敢于创新的一面，欢迎你前来详谈。"

随后，宋晓蔓又陆续收到了几家公司的面试通知。正在她犹豫不决之时，上海一家著名网站发来E-mail约她第二天接受面试。最后，主考官通知宋晓蔓："你成功了！成功的原因就在于你懂得人性化地推销自己，是其他面试者都忽略掉的事情，而这正是我们所需要的。欢迎你在下周一来上班！"

一个求职创意，竟把就业无门的好友变成了小白领，这件事带给戴娜很大的触动。据统计，2005年全国高校毕业生总人数高达340万人，平均每个毕业生的求职费用为1 000元左右，其中印制纸质简历的花费在50~300元之间，这已成为大学毕业生的一项重要开支。而视频简历具有生动、简洁、直观、可信度高等优点，它可以全面展现求职者的个人优势，比如求职者外语口语讲得棒，而纸制简历最多只能给用人单位展示证书复印件，但如果使用视频简历,就可以现场来一段脱口秀。对于招聘单位来说,视频简历能直接传递应聘者的言谈举止、态度仪表和语言能力等信息,也能免除简历筛选的麻烦。

"如果我开一家视频简历工作室,专门为求职者制作这种时髦简历,岂不是一个新鲜的赚钱之道?"看到视频简历背后蕴藏的巨大商机后,戴娜产生了自己创业的想法,于是辞掉原来的工作自己创办了公司。

通过两年打拼,如今,戴娜已经在上海拥有两家店面和一个业务网站,服务范畴也从单一的为求职者制作视频简历,拓展到为打工者拍"视频家书"、为新婚男女录制"视频婚礼"等。就在许多同龄人还奔波于漫漫求职路时,这位23岁的女孩已经用一个好的创业构思斩获了数十万元的财富!

(摘自:http://www.51ielts.com/c/2012-09-29/99578.html)

【案例2】

哈尔滨远东理工学院大四学生王超在半年前就创办了自己的公司,他的产品创意不仅为他半年多获利几万元,而且获得了哈尔滨一家创投公司的青睐,目前正在洽谈投资事宜。以下是王超的公司名称产品创意的介绍:

哈尔滨绘印伯业商贸有限责任公司产品介绍

一、产品背景

目前,国内的文化创意产业普遍面临着消费者满意度下降、消费忠诚度不高等方面的问题,商家大多只能借助于促销打折、会员卡优惠等活动来吸引顾客,增加业绩,却大多很难在改善和提高服务质量上做出改进。绘印伯业商贸有限责任公司针对文化创意产品市场这一现状,制作一种新型的人像印章——以私人定制为核心的专属人像印章,来帮助文化创意产业提升创意质量,改变创意方式,实现产业升级。

在国家大学生创业政策的扶植的平台上首次推出了以私人定制的核心服务的产品——印·为你而来,用户只需提供自己喜欢的照片或图片,然后选择自己喜欢的印章模型,便可做出专属于自己的私人定制人像印章,从而大大提高消费者的满意度和消费忠实度,促进企业服务质量的提升和经济效益的提高。该品牌在国内尚属首创,目前商标已注册成功。

二、产品名称

印·为你而来是将目前国内现有的传统印章与人物头像结合在一起的一种新型印章,通过提供多种印章模型以及独有的私人定制人像印章,让消费者体验专属于自己的私人人像印章的趣味性,从而帮助消费者用一种特别的方式记录值得自己保留的画面,是文化创意产品行业中前景无限的一类产品。印·为你而来可以广泛应用于旅行社、景点周边的旅社、旅游周边纪念品商店、婚纱影楼、和校园零售商店等文化服务产业。

三、产品概况

印·为你而来是绘印伯业商贸有限责任公司旗下的一个子品牌,它专注于为他人制作具有专属意义的私人定制的人像印章,其产品类型包含以下四种:

1. 企业卡通形象版

2. 校园毕业季学士服版

3. 情侣人偶捏制版

4. 婚礼、祝福等特殊定制

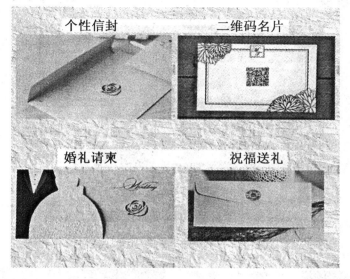

四、产品特点

提供图片、照片、制作→定制专属人像印章

五、合作商家

哈尔滨观江索道

公司办公场所

资料来源：由王超同学提供

二、如何选择适合的创业项目

（一）选择适合自己的企业类型

从传统意义上讲，企业主要分为生产制造型企业、贸易型企业、零售型企业、服务型企业等，随着经济发展和科技进步，现代企业的类型不断增多，如高科技企业、互联网和移动互联网企业、电子商务企业、投资企业、培训企业、连锁经营企业等。

大学生创业者要选择出适合自己的企业类型，应综合考虑以下因素：

1. 要考虑自己的专业技能和技术专长

专业技能和技术专长是创业的重要资本，从事自己专长的行业，做自己擅长的事情，这是大学生创办自己的企业的一个重要原则。比如市场营销专业的大学生就有可能选择创办贸易企业,理工类的学生则偏重于互联网和机械制造等科技含量较高的企业。

2. 要考虑到自己的兴趣爱好

有很多大学生不喜欢自己所学的专业,在选择就业时,这些不喜欢自己专业的大学生基本不愿意选择与本专业相关的职业;这些大学生如果选择自主创业,也不会选择自己不喜欢的创业项目来创办企业。有的大学生喜欢与人沟通,可以考虑服务类、贸易类、零售类和培训咨询类等经常与人打交道的的企业;有的不喜欢交流,而喜欢解决技术方面的问题,那就应该考虑生产制造类或者互联网类等企业。

3. 要考虑创业资金的需求量

不同类型的企业所需要的资金量有所不同,资金回收的周期也不同。一般来说,生产制造类企业资金投入大,占用周期长,回收较慢;电子商务、微商、电商、培训咨询、服务业等类型的企业投资较少周期短,回收较快。缺少资金是大学生创业的最大障碍之一,所以刚开始创业的大学生应当根据自己的资金情况权衡选择创业项目和企业类型。

4. 要考虑到自己的社会经验和人脉

大学生选择什么类型的企业创业,关键还要看自己是否有从事相关工作的经验,是否有这方面的人脉。如果有过相关企业类型的兼职工作经验,并结识一定的相关人脉,那么毕业后以此作为创业项目就有一定的基础,否则仅靠毫无实践经验的大学生又缺乏相应的人脉,企业会很难生存和发展。

案例一:

小吴现在是一家诚信会计代理记账公司的经理,虽然公司规模不大,但从开业以来代理记账业务不断,起码能维持生存。小吴是今年7月份毕业的会计专业的大学毕业生,因为他对本专业特别热爱,在大三的时候就考取了初级会计职称证书,从大三时他开始计划毕业后自己创业,所选的创业项目就从会计代理记账公司做起。于是他利用课余时间无偿地为一家会计代理记账公司做兼职,经过近两年的时间学习并熟悉了这方面的业务知识,也积累了一定的人脉。一毕业就靠家人筹资三万元,创办了诚信会计代理记账公司。

从这个案例我们可以看出,小吴通过自己所喜欢的会计专业,利用所学的专业技能走上自主创业之路,他所选择的创业项目和企业类型是投资较小的服务代理类的企业,这对一个刚毕业的大学生来说,既可以发挥自己的专业特长,又没有太大的投资,这是一个不错的选择。

案例二:

侯丽是机械技术与制造专业的毕业生,由于高考时是家长为她报这个专业,她从上学时就不喜欢这个专业。由于她比较善于与人沟通,在大二时她就为一些培训机构做校园代理。在上大学生职业规划课时就向指导教师表露出毕业后创办一所培训学校自己做校长的愿望。经过在大学几年的兼职创业,积累了丰富经验和人脉资源,大学毕业后靠她兼职创业赚来的资金创办了树人职业教育培训学校,自己当上了校长。选择创办培训咨询类企业所需投资不多,也实现自己当校长的愿望。经过一年的努力赚取了"第一桶金"。

案例二说明了大学生自主创业不一定需要与所学的专业相符,只要根据自己喜欢做的事情和志向并有一定的实践经验,选择适合自己并且在投资方面能承受得了的企业类型,同样可以实现自己的创业梦想。

二、选择适合自己的创业领域

目前适合大学生创业的领域很多,主要集中在以下几个方向:

(一)高科技领域

在高科技领域创业的大学生,利用自身的专业知识和学校的资源,进行科技成果的开发应用,从而开始走向创新创业道路。比如当年清华大学学生参加首届大学生创业大赛获奖,并创办了"易得方舟""视美乐"高科技公司,这得益于大学生创业者科技知识的优势。

2015年李克强总理在政府工作报告中提出"大众创业、万众创新"和"互联网+"行动计划,更加激发起大学生在高科技领域创业的激情和创造力。

大学生身处高新科技前沿阵地,在这一领域创业有着独特的优势,特别是"互联网+"的提出和运用后,大学生选择创业范围就更加广泛了。所谓的"互联网+"利用互联网的平台,把互联网和包括传统行业在内的各行各业结合起来,在新的领域创造出一种新的创业模式。

主要项目类型有:互联网+、创客空间、3D技术、无人机、智能机器人、软件开发编程、APP开发、芯片设计、手机游戏开发等IT行业项目以及含有科技含量的专利产品等。

(二)智力服务方向

智力是大学生的资本,也是大学生创业的优势。智力服务创业项目一般成本低、见效快,是很多大学生在校勤工俭学或兼职创业经常做的项目,运用互联网+和微信公众平台的商业模式,并利用高校和学生的资源,更容易赚取"第一桶金"。

主要项目类型有:各类创业创客咖啡屋、微信公众平台推广、教育培训、专业咨询、家教服务中心、翻译社、计算机维修维护、设计工作室、翻译事务所、技术转让等。

（三）连锁加盟领域

对于创业资源比较少的大学生来说，通过连锁加盟形式创业，可以快速掌握经营所需要的经营知识和经验，从而降低风险、提高创业成功率。据中国商务部统计资料显示，在相同的经营领域，个人独立创业的成功率不超过20%，而加盟创业的成功率高于80%。连锁加盟企业所具有的成熟的经营技术、管理模式、供货渠道，强大的品牌支持，后续保障，统一培训以及较低的投资等，近几年深受大学生创业者的青睐。大学生选择加盟项目时，最好是选择启动资金不多、人员配备要求不高的企业。一些传统服务型的品牌店，利用大学生的互联网技术，采用了最流行的O2O（线上线下）商业模式。

主要项目类型有：快餐店、冷热饮品店、服装、幼儿教育、家政服务、教育培训、便利店等连锁加盟店。

（四）开店

大学生开店主要有两种形式：一种形式是在校园周围开传统的小店，主要经营大学生经常有需求的产品或服务。作为大学生经营者本身熟悉同学的需求和消费习惯，通过与在校学生的联谊活动和人员推广宣传，只要价位合理、有针对性，广大学生就是最好的顾客资源。这类小店比较适合大学生兼职创业和大学生初次创业者。

主要项目类型有：餐厅、咖啡屋、手机配件店、打印社、学习文化用品店、特色服装店、书吧等。

另一种形式是以微商、电商的形式在网上开店。有的专家认为，随着互联网技术应用的推进，大学生创业的环境发生了巨变，今后要多考虑以"微商"为抓手，推动更多的大学生创业。

大学生在互联网上做微商创业很普遍，因为互联网创业是一种全新的创业方式，微商、电商不仅起步门槛低、投资成本少、风险小、方式灵活、有现成的网络资源，网上注册网络商店或加盟一些知名电商网站等方式是大学生创业很好的选择。

（五）做代理

大学生从做代理商起家，从销售入手，相对比较简单，投入也会小一些，能达到降低创业风险，快速积累资金的目的。从做代理商开始创业，最后做大做强的例子有很多，著名的联想集团就是这样起家并成长起来的。

主要项目类型有：品牌商品代理、各种登记注册、商标注册、专利申请、会计记账代理等。

【小资料】

十大热门连锁加盟行业排行榜（表13.1）

表13.1　实验项目明细表

排名	行业	优势
1	零售业便利店	扣除各种开支之后，便利店毛利率也在25%左右。除去每个月的工资、水电等高达2万元的费用后的净留存，每个月挣1万元是没有问题的
2	餐饮美食	餐饮连锁是特许加盟的主导力量。中式快餐特许经营进入相对稳定和理性的盘整期，骨干企业的品牌效应日益明显，新生代品牌悄然脱颖而出。外资西式快餐特许经营全面启动
3	服装饰品	与其他行业相比，服装、饰品行业的投资门槛低，不需要太多的专门技术，几万元就可以开个不错的小店
4	洗衣行业	目前我国特许经营应用最为广泛、市场发展也较稳定的行业，其领导品牌基本形成，管理体系也趋于成熟
5	家装行业	家装行业市场容量之大、发展速度之快、行业分布之广，已超过国内的汽车产业和家电产业，前景十分广阔，形成兴旺发达的"朝阳产业"
6	汽车养护	全国私人汽车的保有量已占汽车总量的1/3以上，在北京等大城市私人汽车拥有量还在大幅度地增加。汽车养护业作为我国一种新兴行业发展势头日渐迅猛，对于投资者来说，也是一种不错的选择
7	房产中介	房产中介特许经营企业的店铺数和收入两项指标均高于特许行业平均增长水平两倍以上，收入更是在3倍以上
8	美容美体	由于美容业导入特许经营相对较晚，目前多以产品代理或设备销售为主，所以，迅速扩大加盟网络是产品占领市场的行为
9	教育培训	2004年中国社科院公布数据显示，子女教育消费首次超过养老和住房消费，成为居民储蓄的最大目的。据估计，全国居民教育消费额每年约2 500亿元
10	图书音像	根据中国加入WTO的协议，从2004年12月11日中国对外资开放了全国各地的所有图书零售市场，市场的开放必将推动国内企业发展的步伐

第二节 组建创业团队

有这样一个小故事:方丈问众弟子:"给你们一滴水,怎么让它不干?"弟子们一时答不上来,方丈说:"将它注入浩瀚的大海之中。"

这个故事所蕴含的道理告诉我们,只有依靠团队,从伙伴那里得到支持和帮助,才能永葆活力,生生不息。如果只是一滴水,很难有所作为,但如果融入海洋,就可以掀起滔天巨浪,产生不可忽视的力量。

大学生走创业道路也是如此,那种靠单打独斗、独闯天下的创业方式已经行不通了,只有组建一支团结一致、分工协作、高绩效的创业团队,才能使所创办的企业不断发展壮大。

优秀的创业团队对创业成功的作用不仅被大学生创业者所认知,而且也得到风险投资家的广泛认同。一位美国著名的风投专家说过这样的一句话:"宁愿把资金投给一流的创业团队、二流的创业项目,也不会投给一流的创业项目、二流的创业团队。"优秀的创业团队对创业的成功会起到举足轻重的作用。

所谓创业团队是指这样一种特殊的群体,它是由两个或两个以上具有共同的创业理念、价值观和创业愿景、相互信任,技能互补、贡献互补的人,为了共同的创业目标,共同承担所创建新企业风险和责任的工作团队。

当大学生一旦决定走自主创业道路,在准备过程中一定要将组建创业团队的工作放到重要的日程上来,一个新创办的企业只有依靠创业团队的力量,才能在竞争激烈的市场环境下求得立足和发展。

一、组建创业团队的原则

拜尔斯公司合伙人约翰·都尔认为:"当今世界不缺乏拥有丰富的技术、大量的创业者和充裕的风险资本,而真正缺乏的是出色的创业团队。如何创建一个优秀的团队将会是你面临的最大挑战。"

在创业前如何组建一个优秀的创业团队?这是大学生创业者在创业准备过程中需要重点考虑并首要完成的任务。大学生在准备组建创业团队的初期,一般由一些基于有创业意愿、志向相投的同学、校友、朋友等组合而成的,其学历、经历、专业、年龄趋于相同。这样组合的创业团队最成功的典型有新东方教育集团的创始人俞敏洪等"三驾马车"和马化腾的"难得五兄弟情"团队。

但毕竟时代不同了,过去成功的典型有时是无法复制的。根据对成功创业者在组建创业团队过程中的经验教训和专家学者对组建创业团队的总结归纳,大学生创业者组建创业团队需要遵循以下几项基本原则。

(一)目标统一明确原则

大学生创业团队内部必须要有一个共同努力的目标和方向,目标必须统一明确,才能使团队成员清楚地认识到共同的奋斗方向是什么。要设定一个为共同目标而努力的具体行动纲领或准则,即在大学生组建创业团队之前,对该团队的理念、成员的能力、工作的经验等方面有一个明确的要求和标准。大学生创业过程是充满了风险和不确定性,创业团队必须有共同的理想和信念,才能在遇到困难时,齐心协力、共渡难关。这就需要团队的组织者或团队中起协调作用的成员去统一团队成员的目标,明确方向,与此同时,目标必须合理、切实可行,才能达到团结统一的目的。能否统一团队目标,直接决定了团队运作的成败。

(二)团队互补原则

一个创业者能力再强、专业水平再高也无法完成所有的工作任务,因此,大学生创业者寻求团队合作,其目的就在于弥补创业目标和任务与个人自身能力间差距。只有当团队成员相互间在知识、技能、经验等方面实现互补时,才有可能通过相互协作发挥出"1+1>2"的协同效应。在美国硅谷流传着这样的说法:一个由 MBA(工商管理硕士)和 MIT 博士(麻省理工学院博士)组成的创业团队,就是获得风险投资的保证。一个由科研、技术、市场、融资等人才组成的优势互补的创业团队,其创造力和成功率是不容置疑的。

(三)责权利分配明确原则

企业在管理方面出现问题很多都是出在责权利的分配不明确上,从而导致执行不力,应对突发事件反应不足,目标难以完成等结果的发生。在责任、权利、利益三个方面要想进行有效的分配,最基本就是应履行的责任、掌握的权利、获取收益的标准三个方面要相符。对于大学生创业团队而言,一开始就要根据所创办企业的特点,将这三个方面制订得清晰、细化,以避免日后造成团队分歧或分裂。

(四)单一核心原则

任何一个创业团队都有一个带头人作为团队的核心人物,组建大学生创业团队也是如此。在大学生创业团队中一定要有个能够胜任的领导者,而这个领导者可能是创业的发起人,可能是某项专利的发明者,也可能是好点子最多的人或投资最多的人。但这些都不是决定的因素,决定因素的是创业团队成员在多年同窗或合作共事过程中,发自内心认可的,具有远见、威望、公平、有魄力和决断力的人。优秀的创业团队只有一个核心人物,而不能出现两个或三个核心人物。往往大学生容易感情用事,比如志同道合的同学、哥们合伙一起创业,制订好同样的投资、同样的回报,虽然工作职责各有分工,但在团队中权利和收益相同。这种"两个人拧成一股绳"不分彼此的做法,在创业起步期可能有好的一面,但日后团队壮大了,事业发展了,就可能会因为多核心出现各种矛盾,甚至导致最终分崩离析。

(五)沟通协作原则

创业团队的沟通与协作是团队内部进行信息交流和信息资源共享的有效方式,同时也是感情交流、统一意志和坚定信心的有效交流途径。创业团队组成后由于企业的业务繁忙,各管各摊的事,往往忽略了相互之间的沟通和与协作,时间一久,容易产生生疏感,一旦出现误会或分歧,又不能及时解决,这对团队的团结和发展是非常不利的。所以一个优秀的团队要经常进行良好的沟通与协作,这样不仅可以消除误会,还可以增加团队的团结和凝聚力,形成一个相互之间经验交流、成果分享的氛围,使团队始终和睦相处,充满朝气。

(六)精简高效原则

大学生创业准备期应该考虑到,为了减少创业初期的运作成本、最大比例的分享成果,在组建创业团队时,在人员构成方面应在保证所创办企业能高效运作的前提下尽量精简。比如由两个最多三个人组成创业团队,责权利分明,随着业务发展,可以根据需要增加企业的管理人员和员工。

(七)建立有效激励机制原则

大学生在组建创业团队过程中,对如何建立激励机制还很陌生,但激励机制的建立对团队的发展非常重要,创业者在组建创业团队的实践中必须要学会和运用这一原则。首先要正确判断团队成员的"利益需求",这是有效激励团队成员的前提。不同类型的人员对于利益有不同的需求,有些成员将物质追求放在第一位,有些成员则更希望能够获得荣誉、发展机会、能力提高等其他需求。因此,创业团队的领导者必须加强与团队成员的交流,针对各成员的情况采取合理的激励措施。创业团队的利润分配必须体现出个人贡献价值的差异,而且要以团队成员在创业过程中的表现为依据,而不仅是对某一业务、某一阶段的业绩。其具体分配方式要有灵活性,既包括诸如股权、工资、奖金等物质利益,也包括个人成长机会和相关技能培训等内容,并且能够根据团队成员的期望和企业发展的实际进行适时、适当的调整。

二、创业团队的类型

大学生在组建创业团队过程中,根据团队成员组成特点、层次、结构等因素,会组建成不同类型的创业团队,不同类型的创业团队各有其特点。常见的创业团队有以下三种类型。

(一)领袖型创业团队

所谓领袖型创业团队是在创业团队中有一个核心人物充当"主导"角色。一般是在这个人最先有了创业项目,在深入调研、充分论证,甚至有了一定资金支持的情况下,率先创业,然后再根据技术或项目推广的需求,找相关的人员参与组成创业团队。在团队形成前,核心人物已经根据自己的思路想法选择相应的人员参加团队,这些参加团队的成员也许是以前熟悉的,如同学、朋友等,也可能是之前不熟悉的,通过介绍或招募的,这些人在创业中更多的担当参加者和支持者的角色。

这种创业团队的特点是:
①组织结构紧密,向心力强,主导人物在组织中对其他成员有较大的影响力。
②决策程序相对快速简单,效率较高。
③容易形成决策权利过分集中的局面,使决策事物的风险加大。
④当其他团队成员和主导人物发生冲突时,因为核心主导人物的特殊权威,使其他团队成员在冲突发生时往往处于被动地位,在冲突较严重时,作为成果的一方一般都会选择离开团队。

阿里巴巴的马云、盛大的陈天桥、巨人的史玉柱就是典型的领袖型创业团队中的主导人物,他们所创建的公司的团队,即领袖型团队。

(二)伙伴型创业团队

这种类型的创业团队在大学生创业者中比较常见。团队成员在创业之前都有较为密切的关系,比如同学、校友、亲友、朋友、同事等。在交往过程中,共同认可某一创业想法,并就创业达成了共识以后,开始共同创业。在创业团队组成时,没有明确的核心人物,大家根据各自的特点进行自发的组织角色定位。因此,在企业初创时期,各位成员基本上扮演的是合作者或者伙伴角色。

这种创业团队的特点是:
①团队没有明显的核心,整体结构较为松散。
②组织决策时,一般采取集体决策的方式,通过大量的沟通和讨论达成一致意见,因此组织决策效率相对较低,容易贻误商机。
③由于团队成员在团队中的地位相似,因此容易在组织中形成多头领导的局面。
④当团队成员之间发生冲突时,会采取平等协商、用沟通的方式消除冲突,平时出现的小误会或分歧,一般不会影响团队成员之间的关系,因而不会有人轻易离职。但是一旦团队成员间的冲突升级,如果处理不当或无法统一,就会使某些团队成员团队,容易导致整个团队的涣散甚至分裂。

(三)核心型创业团队

这种创业团队是由领袖型和伙伴型创业团队演化而来。基本上是前两种的中间形态。即在团队中有一个核心成员,但是该核心成员地位的确立是团队成员协商的结果,因此核心人物从某种意义上说是整个团队的代言人,但不是主导型人物,其在团队中的行为必须充分考虑其他团队成员的意见,不如领袖型创业团队核心人物那样有绝对的权威。

这种创业团队有以下特点:

①团队没有明显的核心,整体结构较为松散。

②组织决策时,一般采取集体决策的方式,通过大量的沟通和讨论达成一致意见,因此组织决策效率相对较低,容易贻误商机。

③由于团队成员在团队中的地位相似,因此容易在组织中形成多头领导的局面;核心人物的行为必须充分考虑其他团队成员的意见,不像领袖型创业团队中的核心主导人物那样有权威。

第三节 创业融资

任何创业活动,包括企业创立、经营和发展都离不开资金的支持。对准备创业的大学生来说,缺少创业资金就像"拦路虎"一样阻碍着大学生创业的进程。所以筹措创业资金不仅是大学生创业准备过程中一项重要工作,而且还关系到创办企业的生存与发展。作为创业主体的大学生,由于缺乏社会实践经历和企业经营管理经验,所选择的创业项目具有不确定性和高风险性,常常使得大学生的创业融资举步维艰、一筹莫展。在大众创业万众创新的大背景下,大学生创业融资有了新的突破,只要大学生创业者坚持自己的创业梦想,做好创业的充分准备,在筹措创业资金方面通过正确的融资渠道和方法,注意避免融资的误区,就会获得融资的成功。

一、大学生创业融资的渠道和方法

一般来说,多数大学生创业者都是从创办小微企业开始走上自主创业道路的,虽然企业规模小,但仍然需要购置设备、交付房租、开办企业的启动资金和初期经营周转等项费用。在创办企业前,大学生创业者最迫切的事情莫过于筹集到这笔创业资金。其实大学生创业融资的渠道和方法有许多种,创业者可以根据自身的情况和所办企业的特点,找到最适合自己的融资渠道。

大学生创业融资渠道主要有以下几种:

(一)自筹资金

自筹资金是大学生创业融资的主要渠道。所谓自筹资金是指大学生通过家庭、亲属、朋友等关系采取资助形式,以及本人通过兼职创业自己投入等方式,获得创业资金来源。这种融资方式所筹集的资金简便、快捷、成本较低、时间较宽松、风险较小。但这种靠个人或家庭及亲朋好友所筹集的资金额度不大,对家庭经济条件较好,所创办的企业是小微企业的创业者比较适合。

(二)银行贷款

银行贷款是指银行根据国家政策以一定的利率将资金放贷给资金的需要者,并约定归还期限的经济行为。它是市场融资的主要方式,被誉为创业融资的"蓄水池"。

从2015年以来,国家对大学生创业融资贷款出台了一系列政策和措施扶持大学生创新创业。以黑龙江省为例,黑龙江省政府出资2亿元设立省级政策性担保公司,即黑龙江省大学生创业贷款担保有限公司,并与哈尔滨银行、龙江银行、黑龙江省信用联社等单位合作,面向全省创业大学生,推出10万元以内的政策性政府贴息贷款。目前,哈尔滨银行、龙江银行已经推出了大学生创业贷款产品。这种贷款产品是鼓励大学生创新创业而设立的一种无息贷款方式,利息由财政补贴。

大学生创业无息贷款申请条件和程序如下:

①大学专科以上大学生或毕业5年内的毕业生,有自己有效的身份证和自己贷款行所在地的合法的居住证明活经营场所。

②申请人必须从事正当的生产经营项目,并有当地工商管理部门颁发的营业执照,有稳定的收入和偿还贷款的能力。

③申请人申请的贷款要符合法律规定以及银行信贷政策的规定。

④在申请贷款进行的投资项目里,要存在一定的自由资金,并且在申请贷款的银行开设一个结算账户,项目执行后营业收入需经过银行结算。

⑤办理营业执照程序如下:

a. 到市工商局及各分县工商局登记注册大厅领取登记表格。

b. 向登记机关申请公司名称预先核准登记。

c. 填写公司登记表格并提交验资报告、公司章程及场地证明,向登记机关递交公司登记申请。

在满足以上几点的申请大学生创业无息贷款的条件后,申请人就可以拿着相关的资料到所在地人社局申请。人社局经过初审、复审通过后,报给当地的担保机构,担保机构觉得同意后会为申请人担保,最后申请人带着以上办理好的资料,再到银行进行审批。如果审批通过后,就可以办理贷款了。

(三)政府扶持基金

随着国家不断加大对大学生自主创业支持的力度,由政府对大学生创业提供的扶持基金也逐步增加,大学生创业者可以从政府方面获得更多的融资支持。

1. 科技型中小企业技术创新基金(简称创新基金)

创新基金对准备创办科技开发性中小企业的大学生创业者很有利。这部分基金经国务院批准设立,用于支持科技型中小企业技术创新的政府专项基金,专门支持和引导科技型中小企业技术创新活动。创新基金的支持方式主要有:贷款贴息、无偿资助、资本金投入等。另外科技部的火炬计划等每年也有一部分基金用于科技型中小企业的研发、技术创新和科技成果转化。

2. 中小企业国际市场开拓基金

这部分基金是中央政府和地方财政用于支持中小企业开拓国际市场的专项基金。在大学生创业者中不乏创办了对外贸易和对外技术合作等方面的中小企业,这些企业可以利用这部分专项基金。

3. 高新技术更新改造项目贴息基金和国家重点产品补助基金

政府扶持基金主要是以上三种形式,各地方政府为扶持创业型经济的发展,也陆续出台了许多政策,支持大学生自主创业。大学生创业者可以根据自己创业的特点,充分利用好政府的扶持政策,获得更多的政府基金支持,降低创业融资成本和风险。

(四) 风险投资

所谓风险投资(Venture Capital,VC)是将资金投入具有巨大增长潜力,但同时在技术、市场等方面存在着巨大风险的高新技术产业的一种投资行为。

作为没有社会经验的大学毕业生,即使创办科技含量较高的企业或者拥有较好的创意和专利以及市场前景看好的创业项目,也往往很难得到风险投资者的青睐。在初创阶段,大学生创业者普遍采取的方式是自己赚钱"养"项目来维持生存。那么大学生创业者应该采取什么方式来吸引风险投资呢?

首先,拟定好一份切实可行、有一定吸引力的创业计划书。

其次,所要创办的企业必须有独特的技术和很好的市场前景和潜力,而且其技术或产品令竞争对手很难模仿,有一定的独创性。

第三,组建一个具有互补性技能的团队。

第四,大学生创业者缺乏的不仅仅是资金本身,更重要的是找到能够在经营管理、营销战略等方面提供最大帮助的投资者。

在风险投资合同谈判过程中,有必要找一位熟悉风险投资的律师或财务顾问协助谈判。

(五) 天使投资

天使投资是风险投资的一种形式,是由个人投资者对创业者进行投资,承担创业风险并享受创业成功的高收益,业内人士将这些投资者称为"天使"。天使投资人大多是企业家和大型科技公司、跨国公司的高管,如徐小平、雷军、周鸿祎、李开复等。对于大学生来说,这些"天使"是最有帮助的,个人投资者不像机构投资者那样有严格的审核,除了给资金,还会对企业的发展进行持续关注,并且提供一些创业资源。

二、大学生创业融资的误区

大学生解决创业资金问题可以通过很多融资渠道，但缺乏社会实践经验的大学生来说，由于不具备完善的金融知识和缺乏商业讯息，加之管理能力和经验不足，往往因为急于得到资金，很陷入融资的误区之中。归纳一下有以下几个误区：

（一）急于求成

一些大学生创业者在创业准备过程中，创业项目已经得到论证，创业团队也创建完毕，似乎万事俱备只欠创业资金到位的"东风"了。为了融入创业资金启动公司、开展项目，急于寻找投资者，急于求成的心理，使他们不去做任何细致的市场价值的评估和调查，只要有人投资，不论额度大小，立即签约，以至出现因得到小钱而出让大股份，廉价出售于有技术或创意的情况。一些投资者就是利用大学生盲目急于求成的心理，以很小的投资换取很大的市场份额和技术开发的自主权，使得大学生来之不易的技术和创意拱手相让。有不少核心技术拥有者在公司运营一段时间后，对当初的投资协议深感不满并提出毁约，而这样做的后果，又会使自己在资本市场上失去信誉。

因此对于大学生创业者，要充分估计自己的有形资产和无形资产的价值，既不要妄自菲薄，低估了自己的价值，也不要失去每一次融资的机会，必须保持清醒，稳扎稳打，不急不躁，争取在融资这一环节上有足够的耐心。

（二）乱拉合伙人

大学生寻求投资者不仅需要其在资金上得到帮助，还需要投资者提供增值性服务和管理等方面的指导。有些大学生在创业融资过程中对这个问题缺乏认识，因为大学生创业很难找到融资对象，能找到一个投资者，不论能否提供其他的帮助便急忙与其捆绑在一起，拉来作为合伙人，以为只要资金到位似乎就能解决一切创业困难。其实不然，这样的融资使投资人轻易地会分享自己的项目盈利。给后续发展带来很多麻烦。

大学生在创业融资的过程中要多渠道地选择和比较。如果在选择合伙人时，要选择那些与自己经营理念相近，其业务能力可以为企业发展和项目渠道、营销战略等提供帮助的投资商，而不要仅为了融资而融资使自己处于被动地位。

（三）资金使用不当

一些大学生创业者获得风险投资以后，在如何使用创业资金方面缺乏整体的规划。在公司初建期就花掉很多风险资金，有人形容是"烧别人的钱圆自己的梦"。待公司发展到一定规模时，因前期过度耗费导致资金短缺，不得不再寻找新的投资者，一旦新的投资者了解到该公司曾经对风险投资不负责任地过度使用，就会产生对其信用方面的质疑，从而导致投资搁浅。

这就要求大学生创业者要有双赢的意识,不要急功近利,对创业资金要有个全盘的规划,让创业资金使用在最需要的地方。只有解决好了创业融资问题,才能将自己的技术和创意转化为赢利的工具,才能在激烈的市场竞争中立于不败之地;只有对投资人负责,才能使自己的企业茁壮成长。

【小资料】

著名的风险投资机构

1. IDG 技术创业投资基金(最早引入中国的 VC,也是迄今国内投资案例最多的 VC,成功投资过腾讯、搜狐等公司)投资领域:软件产业电信通讯、信息电子、半导体芯片、IT 服务、网络设施、生物科技、保健养生。

2. 软银中国创业投资有限公司(日本孙正义资本,投资过阿里巴巴、盛大等公司)投资领域:IT 服务、软件产业、半导体芯片、电信通讯、硬件产业、网络产业。

3. 凯雷投资集团(美国著名 PE,投资太平洋保险集团、徐工集团)投资领域:IT 服务、软件产业、电信通讯、网络产业、信息电子、半导体芯片。

4. 红杉资本中国基金(美国著名互联网投资机构,投资过甲骨文、思科等公司)。

5. 高盛亚洲(著名券商,引领世界 IPO 潮流,投资双汇集团等)。

6. 摩根士丹利(世界著名财团,投资蒙牛等)。

7. 美国华平投资集团(投资哈药集团、国美电器等公司)。

8. 鼎晖资本(投资过南孚电池、蒙牛等企业)。

9. 联想投资有限公司(国内著名资本,投资苏宁电器,总裁赵令欢)投资领域:软件产业、IT 服务、半导体芯片、网络设施、网络产业、电信通讯。联想旗下投资公司主要由弘毅投资去完成。

10. 纪银创投(JIN VC)是一家新兴的创业投资机构,成立于 2011 年初,主要投资于高科技、新能源和新兴农业领域。

11. 浙江浙商创业投资股份有限公司(民企)投资领域:关注(但不限于)电子信息、环保、医药化工、新能源、文化教育、生物科技、新媒体等行业及传统行业产生重大变革的优秀中小型企业。

12. 今日资本,2005 年创立,是一家专注于中国成长性企业的国际投资基金,管理着超过 2.8 亿美元的基金,主要来自英国政府基金、世界银行等著名投资机构。今日资本已投资项目包括我要钻石网、土豆网、真功夫等中国企业。

13. 红杉资本,红杉资本创始于 1972 年,共有 18 只基金,超过 40 亿美元总资本,总共投资超过 500 家公司,200 多家成功上市,100 多个通过兼并收购成功退出的案例。

14. 软银赛富投资顾问有限公司是一家总部设在香港主导亚洲区域投资的企业,在中国、印度和韩国有分支机构。软银赛富投资顾问有限公司已参与投资近 20 亿美元。软银赛富投资顾问有限公司投资领域横跨几个高成长性部门,涵盖消费品&;服务、技术、媒介、电信、金融服务、医疗保健、旅行和旅游业,和制造业。软银赛富投资顾问有限公司致力服务于中国内地、印度、韩国、中国香港和中国台湾等地区。投资团队集中在中国香港、中国内地(北京、上海、天津),印度(海得拉巴,新德里)和韩

> 国(首尔)。软银赛富投资顾问有限公司形成了的投资团队拥有丰富的投资经验,并为其与合作企业建立的牢固伙伴关系而感到自豪。
>
> 引自 baike.baidu.com/ 2013-08-26

第四节 创业机会识别与创业风险防范

创业者发现与把握机会不同,其创业结果也有所不同。成功的创业者能及时捕捉住创业机会,并在众多的机会中选择适合自己的创业机会进行创业。但机会总是伴随着风险,创业本身就是一种高风险的行为。作为大学生创业者,在创业准备和实践过程中必须要学会识别、开发、利用并把握住创业机会的技能,同时还要掌握规避和防范创业风险的知识,这样才能使自己的创业事业向正确的方向发展。

一、创业机会的识别

大学生创业,创办自己的企业并能够生存和发展,前提是其产品或服务是否能满足市场需求。但能够满足市场需求不一定就是大学生的创业机会,比如开个饭店、食杂店等一样能满足消费者需求,因为大众或竞争者都能很容易地进入市场,在基本饱和的传统行业里分得一份羹,这对大学生创业者来说并非是好的创业机会。正如马克·吐温所说:"我极少能看到机会,往往在我看到机会的时候,它已经不再是机会了。"另外,有些大学生认为有了新奇独特的创意就会产生创业机会,其实新奇的商业创意并不等于实际的创业机会。

那么创业机会的特征是什么,大学生创业者如何识别和把握创业机会呢?

(一)创业机会的特征

创业机会是指创业者可以利用的商业机会或市场机会。进一步说,创业机会是指创业者通过对资源进行创造性的组合来满足市场需求从而带来超额价值的可能性。我们不能简单地说创业者有了新异的创意就能转化为创业机会,也不能说有了市场需求就是好的创业机会,而是将好的创意运用到市场中去营造出满足市场需求的新产品、新服务或新业务。

《21世纪创业》的作者杰夫里.A.第莫斯教授提出好的创业机会有以下四个的特征:

第一,它很能吸引顾客。

第二,它能在你的商业环境中行得通。

第三,它必须在机会之窗存在的期间被实施(注:机会之窗是指商业想法推广到市场上去所花的时间,若竞争者已经有了同样的思想,并把产品已推向市场,那么机会之窗也就关闭了。如果你的创意迟迟转化不来市场需求,或者大家都在做同样的生意,那就失去了机会之窗,就谈不上是创业机会了)。

第四,你必须有资源(人、财、物、信息、时间)和技能才能创立业务。

(二)如何识别创业机会

创业机会识别是创业活动的关键问题。创业机会识别是创业过程的起点,创业过程就是围绕着机会进行识别、开发、利用的过程。正确地识别和把握创业机会是大学生创业者应当具备的重要技能。

创业过程中许多好的创业机会并不是突然出现的,而是当创业者建立起一个识别市场机会机制之后才会出现。在创业机会识别阶段,创业者需要弄清楚的是:机会在哪里?如何识别?

1. 从变化中发现机会

作为大学生创业者不仅要适应变化的环境,更要学会在变化中发现机会,一成不变的环境很难有创业机会存在,只有变化才有机会。著名管理大师彼得·德鲁克将创业者定义为那些能"寻找变化,并积极反应,把它当作机会充分利用起来的人"。我们可以从经济因素、科技进步、政治制度等因素的变革或变化中去发现机会。

(1)经济发展变化

一般说国民经济的发展程度可以影响国民的可支配收入水平,而可支配收入水平的高低直接影响着消费者的支配行为。当收入水平较低时,人们主要购买日常必需品,当收入水平较高时,人们更愿意购买一些可以提升生活品质的产品和服务。同样经济发展水平发展不同的地区,人们的消费水平也有所不同。所以大学生创业者要从经济发展的变化中识别和把握商业机会。

(2)科技进步程度

在科学技术日新月异、迅猛发展的今天,大学生创业者必须密切专注高新技术的发展趋势,不断地评估这些高科技的发展和进步给经济和人们的生活水平带来什么样的变化,并从高科技带来的变化中发现商机。比如我们最常见的是PC和数码相机。这些技术及相关产品最初并不为人看好,大公司也不做,但其实它更方便、更便宜,更能改变人们的做事方式,能提供最适用的技术和产品以满足市场需求,并往往能颠覆市场。正是由于科学技术的发展所产生的新兴产业给市场带来了巨大的变化,同时也为大学生创业者创造了大量的创业机会。

(3)政治和制度变革

政治和制度变革也会带来创业机会。党的十七大召开以后,一些新法律、新政策的出台为大学生创业者提供了创业机会。比如,抓住民生项目,开发潜在服务商机;依据创造条件让更多群众拥有财产性收入的要求,开发"多维创收"的商机;把握文化大发展机遇,开发"文化营销"的商机;抓住人力资源亮点,开发人力资源培训的商机。

另外一些特殊和偶发事件也可以成为创业者创业机会的来源。比如2008年北京奥运会就蕴藏了很多创业机会,而且有些大学生创业者的确抓住了北京奥运会的商机,从那时发展壮大起来。

2. 从发现问题和解决问题中找机会

美国人李维斯看到采矿工人工作时跪在地上,裤子膝盖部分特别容易磨破,于是他灵机一动,把矿区里废旧的帆布帐篷收集起来,洗干净重新加工成裤子,"牛仔裤"就这样诞生了,而且风靡全球。李维斯将问题当作机会,最终实现了致富梦想。创业需要机会,而机会要从问题中去发现。

创业机会是从注意到问题的存在并找到解决问题的方法中得以发现。世界上没有绝对完美的产品和服务,从不完美之处就能寻找到市场机会。正如美国现代派作家"同事业组织"创始人约翰加德纳说过的一句话:"每个问题都是一个被精巧掩饰的机会。"

大学生在创业过程中要善于学会从发现问题中来寻找机会。

(1) 从自己遇到的问题中找机会

想一下当你在购买商品时,或者需要并接受服务时,以及在业务开展过程中,曾遇到什么样的问题让你不甚满意或影响你的业务进程。通过你自身感受到的产品质量问题、服务不到位等问题,你如何解决这些问题。在解决问题中可能就会发现某种商机的存在。

(2) 从其他人遇到的问题中找机会

通过倾听经常可以听到很多人对市场上一些产品质量、功能等及服务质量如何如何差的抱怨。这对大学生创业者来说,完全可以在他人的抱怨声发现问题的所在,因为这些问题的存在意味着消费者的需求未能得到满足。通过收集这些"问题"的信息就可以从中分析解决的办法,也就可以从中挖掘出很多机会。

(3) 你所在的社区人们缺少什么

大学生创业者可以通过自己生活和工作的地区进行市场调查,看看本社区的人们到底需要什么、还缺乏哪些服务、存在着哪些问题等,并从社区人们的需求短缺和存在的问题中找出机会。

总之,大学生创业者要善于从变化和问题中识别创业机会,还要善于从别人忽略的现象和在直觉、偶然发现中识别创业机会。

二、大学生创业风险

大学生创业离不开创业机会和机遇,但机遇总是与风险共存,任何一种创业活动都存在着一定的风险。所谓创业风险是指创业环境的不确定性,创业机会与创业企业的复杂性,创业者、创业团队与创业投资者的能力与实力的有限性,而导致创业活动偏离预期目标的可能性及其后果。创办企业存在着风险是必然的,没有风险的企业也不会是产生利润的企业。正是因为创业有巨大的风险,才会有创业者前赴后继顶着风险毅然决然地走上创业道路。

大学生创业者在识别和把握住创业机会的同时，要尽可能地识别机会中暗藏的风险，科学的规避和防范创业中的风险，制订出防范风险的策略，以减少风险对创业活动的影响，这是大学生创业者在创业活动中必须学会和掌握的技能。

（一）创业风险的类型

大学生创业者如何防范创业过程中的风险，首先要了解创业风险有哪些？概括地说创业风险有以下几种：

1. 创业项目风险

创业项目风险主要有两个方面：一是大学生在创业时缺乏前期的**市场调研和论证**，在选择创业项目中往往盲目跟风，选择热门，等到进入市场后才发现市场已处在"红海"状态，由于缺乏竞争力，只能败下阵来；二是仅凭想象和兴趣来决定选择创业项目，结果与**市场需求**不相吻合，消费者和客户不认可导致创业失败。

2. 创业资金风险

大学生创业是否有足够的创办资金，是否有足够的资金支持企业的正常运作，是大学生创业者必须考虑的。如果连续几个月入不敷出，或者因为其他原因导致企业的现金流中断，都会给企业带来极大的威胁。有很多的大学生企业在创办初期因资金紧缺而严重影响业务的拓展，甚至错失商机而不得不关门。

3. 创业技术风险

当大学生创业者最初以科学技术产品作为进入市场的突破口时，一般只停留在自己满意的论证程度上，技术并没有经过市场过程的验证，因此，技术究竟是否可行，是否能够转化为商品还没有十足的把握，可能会在预期与实践之间存在着一定的差距，从而导致风险。

4. 创业竞争风险

大学生在创业准备期间，对自己的创业构想都希望找到"蓝海"市场。但实际情况对于任何新企业在任何行业都会面临着激烈竞争，包括客户、资源的竞争、价格竞争等。正是由于市场竞争所带来的不确定因素，会导致大学生新办的企业，因缺乏资金和市场销售经验等，处在竞争的不利地位，并承担因创业竞争失败而被淘汰的风险。

5. 创业管理风险

一些大学生创业者虽然技术出类拔萃，但理财、营销、沟通、管理方面的能力不足。创业失败者，很多是管理方面出了问题，其中包括决策随意、信息不通、理念不清、患得患失、用人不当、忽视创新、急功近利、盲目跟风、意志薄弱等。特别是大学生知识单一、经验不足、资金实力和心理素质明显不足，更会增加在管理上的风险。

4. 财务风险

财务风险是指大学生创业者在创业过程中在理财中存在的风险。一般来说，导致财务风险的现象有：对创业所需要的资金估计不足；不能及时筹措创业资金；企业的财务结构不合理;融资不当;现金流管理不力使企业丧失偿还能力等。

（二）创业风险的防范

创业风险总是贯穿着创业的整个过程。大学生要创业就一定要在风险和收益之间进行抉择和权衡,既不能为了收益而不顾风险的大小而铤而走险,也不能因害怕风险裹足不前而错失良机。要在争取实现目标的前提下,学会如何规避和防范创业风险,这才是创业者对待风险的正确态度。

1. 学会风险识别

风险识别是创业者对创业过程中可能发生的风险进行感知和分析的过程。只有通过了解创业过程中存在着风险,才能进一步在此基础上进行风险的分析,寻找出创业风险存在的条件和因素,从而拟定处理风险的方案。

2. 学会风险评估

风险评估是创业者在创业过程中,通过对所有不确定因素和风险要素进行系统、充分的考虑,确定在创业过程中各种风险发生的可能性,和发生后可能带来的损失程度。风险评估主要是对风险发生的可能性大小、可能的结果和危害程度、发生的时间等方面进行估计。大学生创业者通过对创业风险的评估,做到心中有数,从而为控制和防范创业风险打下基础。

3. 学会风险应对

风险应对是创业者在风险评估的基础上,采取及时有效及合理的方法对风险进行控制和防范,以实现最大的安全保障。大学生创业者在应对创业风险时,要注意策略的选择,既要避开当前的风险,又要考虑长远的利益。

【小资料】

大学生创业的十大风险

①项目选择盲目。
②缺乏创业技能。
③资金风险。
④社会资源贫乏。
⑤管理风险。
⑥竞争风险。
⑦团队分歧的风险。
⑧核心竞争力缺乏的风险。
⑨人力资源流失的风险。
⑩意识上的风险。

——摘自乐山人才服务网

第五节 创业计划

大学生创业不仅需要胆识和创意,更需要有理性的思考和计划。大学生创业者在创业之前应该制订一份完整的创业计划,并通过创业计划书的形式向合作伙伴、投资者、客户、自己的员工等全面阐述创办企业的创业思路、经营理念和措施以及发展目标等。创业者应该像重视选择创业项目、组织团队、筹集创业资金、防范风险一样认真地、实事求是地拟定创业计划书。

一、创业计划的作用

创业计划也称为商业计划,是在市场调查研究的基础上形成的以创业计划书的形式全方位描述企业发展的文件,它是引领创业的总纲领,是创业者具体行动的指南。创业计划不仅可以让创业者清晰本企业的发展思路,还可以使投资方、合作伙伴了解和明白公司项目的投资价值以及合作的前景。大学生创业者首先要清楚创业计划的重要意义和作用。

(一)创业计划是创业者把握创业整体思路和发展目标的总纲领

著名风险投资家尤金·克莱纳(Eugene Kleinberg)说:"如果你想踏踏实实地做一份工作的话,写一份创业计划能迫使你进行系统的思考。有些创意可能听起来很棒,但是当你把所有的细节和数据写下来的时候,它自己就崩溃了。"大学生创业者要经常深入市场调查研究,以科学的态度,全面和客观地从整体角度编写创业计划,并通过创业计划审视自己的创业思路,理清经营理念,明确创业目标。

编写创业计划并非一蹴而就的事情,根据企业的实际情况、市场的变化、竞争者的状况等因素而不断调整和完善。在调整和完善创业计划的过程中,创业者要根据变化的情况,及时改变自己的销售策略或者修改自己的经营思路,向着更有利于企业发展目标的方向发展。

(二)创业计划是投资者决策是否投资的重要参考

创业需要创业融资,一份详情完备的创业计划一定包含着投资者所需要的信息和重点关注的事项。它应包括:企业现实业绩和发展潜力、企业的核心团队、该项目在市场中的竞争力和回报率、对资金的需求、财务现状和偿还能力等。投资者和合作伙伴一般都是通过企业的创业计划和实地考察来决定是否投资及合作的,如果对该企业的创业计划不满意,投资或者合作就难以实现了。可见一个好的创业计划对大学生的创业融资是何等重要。

(三)创业计划帮助创业者有效管理创业团队并增强员工的凝聚力

一份清晰的创业计划不仅能增强创业者的自信,更重要的是创业计划中对企业的预期目标、经营战略、市场前景和企业发展方向等方面,能使创业者有效地管理创业团队,使管理层和员工对企业及个人未来充满信心,增强全体员工的凝聚力,同时也能吸引创业者所需要的人才;有利于大家团结一致、同甘共苦,为企业的发展奉献自己的力量。

(四)创业计划为企业发展目标和经营活动提供依据和支撑

创业计划也是为企业发展所做的规划。创业计划的构思主要是围绕着企业的发展,比如企业经营战略、资金规划、财务核算、产品开发、风险防范、市场目标、盈利状况等,都是与实现企业发展目标紧密相关的。

任何企业都是以盈利为目标的。企业通过生产经营活动并为社会提供产品和服务。而所制订的创业计划离不开对企业经营活动的说明和阐述。创业计划的形成是以市场调查研究为基础的,对企业产品(服务)的开发、经营等活动的开展都要有根有据,所以创业计划无论为企业的整体发展目标还是企业的经营活动都起到了依据和支撑作用。

【小资料】
《牛津商务字典》关于创业计划的定义

一个详细的计划,它设定了企业在一段时期内的目标,通常是3年、5年或10年。许多企业都会制订商业计划,尤其是在企业经历了一番挫折或企业政策进行了一次重大调整之后。对于新兴企业来说,商业计划也是企业筹措资本或贷款的必要文件。商业计划应该尽可能量化目标,提供至少头两年的月现金流和生产数据,其后几年的相应细节可逐渐减少。商业计划还必须简要阐明企业实现其目标的战略和策略,应该提供至少两年的预计季度损益表,以及其后的年损益表。集团公司的商业计划经常称为公司计划。

二、撰写创业计划书

创业计划撰写成书面形式即创业计划书。创业计划书的撰写者不但要对行业、市场进行充分的研究,还要有很好的文字功底。创业计划书既是创业融资的必备材料,也是企业对自身现状及未来发展战略做出的全面思索和定位。

(一)创业计划书的主要内容

大学生创业者在撰写创业计划书时,必须按规范的形式来编写。不要过于简略、只写几页的项目介绍就行了;也不要认为越详尽就越好,洋洋洒洒上百页,甚至把无关的鉴定报告、报章摘要和大量的数据分析图表也写进去,实际上投资者、合作者等很难读篇幅过长的创业计划书。

创业计划书是大学生创业者整个创业过程的纲领。在计划书中，除了能让创业者和创业团队清晰自己的创业内容、坚定自己的创业目标外，还要尽量去说服投资者投资，合资者入股。

创业计划书主要内容包括：企业概述、营销策略、企业产品和服务、顾客和竞争对手、行业及市场分析情况、管理团队、财务分析、融资方案、盈利分析、风险评估等，这些是创业计划书必须包括的内容。

(二) 创业计划书的内容和编写格式

1. 创业计划书摘要

创业计划书摘要列在最前面，它是浓缩创业计划书之精华，反映企业之全貌，是全部计划书的核心。创业计划书摘要涵盖了计划的要点，应简明扼要一目了然，篇幅一般控制在两千字左右为宜。主要包括：公司概述、研究与开发、产品或服务、管理团队和管理组织、行业及市场、营销策略、融资说明、财务计划与分析、风险因素、退出机制。

2. 公司概述

这部分是对公司做出介绍。包括：公司的名称（法人或负责人、地址、联系方式、成立时间、注册资金等）、公司的性质（有限责任、股份有限责任、合伙企业、个人独资等）、公司业务情况、公司发展状况和未来预测、本公司与众不同的竞争优势或者独特性、公司的纳税情况等。

3. 公司的研究与开发

介绍公司投入研究开发的人员和资金计划及所要实现的目标。主要包括：研发资金投入、研发人员情况、研发设备、研发的产品的技术先进性及发展趋势等。

4. 产品或服务

产品或服务是创业计划书中必不可少的重要内容。创业者要将自己的产品或服务创意向风险投资者或合作者做较详尽的介绍，它是进行投资项目评估和决策时最受关注的问题。主要有下列内容：

①产品或服务的名称、特征及性能用途。
②产品的研究和开发过程。
③产品处于生命周期的哪一阶段。
④产品的市场前景和竞争力如何。
⑤产品的技术改进和更新换代计划及成本。
⑥产品的品牌和专利。

5. 管理团队

在投资者考察企业时，管理团队是非常重要的考察内容。在某种意义上讲，创业者的创业能否成功，最终要取决于该企业是否拥有一个强有力的管理团队。要全面介绍公司管理团队情况,包括:公司的管理机构、主要股东、董事、关键的雇员、薪金、股票期权、劳工协议、奖惩制度及各部门的构成等情况;都要用明晰的形式展示出来,从而展示出公司管理团队的战斗力和独特性及凝聚力和团结战斗精神。

6. 市场与竞争分析

首先,要分析目标市场,主要对产品的销售金额、增长率和产品或服务的总需求做出有充分依据的说明和预测。然后根据目标市场对市场进行细分。这是对企业的定位,要细分各个目标市场,并且讨论本企业想从细分市场里取得多少销售收入、所占市场份额和利润。

其次,从市场营销的角度来阐述,这是投资者十分关心的问题。公司的市场营销策略应说明以下问题:营销机构和营销队伍、营销渠道的选择和营销网络的建设、广告策略和促销策略、价格策略、市场渗透与开拓计划、市场营销中意外情况的应急对策等。

第三,对企业所面对的竞争格局进行分析。主要分析市场中的主要竞争者有哪些、竞争对手的实力如何、是否存在有利于本企业产品的市场空间、本企业预计的市场占有率是多少、本企业进入市场会引起竞争者怎样的反应、这些反应对企业有什么影响等。

7. 生产经营计划

生产经营计划主要阐述新产品的生产制造及经营过程。这一部分内容要详细,细节要明确。投资者主要从这一部分了解企业生产产品的原料采购和供应商的有关情况,还要了解劳动力和雇员的情况和生产资金的安排以及厂房、土地等。这一部分是以后投资谈判中对投资项目进行估值的重要依据。

8. 财务分析和融资需求

财务分析资料是一个需要花费相当多时间和精力来编写。投资者将会从你的财务分析部分来判断公司未来经营的财务损益状况,进而从中判断能否确保自己的投资获得预期的理想回报。财务分析包括以下三方面的内容:

①过去三年的历史数据,今后三年的发展预测。要提供过去三年现金流量表、资产负债表、损益表以及年度的财务总结报告书。

②投资计划。预计的风险投资数额、企业未来的筹资资本结构的安排、获取风险投资的抵押、担保条件、投资资金的收支安排及财务报告编制、投资者介入公司经营管理的程度等。

③融资需求。资金需求计划:为实现公司发展计划所需要的资金额度,资金需求的时间,资金用途(详细列表说明),融资方案;公司所希望的投资人及所占股份的说明,资金其他来源,如银行贷款等。

9. 风险因素

创业计划书中要详细说明项目实施过程中可能遇到的风险,提出有效的风险控制和防范手段,含技术风险,市场风险,管理风险,财务风险以及其他不可预见的风险。

大学生在撰写创业计划书时,可以根据企业的具体特点在撰写风格上与企业相适应,可以灵活地做些调整。

第十三章　开展你的创新创业活动——大学生创业准备与过程

【小资料】

创业计划书实例

《创业计划书》

CDYY 科技有限公司

二〇〇九年七月十三日

目录

一、项目介绍

二、市场分析

三、成本预算

四、盈亏分析

五、风险预测

六、人员机构设置管理方式

七、营销策略

一、项目介绍：

1. 项目名称：CDYY 科技有限公司(未核名)
2. 经营范围：电子取证设备、刑侦技术设备、检测设备、测谎仪等高科技产品的研发及销售
3. 项目资金：(计划)20 万元人民币
4. 项目概述：创办该项目,将减低公、检、法等司法机关的采购风险及费用,完善司法机关的取证设备,对采用高科技犯罪的嫌疑人进行有力威慑。能够及时地让公、检、法司法机关掌握最新的犯罪信息,获取有力证据,为社会挽回经济损失提供了有力的保障。

二、市场分析

目前,四川省公、检、法等司法机关配备该设备十分的有限,根据2009 年最高人民检察院计划财务装备局的文件要求,按行政级别划分为省级院、地级院、县级院三级：省、自治区、直辖市人民检察院；省、自治区、直辖市人民检察院分院,自治州和省辖市人民检察院；县、自治县和市辖区人民检察院。地方各级人民检察院业务装备应该按照财政部《行政单位国有资产管理暂行办法》的相关规定,对检察业务装备进行动态管理,做好业务装备资产保值工作。综上所述,可以清楚看到我们国家对公、检、法等司法机关的专业装备的投入力度,是相当的大。

1. 市场需求分析

四川省,总共有18 个地级市、3 个州；43 个市辖区、14 个县级市、120 个县、4 个自治县！假如每个地级市的公、检、法等司法机关,配置电子取证设备中的其中一种设备,数量还是非常的可观！

2. 市场竞争与前景

社会的进步必然存在竞争,在创业阶段必须足够的重视行业竞争,根据我对这行 3 年的经历,所了解到得信息,该设备在西南地区都还没有一家生产厂家,四川省内部门采购的设备,都存在这以下几个方面问题,如：产品拖延时间长、售后服务不能满足公、检、法等司m法机关的要求等。我们公司立足于四川,能很好地为客户解决上面所有的问题！但是我们也会重视竞争对手,了解他们的优势和劣势,只有扬长避短,公司才能在竞争中取得优势,我司将采取"全方位发展。服务多元化。以优质服

243

务"为原则的经营方针,相信我公司一定能够取得成功。

三、成本预算

1. 薪资预算

①说明:前期计划雇佣2人,共4人,平均工资1 250元/月,则一个月的薪资为5 000元,一年为60 000元。

②社保:按照国家相关规定购买社保。每人每月预计500元,则一月为2 000元,一年为12 000元。

2. 投资预算

说明:

①经营场所,目前有国家政策扶植大学生创业,能为公司提供置业场所。

②充分利用大学生创业园提供的经营场所的设施:电器、办公设备、桌、椅等用品。

3. 经营成本预算

说明:

①每月办公耗材成本。

②每月水、电、物业管理费等成本。

③货运费用成本。

④日常开支等费用。

四、盈亏分析

1. 经营目标

说明:

制订了三年规划。第一年:因为公司刚起步,所有的费用是相当的庞大,争取年底持平;第二年:扩大公司规模,并对省外市场进行扩展,主要发展经销商,年盈利10万元人民币;第三年:完成净利润50万元人民币。

2. 主营业额目标:全年营业额:200 000元

3. 辅导营业目标:全年营业额:10 000元

4. 投资收益预算:主营业利润 = 年营业额 - 总成本及税金

辅导营业利润 = 年总营业额 - 总成本及税金

总利润 = 主营业利润 + 辅营业利润 - 其他费用

五、风险预测

①对竞争对手的了解不足。

②实际投资超出预算。

③管理制度不完善。

控制办法:

①加深对竞争对手的了解:避实就虚,做到他有我有、他无我有,并且定价合理。

②对每次投资要进行经济核算,在预算时要宽松或上下互补。

③对资金的使用情况的管理,应该更加的严谨。

六、人员机构设置管理方式

1. 组织结构与职能范围

2. 领导方式

直接由上级领导。

3. 制定工作岗位职责

由上至下每个工作岗位制定出责任、权利、行为规范。

4. 管理模式

①总经理→部门经理→职员的直接指挥方式。

②实行分级管理：由上至下：部门经理对总经理负责，职员服从部门经理工作分配；由下至上：职员有问题向部门经理提出，部门经理向总经理反映。

③引入竞争机制、激励机制：重视个人绩效表现，部门经理、主任、员工不固定，能者上。

④管理方式人性化：重视调节员工的情绪，发挥积极性，以提高工作效率。

⑤用人标准：

专业人员：本科毕业、持有国家认可的资格证书。

⑥总经理：合作双方选举产生。

⑦员工标准：大中专毕业、道德品质优良、责任心强、努力工作。

5. 建立管理制度

员工守则、岗位职责、待遇、考勤奖罚、晋升、财务。

七、营销策略

1. 服务说明和定价

说明：

①因为该设备据有专业性，所以对服务要求是非常高的，必须要具有专业能力的技术人员，才能够懂得其中的原理，以及熟练的操作，以方便广大公、检、法等司法人员，能够掌握该设备的功能，已经最终能达到的目的，为办法提供有力支持！

②价位应根据客户的需求来进行价格的评定，客户需要满足的功能不同，产品价格也就不相同，客户为了使该设备的功能变得更强大，那么价格就有相当大的悬殊。

2. 经营策划

场所定位：经营面积：40平方米。

营销策略：加强联系、不断了解、推陈出新、满足客户需求。

营销手段：熟人推荐：利用公、检、法等司法机关的专网，向其他地方进行介绍。

宣传推广：利用安防展览会，对产品进行宣传工作。

人员推销：直接推销、电话推销。

3. 经营计划

①利用安防展览会作为全年的重心来抓。

②销售指标落实到个人，经济效益挂钩。

第六节 创业企业的建立

　　大学生创新创业的最后实施阶段是依法申办成立自己的企业。即通过相应的注册登记手续,被工商管理等部门审核批准后,取得企业的合法身份,大学生创业企业才算真正成立,进而通过正式的生产经营活动才能得到社会和市场的认同,达到赢利的目的,实现自己的创业梦想。

　　本节通过大学生创办新企业的主要流程、步骤的介绍,帮助毕业生同学们全面了解创业准备的全过程。

一、企业法律形式的选择

　　大学生创业者根据自己的实际情况和实力为自己的企业选择适合法律形式。目前大学生创业所选择的企业形式主要有个体工商户、个人独资企业、个人合伙企业、有限责任公司。

　　可以根据下面的图表来了解各类企业法律形式的特点。

(一)业主数量及注册资本的异同

业主数量及注册资本的异同见表13.2。

表13.2　业主数量及注册资本的异同

个体工商户	个人独资企业	个人合伙企业	有限责任公司
业主是一个人或一个家庭,无资本数量限制	业主是一个人,无注册资本限制	业主是2个人以上,无注册资本限制	由2人以上50人以下的股东组成,注册资本因不同经营内容列出法定界限

(二)成立条件比较

成立条件比较见表13.3。

第十三章 开展你的创新创业活动——大学生创业准备与过程

表13.3 成立条件比较

个体工商户	个人独资企业	个人合伙企业	有限责任公司
有相应的经营资金和经营场所即可,可以为企业起字号	①自然人 ②有合法的企业名称 ③申报出资款 ④有固定的生产经营场地和必要的生产经营条件 ⑤有必要的从业人员	①有两个以上合伙人,都依法承担无限责任 ②有书面合伙协议 ③有合伙人实际缴付出资 ④有企业名称 ⑤有经营场地和经营的必要条件	①股东符合法定人数 ②出资额符合法定最低额 ③制定公司章程 ④有公司名称与符合有限责任公司的组织结构 ⑤有固定的生产经营场所和条件

（三）经营特征比较

经营特征比较见表13.4。

表13.4 经营特征比较

个体工商户	个人独资企业	个人合伙企业	有限责任公司
资产属私人所有,雇帮手或徒工。业主本人既是所有者又是劳动者和管理者	财产为投资人所有,雇帮手或徒工。业主既是投资者,又是经营管理者	依照合伙协议,共同出资、合伙经营,共享收益,共担风险	公司设立股东会、董事会和监事会。并由股东会聘请职业经理管理公司经营业务

（四）利润分配和债务责任

利润分配和债务责任见表13.5。

表13.5 利润分配和债务责任

个体工商户	个人独资企业	个人合伙企业	有限责任公司
利益归个人或家庭所有。由个人经营的,以其个人资产对企业债务承担无限责任。由家庭经营的,以家庭财产承担无限责任	利益归个人所有。投产人以其个人资产对企业债务承担无限责任	合伙人按照协议分配利润。并共同对企业债务承担并负无限连带责任	股东按出资比例分配利润,并以出资额为限承担有限责任

二、为企业选址

大学生创业者所创办的企业规模一般都不大,小微型企业占很大比例,而且很多都是以租房的形式,作为自己企业的办公场地或生产和营业场地。无论是否租房和选择什么样的企业类型,企业选址的问题都是关系到企业成败的一个重要因素。大学生能够科学有效地选址,对自己创业企业的成长和发展至关重要。

(一)企业选址考虑的因素

企业选址对大学生所创办企业的生存和发展有着重要的影响。有这样一句话:"选择一个好的地理位置可以使一个普通的企业生存下去,但选择一个糟糕的地理位置却可以使一个优秀企业失败"。大学生对自己的企业在选址问题上不能马虎或敷衍了事,需要慎重考虑以下几个因素。

1. 经济因素

经济因素主要反映了大学生企业所选择地区的经济繁荣程度,一般表现在消费者的购买力、收入和消费水平等方面。其一,除考虑本地区经济较为繁荣、居民收入和消费水平较高的因素外,还要考虑商业环境,主要看是否形成了具有一定规模和比较成熟的商业圈。如果本企业的产品或服务与这样一个商业氛围浓厚、经济发达的地区相适应,在此选址就容易发展起来;其二,如果在经济发达地区有不少规模较大、经济实力较强的企业相对较为集中,并对你的企业所提供的产品或服务有所需求,那么在此选址就恰到好处了。所以,经济环境因素是选址时必须首先考虑的。

2. 技术因素

如果创办以研发和生产为方向的高科技企业,就应该考虑到选址的地区是否具有新技术信息快速传递和发展的趋势。很多大学生创办的高科技企业都在某市或某区高新技术开发区里找位置;或者选址在电子行业集中的地方,如电子城等。这样不仅能得到行业的扶持,能既快又准地掌握市场行情,而且也容易得到政府优惠政策的支持。

3. 社会文化因素

大学生创业者在选址时,还要考虑该地区的社会文化以及教育氛围。如果大学生创业者创办的是文化艺术或教育培训类的企业,就应该考虑选在文化、教育氛围较浓的地区。这样可以根据所在地区的社区文化和商业文化,分析不同文化背景的消费者,及他们对生活和价值取向的差异,使自己的文化、教育、健康等产品或服务有针对性地面对目标消费群体。

4. 自然因素

其一,大学生创业者创办生产加工类企业选址,要考虑到当地的地理环境、环保因素、水电条件、交通状况等问题;其二,如果是门市零售、服务等类的企业就要考虑到卫生设施状况、商业繁华程度及人口密集程度、车站远近、是否是步行街等,最好是在同一行业集中的街道上。

以上的主要因素对于不同行业的企业选择来说,考虑的侧重点,有所不同,大学生创业者可以根据自己的实际情况具体分析和选择。

(二)企业选址的策略和方法

1. 在调查研究市场信息的基础上选址

市场信息的调查研究对大学生创业者企业的选址有着不可忽视的作用。大学生可以自己亲自动手调研或借助专业机构对市场信息进行深入的调查研究,对所收集上来的市场信息进行分析,在此基础上科学的选址。

2. 在考察与评估的基础上选址

在选址过程中可能面临着多个备选地址,如何从中选择最佳地址,这就需要对备选地址进行实地考察与评估,经过对地址的详细分析和筛选后,确定选择出最佳地址。

3. 在咨询与听取多方建议的基础上选址

在企业选址时,可能就会出现多种备选地址而举棋不定。这就需要大学生创业者咨询有经验的创业者或相关人士,主动听取他们的意见和建议,再做出企业正确选址的决策。

(三)大学生创业企业可免费入驻孵化器省去了初建期的选址

一些省、市政府为了鼓励和促进大学生创新创业,针对大学生创业群体构建一批低成本、便利化、全要素、开放式的孵化基地。大学生创业者根据创业的项目类型,可以免费入驻大学生创业孵化基地。

(四)放宽经营场所限制

各省市对大学生创业企业经营场所出台了放宽限制的政策,允许高校毕业生创业者以家庭住所(经利害关系人同意)、租借房、临时商业用房、农村住宅等作为创业经营场所,凭有关证明材料进行注册登记。

【小资料】

肯德基选址方略

肯德基在进入某个城市之前,在选址方面,要做细致科学的调查研究。通常,要做的第一件事,就是通过有关部门或专业调查公司收集这个地区的资料,然后,根据这些资料开始划分商圈。商圈规划采取记分的方法。比如,某个地区有一个大型商场,商场营业额在1 000万元的加1分,5 000万元算5分;有一条公交线路加多少分,有一条地铁线路加多少分。通过细致的打分,把商圈划分成几大类。以北京为例,有市级商业型、区级商业型、定点消费型、社区型、社区商务两用型、旅游型等等。在商业圈的选择上,肯德基既考虑餐馆自身的市场定位,也会考虑商圈的稳定度和成熟度。肯德基的原则是一定要等到商圈成熟稳定后才进入。

> 确定商圈之后，还要考察这个商圈内最主要的聚客点在哪里。如北京的前门，是个热闹的商业区，但不可能前门的任何位置都是聚客点。肯德基的目标是：力争在最聚客的地方开店。
>
> 确定地点后，还有下一步：在这个区域内，人的流动线路是怎样的。人从地铁出来后往哪个方向走等等，都要派人实地指表测量，之后，将采集到的数据输入专用的计算机软件，就可以测算出在此开店的前景以及投资额最多是多少。
>
> ——摘自《肯德基专刊》

三、企业登记注册

企业注册登记，是企业根据国家法律法规获得合法经营手续的行为。创办企业就涉及工商部门登记注册的问题，通俗地说就是给你的企业办"户口"，从法律上确定企业的合法身份。

（一）企业名称核准

企业工商注册登记的第一步是企业名称预先核准。按我国的法律规定，企业名称是本企业区别于其他企业和社会组织的标志，每个企业都有自己的名称，企业不能有重名的，企业名称经核准登记注册后方可使用，并在规定的范围内享有专用权，受国家法律保护。

1. 企业名称的构成

企业名称由四个基本要素构成，即行政区划名称、字号、行业特征、组织形式。比如：北京同仁堂药业有限责任公司；又如：黑龙江新探索教育咨询有限责任公司。

（1）行政区划名称

企业名称中的行政区划名称是县以上行政区划的名称，不包括乡、镇和其他地域名称。企业名称冠以行政区划名称时可以省略"省""市""县"等字。如"北京同仁堂药业有限责任公司"和"黑龙江新探索教育咨询有限责任公司"中的"北京"和"黑龙江"就是行政区划名称。

（2）字号

字号就是人们通常所说的企业名字，是一个企业区别于其他企业的重要标志。字号应由两个以上的汉字组成。如"北京同仁堂药业有限责任公司"中的"同仁堂"就是企业的字号，它是全国著名的一个老字号。一个好的公司名字不仅让人容易记住，有助于公司形象的塑造，在一定程度上还起着弘扬自己美好愿望和公司的理念的作用，同时也可以为品牌宣传打下基础。大学生创业者为自己的公司起一个好名字对公司的发展有一定的促进作用。

（3）行业特征

行业特征是企业应根据自己的经营范围或经营方式确定名称中的行业或者经营特点的字词。所选定的字词应具体反映企业生产、经营、服务的范围、方式或特点。以"北京同仁堂药业有限责任公司"和"黑龙江新探索教育咨询有限责任公司"为例，其中的"药业"和"教育咨询",就是行业特征。

(4)组织形式

企业应当在企业名称中标明组织形式。企业名称中所标明的组织形式,要符合国家法律法规的规定。如上述"黑龙江新探索教育咨询有限责任公司"中的"有限责任公司"就属于企业的组织形式。目前我国企业使用的组织形式大体有两类:公司类的"有限责任公司"和"股份有限公司"。大学生创业者所创办的个体工商户、个人独资企业、合伙企业等微小企业类型,一般使用"厂""店""商店""馆""部""所""社"等。

2.申请企业名称核准需提交的材料

大学生创业者对企业名称核准登记时,需向所管辖的工商行政管理部门提交如下材料。

①创业者和其他投资者共同签署的《企业名称预先核准申请书》。

②创业者和其他投资者签署的《指定代表或者共同委托代理人的证明》及指定代表或者共同委托代理人的身份证件复印件。应标明指定代表或者共同委托代理人的资格证明、权限、授权期限。

③大学生创业者和其他投资者的资格证明。

④工商行政管理机关要求提交的其他文件材料。

企业名称一旦通过预先核准,工商行政管理部门会发放企业名称预先核准通知书。如果创业者在发放企业名称预先核准通知书后未到企业登记机关完成设立登记的,通知书规定的有效期满后自动失效。企业名称最多保留期为六个月。在企业名称保留期为企业名称不得用于经营活动,不得转让。

(二)办理营业场所证明

大学生创业者要向工商行政管理部门提供办理营业场所的证明(原件与复印件)。如果营业场所是创业者自有房产,必须提供产权证明;如果是租赁的场所,则需要提交租赁期限1年以上的房屋租赁合同,同时提交出租人的产权证明。目前大学生创业者大多数是以租赁房屋或场地的形式来做自己企业的营业场所。如科技企业、贸易企业、咨询企业等大多租赁写字楼作为办公场所;如所创办的门面零售、服务等类企业一般租赁沿街的门市房;加工制造类企业租赁厂房或场地等。

(三)申请验资提供验资报告

大学生创业者所创办的企业如果是有限责任公司则需要在工商登记注册前,先到有合法验资资格的会计事务所办理验资手续。

普通的有限责任公司,最低注册资金3万元,需要2个或2个以上的股东。从2006年1月起新的公司法规定,允许1个股东注册有限责任公司,这种特殊的有限责任公司俗称"一人有限公司"(但公司名称中不会有"一人"字样,执照上会注明"自然人独资"),最低注册资金10万元。如果只有你一个人作为股东,则可选择这种一人有限公司;如果你和朋友、家人合伙投资创业,可选择普通的有限公司,最低注册资金3万元。如果创办的是个体工商户、个人独资企业如和合伙企业,就可以免去验资的步骤。

大学生创业者验资时按照相关规定必须办理相应的委托手续,填写委托书,并提交一些文件资料。包括:所创办企业的企业章程、《公司名称预先核准通知书》、企业营业场所证明、创业者和其他投资人的合法身份证明、投资单位上月末资产负债表、投资单位的营业执照、各类资金到位证明、验资机构要求提交的其他文件等。

验资后,会计事务所会出具相应的验资报告,连同验资证明材料及其他附件,一并交给大学生创业者,作为申请企业的注册资金的依据。

从2014年3月以后,国家对开办公司注册资本登记制度实施了全面改革,取消公司注册资本最低限额,变实缴登记制为认缴登记制,这给大学毕业生自主创业提供了更便利更优惠的条件。

【小资料】
　　国务院总理李克强于2013年10月25日主持召开国务院常务会议,部署推进公司注册资本登记制度改革,意在降低创业成本,激发社会投资活力。
　　会议强调,推行注册资本登记制度改革,就是要按照便捷高效、规范统一、宽进严管的原则,创新公司登记制度,降低准入门槛,强化市场主体责任,促进形成诚信、公平、有序的市场秩序。会议明确了改革的主要内容:一是放宽注册资本登记条件。除法律、法规另有规定外,取消有限责任公司最低注册资本3万元、一人有限责任公司最低注册资本10万元、股份有限公司最低注册资本500万元的限制;不再限制公司设立时股东(发起人)的首次出资比例和缴足出资的期限。公司实收资本不再作为工商登记事项。二是将企业年检制度改为年度报告制度,任何单位和个人均可查询,使企业相关信息透明化。建立公平规范的抽查制度,克服检查的随意性,提高政府管理的公平性和效能。三是按照方便注册和规范有序的原则,放宽市场主体住所(经营场所)登记条件,由地方政府具体规定。四是大力推进企业诚信制度建设。

——摘自中新网2013年10月27日电

(四)工商登记注册

工商登记注册是创办企业的法定程序。大学生创业者在企业名称核准后,并办理完营业场所证明和验资报告,就可以正式向所辖地工商行政管理部门办理企业注册登记手续,并领取相应的营业执照,从此,企业的经营活动得到认可,并受到法律保护。

大学生创业者创办企业可通过所管辖地工商部门注册大厅"绿色通道"优先注册登记。其经营范围除国家明令禁止的行业和商品外,一律放开核准经营。

大学生创业者作为企业注册登记的申请人,向工商行政管理部门申请企业注册登记,其步骤如下：

①申请人可以直接向工商部门领取设立登记申请表，并按要求填写。

②申请人提交相关资料：大学生创业者和签署的企业法人申请登记注册书、企业章程、企业名称预先核准通知书、营业场所证明、企业法定代表人任职文书和身份证明、合伙企业的合伙协议、公司设立登记申请书（有限责任公司签署）、验资报告（有限责任公司提交）、全体股东指定代表或委托代理人证明（有限责任公司提交）、股东的法人资格证明或自然人身份证明（有限责任公司提交）、董事、监事、经理姓名、住所的文件及有关委派、选举或聘用的证明（有限责任公司提交）公司法定代表人的任职文件和身份证明（有限责任公司提交）、工商部门要求的其他文件。

③工商登记机关在收齐申请人应提交的资料，在受理之日起15个工作日内做出核准登记或不予登记的决定。

④申请人到指定的窗口领取营业执照正、副本。

【小资料】

企业营业执照是企业或组织合法经营权的凭证。营业执照的登记事项为：名称、地址、负责人、资金数额、经济成分、经营范围、经营方式、从业人数、经营期限等。营业执照分正本和副本，二者具有相同的法律效力。正本应当置于公司住所或营业场所的醒目位置，营业执照不得伪造、涂改、出租、出借、转让。

（五）办理刻制印章、企业代码证书、银行开户、税务登记

大学生创业者在领取营业执照后，还需办理其他相关的手续。通常要刻制印章、企业代码登记和银行开户等事宜。

1. 刻制印章

大学生创业者在领取营业执照之后，在所在地公安机关领取《刻制印章审批申请》，到所指定的印章刻制单位刻制企业印章。企业印章包括：

（1）公章

代表整个企业用于对外的一切业务。

（2）财务印章

财务印章是用于财务方面的专用章，用于与财务有关的所有业务。法人的名章。通常企业与银行的业务往来中，法人章与财务印章同时使用。

（3）各部门印章

企业如果下设多个部门也应该刻制各部门印章，如人力资源部、办公室等。

企业印章对企业的对外业务和内部管理起着很大的作用，盖有企业公章的文字材料就代表着企业的决策或意见，国家对公章的权威性进行保护。企业刻制印章不仅有严格的规

定,而且所有印章也要有专人负责管理,要对企业印章的使用加强管理,不能掉以轻心,一些诈骗行为和企业间的财产官司,有很多与企业印章刻制和管理不严有关。

2. 企业代码证书

根据现代化管理和保护企业权益不受侵犯的要求,我国实行组织机构代码管理制度。大学生创业者需要携带企业营业执照副本的原件和复印件,以及法人的身份证原件和复印件,到企业所在地的国家质量技术监管局申请办理企业代码证书。经依法审核后,对个人独资企业如和合伙企业,颁给企业代码证书,对于有限责任公司,颁给企业法人代码证书。

3. 银行开户

开立银行账户是企业与银行建立往来关系的基础。依据我国的相关法律规定,每个独立核算的经济单位都必须在银行开户,各单位间办理款项结算,除按现金管理办法办理现金结算外,都必须通过银行账户进行结算。

大学生创业者在领取营业执照和企业代码证书后,应该到企业所在地的具有开立基本存款账户资格的金融机构开立基本存款账户。在开立银行账户之前,必须到中国人民银行当地分支机构申请核发开户许可证,然后凭证再到开户银行开立账户。所需要提供的材料有营业执照、企业代码证书、企业法人身份证原件和复印件、按金融机构的要求的企业和法人的印鉴。

4. 税务登记

依法纳税是每一个企业必须承担的社会责任和应尽的法律义务。大学生创业者在领取营业执照之日起至30日内,主动到企业所在地的国家税务机关和地方税务机关办理相关的税务登记,申领并如实填写税务登记表。

按要求提交下列相关文件材料:企业营业执照原件和复印件;企业章程、合同、协议书等;企业银行账号证明;企业法人身份证原件和复印件;税务机关要求的其他文件材料。经过国家税务机关和地方税务机关的审核,办理相应的税务登记证。大学生创业企业在以后的生产经营活动中按章纳税,成为真正的纳税人。

【小资料】

国家关于大学生自主创业税收方面的优惠政策

一、增值税优惠政策

1. 大学生直接从事种植业、养殖业、林业、牧业、水产业生产的,其销售自产的初级农产品免征增值税。(依据《中华人民共和国增值税暂行条例》第十五条)

2. 大学生销售古旧图书免征增值税。(依据《中华人民共和国增值税暂行条例》第十五条)

3. 在2010年12月31日前,大学生创业动漫企业,对属于增值税一般纳税人的销售其自主开发生产的动漫软件,按17%的税率征收增值税后,对其增值税实际税负超过3%的部分,实行即征即退政策。退税数额的计算公式为

$$应退税额 = 享受税收优惠的动漫软件当期已征税款 -$$
$$享受税收优惠的动漫软件当期不含税销售额 \times 3\%$$

动漫软件出口免征增值税。(依据《财政部国家税务总局关于扶持动漫产业发展有关税收政策问题的通知》财税〔2009〕第065号)

二、企业所得税优惠政策

1. 创业从事农、林、牧、渔业项目的所得税免征或减半征收企业所得税。(依据《中华人民共和国企业所得税法》第二十七条)

2. 创业从事环境保护、节能节水项目的所得,自项目取得第一笔生产经营收入的年度起,第一年至第三年免征企业所得税,第四年至第六年减半征收企业所得税。(依据《中华人民共和国企业所得税法实施条例》第八十八条)。

3. 创业开办高新技术企业(经认定取得证书),减按15%的税率征收企业所得税;一个纳税年度内,技术转让所得不超过500万元的部分,免税,超过500万元的部分,减半征收企业所得税。(依据《中华人民共和国企业所得税法》第二十八条、《中华人民共和国企业所得税法实施条例》第九十条)

4. 创业开办软件企业、集成电路企业(经认定取得证书),自获利年度起,第一年和第二年免征企业所得税,第三年至第五年减半征收企业所得税。(依据《财政部国家税务总局关于企业所得税若干优惠政策的通知》财税〔2008〕1号)

5. 创业开办的企业符合小型微利企业条件的,减按20%的税率征收企业所得税。(依据《中华人民共和国企业所得税法》第二十八条)

三、地方税收优惠政策

1. 对单位和个人从事技术转让、技术开发业务和与之相关的技术咨询、技术服务业务取得的收入免征营业税。

2. 科技中介机构从事技术转让、技术开发和与之相关的技术咨询、技术服务业务取得的收入,技术交易合同经登记后,可免征营业税、城市维护建设税和教育费附加。

3. 除国家限制的行业(包括建筑业、娱乐业以及销售不动产、转让土地使用权、广告业、房屋中介、桑拿、按摩、网吧、氧吧等)外,高校毕业生从事个体经营,免交税务部门收取的税务登记证工本费。

4. 对动漫企业为开发动漫产品提供的动漫脚本编撰、形象设计、背景设计、动画设计、分镜、动画制作、摄制、描线、上色、画面合成、配音、配乐、音效合成、剪辑、字幕制作、压缩转码(面向网络动漫、手机动漫格式适配)劳务,在2010年12月31日前暂减按3%税率征收营业税。

5. 经认定的动漫企业自主开发、生产动漫产品,可申请享受国家现行鼓励软件产业发展的所得税优惠政策。

6. 企业符合条件的下列所得,可以免征、减征企业所得税:

(1)从事农、林、牧、渔业项目的所得。

(2)从事国家重点扶持的公共基础设施项目投资经营的所得。

(3)从事符合条件的环境保护、节能节水项目的所得。

(4)符合条件的技术转让所得。

(5)《中华人民共和国企业所得税法》第三条第三款规定的所得。
7. 符合条件的小型微利企业,减按20%的税率征收企业所得税。
国家需要重点扶持的高新技术企业,减按15%的税率征收企业所得税。
8. 企业符合条件的下列支出,可以在计算应纳税所得额时加计扣除:
(1)开发新技术、新产品、新工艺发生的研究开发费用。
(2)安置残疾人员及国家鼓励安置的其他就业人员所支付的工资。

——摘自《全国大学生创业服务网》

思考题

1. 请同学们利用课余时间,对学校附近的社区居民做一个简单的抽样调查,调查一下社区居民周围的市场供应情况,目前主要有哪些需求?然后讨论一下,什么创业项目能满足居民的需求?自己所学的专业、技能和兴趣适合创办这样的企业吗?

2. 你认为专业不同、性格不同的人,如果一起创业并组成创业团队会有优势吗?为什么?

3. 如果你开始自主创业,最希望组成什么样类型的创业团队?

4. 讨论一下,大学生创业所遇到的最大困难的什么?

5. 大学生创办企业,离不开创业资金,你认为什么样的融资渠道适合大学生?

6. 试观察和注意一下学校同学和附近居民对市场的供应及服务有什么抱怨,是否可以从问题中发现一些商机?

7. 如果你是一个大学生创业者,你最担心的创业风险是什么?如何去防范?

8. 尝试撰写一份"校园大学生诚信自助小超市"创业计划书。

9. 通过企业选址知识的学习,考察一下你所在学校周围的经济因素和自然因素,创办什么类型的企业在学校附近选址最为合适?

10. 怎样理解"一个企业的名称对企业发展有一定的促进作用"这句话,请留意一些成功企业的名称,其企业名称能给你留下什么样的印象?可以举例说明。

附录一

气质测试

请你在回答下面的60道题时,要实事求是,平时怎么想,就怎么填,平时怎么做的,就选择与你做的相同或相近的答案。如果你认为此题与你平常所想和所做的事情"完全相符",则在"得分"栏内记"1"分;如果是"介于符合或不符合之间",则在"得分"栏内记"0"分;如果"不符合",则在"得分"栏内记"-1"分;如果"完全不符合",则在"得分"栏内在"得分"栏内记"-2"分。

1. 喜欢安全的环境。
2. 做事有些莽撞,常常不考虑后果。
3. 别人说我总是闷闷不乐。
4. 假如工作枯燥无味,马上就会情绪低落。
5. 别人讲新概念,我常常听不懂,但是弄懂以后就很难忘记。
6. 兴奋的事情常常使我失眠。
7. 做事力求稳妥,不做无把握的事。
8. 反应敏捷,头脑机智。
9. 做事总是有旺盛的精力。
10. 理解问题时常比别人慢些。
11. 在人群中从不觉得很拘束。
12. 碰到陌生人觉得很拘束。
13. 遇到令人气愤的事,能很好地自我克制。
14. 羡慕那些能够克制自己感情的人。
15. 遇到问题时常常举棋不定,优柔寡断。
16. 在大多数情况下情绪是很乐观的。
17. 侃侃而谈,不愿窃窃私语。
18. 在注意力集中于一件事物时,别的事物就难以使我分心。

19. 希望做变化大、花样多的工作。
20. 小时候会背的诗歌,似乎比别人记得清楚。
21. 别人说我"出语伤人",可自己并不觉得这样。
22. 能够长时间做枯燥、单调的工作。
23. 能够很快忘记那些不愉快的事情。
24. 喜欢复习学习过的知识,重复做已经掌握的工作。
25. 疲倦时只要短暂地休息,就能精神抖擞地重新投入工作。
26. 与人交往不卑不亢。
27. 喜欢运动量大的剧烈运动,或参加各种文体活动。
28. 爱看感情细腻、描写人物内心活动的文学作品。
29. 能够同时注意几件事物。
30. 喜欢有条理而不甚麻烦的工作。
31. 情绪高昂时,觉得干什么都有兴趣;情绪低落时,又觉得干什么都没有意思。
32. 宁可一个人干事,不愿很多人在一起。
33. 生活有规律,很少违反制度。
34. 讨厌做那种需要耐心、细致的工作。
35. 心里有事,宁愿自己想,也不愿意说出来。
36. 认准一个目标就希望尽快实现,不达到目的,誓不罢休。
37. 同样和别人学习、工作一段时间后,常比别人更疲倦。
38. 遇到可气的事就怒不可遏,想把心里话全都说出来才痛快。
39. 别人讲授新知识、新技术时,总希望他讲慢些,并且多重复几遍。
40. 符合兴趣的事情,干起来劲头十足,否则就不想干。
41. 做作业或完成一件工作总比别人花更多的时间。
42. 喜欢参加剧烈的活动。
43. 不能很快地把注意力从一件事情转移到另一件事情上去。
44. 接受一件任务后,就希望把它迅速解决。
45. 认为墨守成规总比冒风险强些。
46. 工作和学习时间长了,常常感到很厌倦。
47. 当我烦闷的时候,别人很难使我高兴起来。
48. 爱看情节起伏、激动人心的小说或文学作品。
49. 在学习和生活中,常常因为反应慢而落后于人。
50. 和周围的人总是相处不好。
51. 一点小事情就能引起情绪波动。
52. 理解问题总比别人快。

53. 碰到危险情况时,常常有一种极度恐惧感。
54. 对学习、工作及事业怀有很高的热情。
55. 对工作报以认真、严谨、始终如一的态度。
56. 善于和人交往。
57. 不喜欢长时间谈论一个问题,愿意实际动手干。
58. 和人争吵时总是先发制人,喜欢挑衅。
59. 厌恶那些强烈的刺激,如尖叫、噪声及危险镜头等。
60. 到一个新的环境很快就能适应。

做完以上60道题,请你按照以下步骤进行统计。

第一步:将每题"得分"填入附表1.1相同"题号"的"得分"栏内。

附表1.1 气质测试表

胆汁质	题号	2	6	9	14	17	21	27	31	36	38	42	48	50	54	58	总分
	得分																
多血质	题号	4	8	11	16	19	23	25	29	34	40	44	46	52	56	60	总分
	得分																
黏液质	题号	1	7	10	13	18	22	26	30	33	39	43	45	49	55	57	总分
	得分																
抑郁质	题号	3	5	12	15	20	24	28	32	35	37	41	47	51	53	59	总分
	得分																

第二步:计算每一种气质类型的"得分"。

第三步:气质类型的确定方法是:

①如果某类气质得分明显高出其他3种,且均高出4分,则可以确定你就是该种气质类型。

②如果该气质类型"得分"为10~20分,则属此种气质的一般型。

③如果两种气质类型的"总分"很接近,两者之间相差数小于3,而又明显高于其他两种类型,其高出部分超过4分者,则可定为两种气质的混合型。

④如果有3种气质的"总分"很接近,但又明显高于第4种者,那些你的气质属于3种气质的混合型。

附 录 二

性格测试

在如附表2.1所示的各行词语中,在最适合的词前用"√"做记号。完成40题,不要漏掉任何一题。若你不能肯定哪个是"最适合",请问你的配偶和朋友,并考虑当你还是小孩时,该是哪个答案。

附表2.1 性格的优缺点说明

	优点					缺点			
1	富于冒险	适应力强	生动	善于分析	21	乏味	忸怩	露骨	专横
2	坚持不懈	喜好娱乐	善于说服	平和	22	散漫	无同情心	缺乏热情	不宽恕
3	顺服	自我牺牲	善于社交	意志坚定	23	保留	怨恨	逆反	唠叨
4	体贴	自控性	竞争性	使人认同	24	挑剔	胆小	健忘	率直
5	使人振作	受尊重	含蓄	善于应变	25	没耐性	无安全感	优柔寡断	好插嘴
6	满足	敏感	自立	生机勃勃	26	不受欢迎	不参与	难预测	缺同情心
7	计划者	耐性	积极	推动者	27	固执	即兴	难于取悦	犹豫不决
8	肯定	无拘无束	时间性	羞涩	28	平淡	悲观	自负	放任
9	井井有条	迁就	坦率	乐观	29	易怒	无目标	好争吵	孤芳自赏
10	友善	忠诚	有趣	强迫性	30	天真	消极	鲁莽	冷漠
11	勇敢	可爱	外交手腕	注意细节	31	担忧	不善交际	工作狂	喜获认同
12	令人高兴	贯彻始终	文化修养	自信	32	过分敏感	不圆滑	胆怯	喋喋不休
13	理想主义	独立	无攻击性	富激励性	33	腼腆	生活紊乱	跋扈	抑郁
14	感情外露	果断	幽默	深沉	34	缺乏毅力	内向	不容忍	无异议
15	调解者	音乐性	发起者	喜交朋友	35	杂乱无章	情绪化	喃喃自语	喜操纵

附录二 性格测试

续附表2.1

	优点					缺点			
16	考虑周到	执着	多言	容忍	36	缓慢	顽固	好表现	有戒心
17	聆听者	忠心	领导者	精力充沛	37	孤僻	统治欲	懒惰	大嗓门
18	知足	首领	帛图者	惹人喜爱	38	拖延	多疑	易怒	不专注
19	完美主义者	和气	勤劳	受欢迎	39	报复型	烦躁	勉强	轻率
20	跳跃型	无畏	规范型	平衡	40	妥协	好批评	狡猾	善变

将记上"√"符号的选择按照附表2.2所示分类,将得分加起来。

附表2.2 性格类型

	优点					缺点			
	S 活泼型	C 力量型	M 完美型	P 和平型		S 活泼型	C 力量型	M 完美型	P 和平型
1	生动	富于冒险	善于分析	适应力强	21	露骨	专横	忸怩	乏味
2	喜好娱乐	善于说服	坚持不懈	平和	22	散漫	无同情心	不宽恕	缺乏热情
3	善于社交	意志坚定	自我牺牲	顺服	23	唠叨	逆反	怨恨	保留
4	使人认同	竞争性	体贴	自控性	24	健忘	率直	挑剔	胆小
5	使人振作	善于应变	受尊重	含蓄	25	好插嘴	没耐性	无安全感	优柔寡断
6	生气勃勃	自立	敏感	满足	26	难预测	缺同情心	不受欢迎	不参与
7	推动者	积极	计划者	耐性	27	即兴	固执	难于取允	犹豫不决
8	无拘无束	肯定	有时间性	羞涩	28	放任	自负	悲观	平淡
9	乐观	坦率	井井有条	迁就	29	易怒	好争吵	孤芳自赏	无目标
10	有趣	强迫性	忠诚	友善	30	天真	鲁莽	消极	冷漠
11	可爱	勇敢	注意细节	外交手腕	31	喜获认同	工作狂	不善交际	担忧
12	令人高兴	自信	文化修养	贯彻始终	32	喋喋不休	不圆滑	过分敏感	胆怯
13	富激励性	独立	理想主义	无攻击性	33	生活紊乱	跋扈	抑郁	腼腆
14	感情外露	果断	深沉	幽默	34	缺乏毅力	不容忍	内向	无异议
15	喜交朋友	发起者	音乐性	调解者	35	杂乱无章	喜操纵	情绪化	喃喃自语
16	多言	执着	考虑周到	容忍	36	好表现	顽固	有戒心	缓慢
17	精力充沛	领导者	忠心	聆听者	37	大嗓门	统治欲	孤僻	懒惰
18	惹人喜爱	首领	制图者	知足	38	不专注	易怒	多疑	拖延

续附表 2.2

	优点					缺点			
	S 活泼型	C 力量型	M 完美型	P 和平型		S 活泼型	C 力量型	M 完美型	P 和平型
19	受欢迎	勤劳	完美主义者	和气	39	烦躁	轻松	报复型	勉强
20	跳跃型	无畏	规范型	平衡	40	善变	狡猾	好批评	妥协
总分					总分				

做完以上 40 道题后,请你按照以下步骤进行统计:

第一步:计算每一种性格类型的"总分"。

第二步:性格类型的确定方法是:

①如果某类性格得分明显高出其他 3 种,且均高出 3 分,则可以确定你就是该种性格类型。

②如果两种性格类型的"总分"很接近,两者之间相差数小于 3,而又明显高于其他两种类型,其高出部分超过 3 分者,则可定为两种性格的混合型。

③如果 3 种性格的"总分"很接近,但又明显高于第 4 种者,那么你的性格属于 3 种性格的混合型。

附录三

职业兴趣测验

本测验将帮助你发现并确定自己的职业兴趣和能力特长,以及根据自己的情况选择一个适当的职业方向。为了便于修改,请用铅笔填写。

本测验是在美国著名就业指导专家霍兰德编著的人格职业兴趣测验表的基础上,根据中国的具体国情修订的。通过大批量的测验,效果明显,深受广大使用者的好评。

本测验共分7个部分,每部分测验都没有时间限制,但还是请你尽快按要求完成。

模块一 你心目中理想的职业(专业)

对于未来的职业(或升学进修的专业)你需要及早考虑,它可能很抽象、很朦胧,也可能很具体、很清晰,不论是哪种情况,现在请把自己最想干的3种工作或最想读的3个专业,按顺序写下来。

1._____

2._____

3._____

模块二 你所感兴趣的活动

下面列举了若干种活动,请就这些活动判断你的好恶。喜欢的,请打"√";不喜欢的则打"×"。

	是	否
R:现实型活动		
1.装配修理电器和玩具	——	——
2.修理自行车	——	——
3.用木头做东西	——	——

4. 驾驶汽车或摩托车　　　　　　　　　　　　　　　___　___
5. 用机器做东西　　　　　　　　　　　　　　　　　___　___
6. 参加木工技术学习班　　　　　　　　　　　　　　___　___
7. 参加制图描图学习班　　　　　　　　　　　　　　___　___
8. 驾驶卡车或拖拉机　　　　　　　　　　　　　　　___　___
9. 参加机械和电器学习班　　　　　　　　　　　　　___　___
10. 装配、修理电器　　　　　　　　　　　　　　　 ___　___
统计"是"一栏得分,计　　　　　　　　　　　　　　　___

I:探索型活动　　　　　　　　　　　　　　　　　　 是　否
1. 读科技图书和杂志　　　　　　　　　　　　　　　___　___
2. 在实验室工作　　　　　　　　　　　　　　　　　___　___
3. 改良水果品种,培育新的品种　　　　　　　　　　 ___　___
4. 调查了解土和金属等特质的成分　　　　　　　　　___　___
5. 研究自己选择的特殊问题　　　　　　　　　　　　___　___
6. 做算术或数学游戏　　　　　　　　　　　　　　　___　___
7. 物理课　　　　　　　　　　　　　　　　　　　　___　___
8. 化学课　　　　　　　　　　　　　　　　　　　　___　___
9. 几何课　　　　　　　　　　　　　　　　　　　　___　___
10. 生物课　　　　　　　　　　　　　　　　　　　 ___　___
统计"是"一栏得分,计　　　　　　　　　　　　　　　___

A:艺术型活动　　　　　　　　　　　　　　　　　　 是　否
1. 素描/制图或绘画　　　　　　　　　　　　　　　 ___　___
2. 参加话剧/戏剧表演　　　　　　　　　　　　　　 ___　___
3. 设计家具/布置室内　　　　　　　　　　　　　　 ___　___
4. 练习乐器/参加乐队　　　　　　　　　　　　　　 ___　___
5. 欣赏音乐或戏剧　　　　　　　　　　　　　　　　___　___
6. 看小说/读剧本　　　　　　　　　　　　　　　　 ___　___
7. 从事摄影创作　　　　　　　　　　　　　　　　　___　___
8. 写诗或吟诗　　　　　　　　　　　　　　　　　　___　___
9. 参加艺术(美术/音乐)培训班　　　　　　　　　　 ___　___
10. 练习书法　　　　　　　　　　　　　　　　　　 ___　___
统计"是"一栏得分,计　　　　　　　　　　　　　　　___

S:社会型活动　　　　　　　　　　　　　　　　　　 是　否
1. 学校或单位组织的正式活动　　　　　　　　　　　___　___

2. 参加某个社会团体或俱乐部的活动
3. 帮助别人解决困难
4. 照顾儿童
5. 出席晚会、联欢会或茶话会
6. 和大家一起出去郊游
7. 想获得关于心理学方面的知识
8. 参加讲座或辩论会
9. 观看或参加体育比赛和运动会
10. 结交新朋友

统计"是"一栏得分,计

E:企业型活动　　　　　　　　　　　是　否
1. 说服鼓动他人
2. 卖东西
3. 谈论政治
4. 制订计划、参加会议
5. 以自己的意志影响别人的行为
6. 在社会团体中担任职务
7. 检查与评价别人的工作
8. 结交名流
9. 指导有某种目标的团体
10. 参与政治活动

统计"是"一栏得分,计

C:传统型(常规型)活动　　　　　　是　否
1. 整理好餐桌和房间
2. 抄写文件和信件
3. 为领导写报告或公务信函
4. 检查个人收支情况
5. 参加打字培训班
6. 参加文秘等实务培训
7. 参加商业会计培训班
8. 参加情报处理培训班
9. 整理信件、报告、记录等
10. 写商业贸易信

统计"是"一栏得分,计

模块三 你所擅长或胜任的活动

下面列举了若干种活动,其中你认为能做或大概能做的事情,请打"√";不喜欢的则打"×"。请按顺序回答全部问题。

R:现实型能力　　　　　　　　　　　　　　　　　　　　　　是　否
1. 能使用电锯、电钻和锉刀等木工工具　　　　　　　　　____　____
2. 知道万用表的使用方法　　　　　　　　　　　　　　　____　____
3. 能够修理自行车和其他机械　　　　　　　　　　　　　____　____
4. 能够使用电钻床、磨床或缝纫机　　　　　　　　　　　____　____
5. 能给家具和木制品刷漆　　　　　　　　　　　　　　　____　____
6. 能看建筑设计图　　　　　　　　　　　　　　　　　　____　____
7. 能够修理简单的电器用品　　　　　　　　　　　　　　____　____
8. 能修理家具　　　　　　　　　　　　　　　　　　　　____　____
9. 能修理 CD、MP3　　　　　　　　　　　　　　　　　　____　____
10. 能简单地修理水管　　　　　　　　　　　　　　　　 ____　____
统计"是"一栏得分,计

I:探索型能力　　　　　　　　　　　　　　　　　　　　　　是　否
1. 懂得真空管或晶体管的作用　　　　　　　　　　　　　____　____
2. 能够列举 3 种蛋白质多的食品　　　　　　　　　　　 ____　____
3. 理解铀的裂变　　　　　　　　　　　　　　　　　　　____　____
4. 能用计算尺、计算器或对数表　　　　　　　　　　　　____　____
5. 会使用显微镜　　　　　　　　　　　　　　　　　　　____　____
6. 能找到 3 个星座　　　　　　　　　　　　　　　　　 ____　____
7. 能独立进行调查研究　　　　　　　　　　　　　　　　____　____
8. 能解释简单的化学　　　　　　　　　　　　　　　　　____　____
9. 理解人造卫星为什么不落地　　　　　　　　　　　　　____　____
10. 经常参加学术会议　　　　　　　　　　　　　　　　 ____　____
统计"是"一栏得分,计

A:艺术型能力　　　　　　　　　　　　　　　　　　　　　　是　否
1. 能演奏乐器　　　　　　　　　　　　　　　　　　　　____　____
2. 能参加二部或四部合唱　　　　　　　　　　　　　　　____　____
3. 独唱或独奏　　　　　　　　　　　　　　　　　　　　____　____
4. 扮演剧中角色　　　　　　　　　　　　　　　　　　　____　____

5. 能创作简单的乐曲

6. 会跳舞

7. 能绘画和会书法

8. 能雕刻、剪纸或泥塑

9. 能设计板报、服装或家具

10. 写得一手好文章

统计"是"一栏得分,计

S:社会型能力　　　　　　　　　　　　　　　　是　　否

1. 有向各种人说明解释的能力

2. 常参加社会福利活动

3. 能和大家一起友好地相处、工作

4. 善于与长者相处

5. 会邀请人、招待人

6. 能简单易懂地教育儿童

7. 能安排会议等活动的顺序

8. 善于体察人心和帮助他人

9. 帮助护理病人和伤员

10. 安排社团组织的各种事务

统计"是"一栏得分,计

E:企业型能力　　　　　　　　　　　　　　　　是　　否

1. 担任过学生干部并且干得不错

2. 工作上能指导和监督他人

3. 做事情充满活力和热情

4. 有效利用自身的做法调动他人

5. 销售能力强

6. 曾任过俱乐部或社团的负责人

7. 向领导提出建议或反映意见

8. 有开创事业的能力

9. 知道怎样做能成为一个优秀的领导者

10. 健谈善变

统计"是"一栏得分,计

C:传统型(常规型)能力　　　　　　　　　　　　是　　否

1. 会熟练录入中文

2. 会用外文打字机或复印机

3. 能快速记笔记和抄写文章
4. 善于整理、保管文件和资料
5. 善于从事事务性的工作
6. 会用算盘
7. 能在短时间内分类和处理大量文件
8. 能使用计算机
9. 能搜集数据
10. 善于为自己或集体做财务预算表
统计"是"一栏得分,计

模块四　你所喜欢的职业

下面列举了多种职业,请认真看,如果是你有兴趣的工作,请打"√";如果是你不太喜欢、不关心的工作,请打"×"。请全部做答。

R:现实型职业　　　　　　　　　　　　　　　　是　　否
1. 飞机设计师
2. 野生动物专家
3. 汽车维修工
4. 木匠
5. 测量工程师
6. 无线电报务员
7. 园艺师
8. 长途公共汽车司机
9. 火车司机
10. 电工
统计"是"一栏得分,计

I:探索型职业　　　　　　　　　　　　　　　　是　　否
1. 气象学或天文学者
2. 生物学者
3. 医学实验室的技术人员
4. 人类学者
5. 动物学者
6. 化学学者
7. 数学学者

8. 科学杂志的编辑或作家
9. 地质学家
10. 物理学者

统计"是"一栏得分,计

A:艺术型职业　　　　　　　　　　　　　　　　　　是　否

1. 乐队指挥
2. 演奏家
3. 作家
4. 摄影家
5. 记者
6. 画家、书法家
7. 歌唱家
8. 作曲家
9. 电影、电视演员
10. 节目主持人

统计"是"一栏得分,计

S:社会型职业　　　　　　　　　　　　　　　　　　是　否

1. 街道、工会或妇联干部
2. 小学、中学教师
3. 精神病医生
4. 婚姻介绍所工作人员
5. 体育教练
6. 福利机构负责人
7. 心理咨询员
8. 共青团干部
9. 导游
10. 国家机关工作人员

统计"是"一栏得分,计

E:企业型职业　　　　　　　　　　　　　　　　　　是　否

1. 厂长
2. 电视片编辑人
3. 公司经理
4. 销售员
5. 不动产推销员

6. 广告部长
7. 体育活动主办者
8. 销售部长
9. 个体工商业者
10. 企业管理咨询人员
统计"是"一栏得分,计

C:传统型(常规型)职业　　　　　　　　　　　　　　　　是　否
1. 会计师
2. 银行出纳员
3. 税收管理员
4. 计算机操作员
5. 簿记人员
6. 成本核算员
7. 文书档案管理员
8. 打字员
9. 法庭书记员
10. 人口普查登记员
统计"是"一栏得分,计

模块五　你的能力类型简评

下面是你在6种职业能力方面的自我评定表(见附表3.1和附表3.2)。你可以先与同龄人比较自己在某一方面的能力,然后经过斟酌对自己的能力做出评价。请在表中适当的数字上画圈,数字越大,表示你的能力越强。

附表3.1　自我评定表(一)

R型 机械操作能力	I型 科学研究能力	A型 艺术创作能力	S型 解释表达能力	E型 商业洽谈能力	C型 事务执行能力
7	7	7	7	7	7
6	6	6	6	6	6
5	5	5	5	5	5
4	4	4	4	4	4

续附表 3.1

R 型	I 型	A 型	S 型	E 型	C 型
机械操作能力	科学研究能力	艺术创作能力	解释表达能力	商业洽谈能力	事务执行能力
3	3	3	3	3	3
2	2	2	2	2	2
1	1	1	1	1	1

附表 3.2 自我评定表(二)

R 型	I 型	A 型	S 型	E 型	C 型
体力技能	数学技能	音乐技能	交际技能	领导技能	办公技能
7	7	7	7	7	7
6	6	6	6	6	6
5	5	5	5	5	5
4	4	4	4	4	4
3	3	3	3	3	3
2	2	2	2	2	2
1	1	1	1	1	1

模块六 统计和确定你的职业倾向

请将上述第二部分至第五部分的全部测验分数按前面已经统计好的 6 种职业倾向(R 型、I 型、A 型、S 型、E 型、C 型)得分填入附表 3.3 中,并做纵向累加。

附表 3.3 职业倾向得分表

测试	R 型	I 型	A 型	S 型	E 型	C 型
第二部分						
第三部分						
第四部分						
第五部分 A						
第五部分 B						
总分						

请将附表 3-3 中的 6 种职业倾向总分按照大小顺序从左到右排列。

_____型、_____型、_____型、_____型、_____型、_____型

前 3 个得分最高的类型的组合就是你的霍兰德代码(用字母表示,如 SEC 等)。

模块七　你最看重的东西——职业价值观

这一部分测验列出了人们在选择工作时通常会考虑的 9 条因素(见所附的工作价值标准)。现在请你在其中选出最重要的两项因素,以及最不重要的两项因素,并将序号填入下边相应空格上。

最重要的是:

次重要的是:

最不重要的是:

次不重要的是:

附:工作价值标准

1. 工资高福利好

2. 工作环境(物质方面)舒适

3. 人际关系良好

4. 工作稳定有保证

5. 能提供较好的受教育机会

6. 有较高的社会地位

7. 工作不太紧张、外部压力少

8. 能充分发挥自己的能力特长

9. 社会需要与社会贡献较大

以上全部测验完毕。现在,将你测验得分居于第一位的职业类型找出来,对照职业索引表(附表 3.4),判断一下自己适合的职业类型。

附表 3.4　职业索引——职业兴趣代号与其相应的职业对照表

兴趣代号	职　业
R(现实型)	木匠、工程师、农民、飞机机械师、鱼类和野生动物专家、电工、无线电服务员、火车司机、长途公共汽车司机、自动化技师、机械工(车工、钳工等)、机械制图员、修理机器、电器师
I(探索型)	气象学者、生物学者、天文学家、药剂师、动物学者、化学家、科学报刊编辑、地质学家、植物学家、物理学者、数学家、实验员、科研人员、科技作者

续附表 3.4

兴趣代号	职 业
A(艺术型)	室内装饰专家、图书管理专家、摄影师、音乐教师、作家、演员、记者、诗人、作曲家、编剧、雕刻家、漫画家
S(社会型)	社会学者、导游、福利机构工作者、咨询人员、社会工作者、社会科学教师、学校领导、精神病工作者、公共保健护士
E(企业型)	推销员、进货员、商品批发员、旅馆经理、饭店经理、广告宣传员、调度员、律师、政治家、零售商
C(传统型)	记账员、会计、银行出纳、法庭书记员、成本估算员、税务员、核算员、打字员、办公室职员、统计员、计算机操作员、秘书

下面介绍与你 3 个代号的职业兴趣类型一致的职业表,对照的方法是首先根据你的霍兰德代码找出相应的职业,例如你的霍兰德代码是 RIA,那么技术员、陶工等类型的职业是适合你兴趣的。然后寻找与你职业兴趣代号相近的职业,如你的职业兴趣代号是 RIA,那么你可以寻找包含 RIA 等编号所对应的职业,诸如 IRA、IAR、RAI、ARI 等编号所对应的职业,这些职业也较适合你的兴趣。

霍兰德代码(职业兴趣代码)及其对应的职业说明如下:

RAI:牙科技术员、陶工、建筑设计院、模工、细木工、制作链条人员。

RIS:厨师、林务员、跳水员、潜水员、染色员、电器修理工、眼镜制作员、电工、纺织机器装配工、报务员、装玻璃工人发电厂工人、焊接工。

RIE:建筑和桥梁工程、环境工程、航空工程、公路工程、电力工程、信号工程、电话工程、一般机械工程、自动工程、矿业工程、海洋工程及交通工程等方面的技术人员,制图员;家政经济人员、打捞员、计量员、农民、农场工人、农业机械操作员、清洁工、无线电修理工、汽车修理工、手表修理、管子工、线路维修工、修房工、电子技术人员、伐木工、机绣师、锻压操作工、造船装配工、工具仓库管理员。

RIC:船上工作人员、接待员、杂志保管员、牙科医生的助手、制帽工、磨坊工、石匠、机器制造人员、机车制造人员、农业机器装配人员、汽车装配人员、缝纫机装配工、钟表装配和检验员、电动器具装配员、鞋匠、锁匠、货物检验员、电梯维修工、托儿所所长、钢琴调音员、装配工、印刷工、建筑钢铁工人、卡车司机。

RIA:手工雕刻、玻璃雕刻、制作模型人员、家具木工、制作皮革人员、手工绣花人员、手工钩织编辑人员、排字工人、印刷工人、图画雕刻、装订工。

RSE:消防员、交通巡警、警官、门卫、理发师、房间清洁工、屠夫、锻工、开凿工人、管道安装工人、出租汽车驾驶员、货物搬运工、送报员、勘探员、娱乐场所服务员、装卸机械操作工、灭害虫者、厨房助手。

RSI：纺织工、纺织工、农业学校教师、某些职业课程教师（诸如艺术、商业、技术及工艺课程）、雨衣上胶工人。

REC：抄水表员、保姆、实验动物饲养员、动物管理员。

REI：轮船船长、航海领航员、大副、试管实验员。

RES：旅馆服务员、家畜饲养员、渔民修补工、水手长、收割机操作工、搬行李工、公园服务员、求生员、登山导游员、火车工程技术员、建筑工人、铺轨工。

RCI：测量员、勘测员、仪器操作者、农业工程技术师、化学工程技师、民用工程技师、石油工程技师、资料室保管员、探矿工、煅烧工、烧窑工、矿工、保养工、磨床工、取样工、样品检察员、炮手、漂洗工、电焊工、锯木工、刨床工、制帽工、手工缝纫工、染色工、按摩工、木匠、农民建筑工人、电影放映员、勘测员助手。

RCS：公共汽车驾驶员、水手游泳池服务员、裁缝、建筑工人、石匠、烟囱修建工、混凝土工、电话修理工、爆炸手、邮递员、矿工、裱糊工人、纺纱工。

RCE：打井工、吊车驾驶员、农场工人、邮件分类员、铲车司机、拖拉机驾驶员。

IAS：普通经济学家、农场经济学家、财政经济学家、国地贸易经济学家、实验心理学家、工程心理学家、心理学家、哲学家、内科医生、数学家。

IAR：人类学家、天文学家、化学家、物理学家、医学病理学家、动物标本剥削者、化石修复者、艺术品管理员。

ISE：营养学家、饮食顾问、火灾检查员、邮政服务检查员。

ISC：侦察员、电视播音室修理员、电视修理服务员、实验室人员、编目录入员、医学实验室技师、调查研究者。

ISR：水生生物学者、昆虫学家、微生物学家、配镜师、矫正视力者、细菌学家、牙科医生、骨科医生。

ISA：实验心理学家、普通心理学家、发展心理学家、教育心理学家、社会心理学家、临床心理学家、目录学家、皮肤病学家、精神病学家、妇产科医生、眼科医生、五官科医生、医学实验室技术专家、民航医务人员、护士。

IES：细菌学家、生理学家、化学专家、地质专家、地理物理学家、纺织技术专家、医院药剂师、工业药剂师、药房营业员。

IEC：档案保管员、保险统计员。

ICR：质量检验技术员、地质学技师、工程师、法官、图书馆技术辅助员、计算机操作员、医院听诊员、家禽检查员。

IRA：地理学家、地质学家、水文学家、矿物学家、古生物学家、石油学家、地震学者、声学物理学家、原子和分子物理学家、电子和电磁物理学家、气象学家、设计审核员、人员统计学家、数学统计学家、外科医生、城市规划家、气象员。

IRS：流体物理学家、物理海洋学家、等离子体物理学家、农业科学家、食品科学家、园艺学家、植物学家、细菌学家、解剖学家、动物病理学家、作物病理学家、药物学家、生物化学家、生物物理学家、细胞物理学家、临床化学家、遗传学家、分子生物学家、质量控制工程师、地理学家、兽医、放射治疗技师。

IRE：化验员、化学工程师、纺织工程师、食品技师、渔业技术专家、材料和测试工程师、电气工程师、土木工程师、航空工程师、行政官员、冶金专家、原子能工程师、陶瓷工程师、地质工程师、电力工程师、口腔科医生、牙科医生。

IRC：飞机领航员、飞行员、物理实验室技师、文献检查员、农业技术专家、动植物技术专家、生物技师、工商业规划者、矿藏安全检查员、纺织品检查员、照相机修理者、工程技术员、编程人员、工具设计者、仪器维修工。

CRI：簿记员、会计、计时员、铸造机操作工、打字员、按键操作工、复印机操作工。

CRS：仓库保管员、实验室工作者、广告管理员、自动打字机操作员、电动机装配工、缝纫机操作工。

CIS：标价员、顾客服务员、报刊发行员、土地测量员、保险公司职员、会计师、估价员、邮政检查员、外贸检查员。

CIE：打字员、统计员、支票记录员、订货员、校对员、办公室工作人员。

CSE：接待员、通信员、电话接线员、售票员、旅馆服务员、私人职员、商学教师、旅游办事员。

CSR：运货员、出纳员、银行财务职员。

CSA：秘书、图书管理员、办公室办事员。

CER：邮递员、数据处理员、航空邮件检查员。

CEI：推销员、经济分析家。

CES：银行会计、记账员、法人秘书、速记员、法院报告人。

ECI：银行行长、审计员、信用管理员、地产管理员、商业管理员。

ECS：信用办事员、保险人员、各类进货员、海关服务经理、售货员、购买员、会计。

ERI：建筑物管理员、工业工程师、农场管理员、护士长、农业经营管理人员。

ERS：仓库管理员、房屋管理员、货栈监督管理员。

ERC：邮政局长、渔船船长、机械操作领班、木工领班、瓦工领班、驾驶员领班。

EIR：科学、技术相关周期出版物的管理员。

EIC：专利代理人、鉴定人、运输服务检查员、安全检查员、废品收购人员。

EIS：警官、侦察员、交通检察员、安全品咨询员、合同管理者、商人。

EAS：法官、律师、公证人。

ESA：展览室管理员、舞台管理员、播音员、驯兽员。

ESC：理发员、裁判员、政府行政管理员、财政管理员、工程管理员、职业病防治人员、售货员、商业经理、办公室主任、人事负责人、调度员。

ESR：家具售货员、书店售货员、公共汽车驾驶员、日用商品售货员、护士长、自然科学和工程的行政领导。

ESI：博物馆管理员、图书馆管理员、音乐器材售货员、广告商、书画售货员、导游（轮船或班机上的）、事务长、飞机上的服务员、船务员、法官、律师。

ASE：戏剧导演、舞蹈教师、广告撰稿人、报刊专栏作者、记者、演员、外语翻译。

ASI：音乐教师、乐器教师、美术教师、管弦乐指挥、合唱队指挥、歌星、演奏家、哲学家、作家、广告经理、时装模特。

AER：新闻摄影师、电视摄影师、艺术指导、录音指导、丑角演员、魔术师、木偶戏演员、骑士、跳水员。

AEI：音乐指挥、舞台指导、电影导演。

AES：流行歌手、舞蹈演员、电影导演、节目主持人、舞蹈教师、口技表演者、喜剧演员、模特。

AIS：画家、剧作家、编辑、评论家、时装艺术大师、新闻摄影师、演员、文学作者。

AIE：花匠、皮衣设计师、工业产品设计师、剪影艺术家、复帛雕刻品大师。

AIR：建筑师、画家、摄影师、绘图员、环境美化工、雕刻家、包装设计师、陶瓷设计师、绣花工、漫画工。

SEC：社会活动家、退伍军人服务官员、工商会事务人员、教育咨询者、宿舍管理员、旅游经理、餐饮服务管理员。

SER：体育教练、游泳指导。

SEI：大学校长、学院校长、医院行政管理员、历史学家、家政经济学家、职业学校教师、资料员。

SEA：娱乐活动管理员、国外服务办事员、社会服务助理、一般咨询者、宗教教育工作者。

SCE：部长助理、福利机构职员、生产协调员、环境卫生管理人员、戏院经理、餐馆经理、售票员。

SRI：外科医生助手、医院服务员。

SRE：体育教师、职业病治疗者、体育教练、专业运动员、房管员、儿童家庭教师、警察、引座员、传达员、保姆。

SRC：护理员、护理助理、医院勤杂工、理发师、学校儿童服务人员。

SIA：社会学家、心理咨询者、学校心理学家、政治科学家、大学或学院的系主任，大学的教育学、农业、工程和建筑、法律、数学、医学、物理及社会科学和生命科学的教师及研究生助教或成人教育教师。

SIE：营养学家、饮食学家、海关检查员、安全检查员、税务稽查员、校长。

SIC：绘图员、兽医助手、诊所助理、体检检查员、监督缓刑犯的工作者、娱乐指导者、咨询人员、社会科学教师。

　　SIR：理疗员、救护队工作人员、手足病医生、职业治疗助手。

　　SAC：理发师、指甲修剪师、包装艺术家、美容师、整容专家、发型设计师。

　　SAE：听觉病治疗者、演讲矫正者。

　　SAI：小学教师、幼儿园教师、学龄前儿童教师、中学教师、师范学院教师、盲人教师、智力障碍人的教师、聋哑人的教师、学校护士、牙科助理、飞机指导员。

　　由于篇幅所限，再加上社会职业变化较快，所以这里不可能全部列出来，但是社会上所有职业都可以归入上面的某类职业中。如果以上所列职业与你喜欢的职业不一致，或者由于其他原因你不愿意从事以上职业，可以在实际生活中，根据自己的职业兴趣类别和特点，以及家庭条件，选择与职业兴趣类型相近的或者目前最感兴趣的职业。

附录四

职业能力测试

　　填表时,请按纵向逐项填,但每项只能根据自身的实际情况,选择强(1分)、较强(2分)、一般(3分)、较弱(4分)、弱(5分)中的其中一项,在认为符合你实际情况的括号内打分。

	强	较强	一般	较弱	弱
（一）一般学习能力倾向	1分	2分	3分	4分	5分
1. 快而容易地学习新的内容	( )	( )	( )	( )	( )
2. 快而正确地解决数学题目	( )	( )	( )	( )	( )
3. 你的学习总成绩处于	( )	( )	( )	( )	( )
4. 对课文的理解、分析、综合能力	( )	( )	( )	( )	( )
5. 对所学知识的记忆能力	( )	( )	( )	( )	( )
（二）语言表达能力倾向	1分	2分	3分	4分	5分
1. 善于表达自己的观点	( )	( )	( )	( )	( )
2. 阅读速度和理解能力	( )	( )	( )	( )	( )
3. 掌握词汇量的程度	( )	( )	( )	( )	( )
4. 你的语文成绩	( )	( )	( )	( )	( )
5. 你的文学创作能力	( )	( )	( )	( )	( )
（三）算术能力倾向	1分	2分	3分	4分	5分
1. 对物的量的抽象概括能力	( )	( )	( )	( )	( )
2. 笔算能力	( )	( )	( )	( )	( )
3. 口算能力	( )	( )	( )	( )	( )
4. 打算盘能力	( )	( )	( )	( )	( )
5. 你的数学成绩	( )	( )	( )	( )	( )
（四）空间判断能力倾向	1分	2分	3分	4分	5分

1. 解决立体几何方面的问题　　　　　( )( )( )( )( )
2. 画三维立体图形　　　　　　　　　( )( )( )( )( )
3. 看几何图形的立体感　　　　　　　( )( )( )( )( )
4. 想象盒子展开后的平面形状　　　　( )( )( )( )( )
5. 想象三维物体　　　　　　　　　　( )( )( )( )( )

(五)形态知觉能力倾向　　　　　　　　1分　2分　3分　4分　5分
1. 发现相似图形中的细微差异　　　　( )( )( )( )( )
2. 识别物体的形态差异　　　　　　　( )( )( )( )( )
3. 注意物体的细节部分　　　　　　　( )( )( )( )( )
4. 观察图案是否正确　　　　　　　　( )( )( )( )( )
5. 对物体的细微描述　　　　　　　　( )( )( )( )( )

(六)文秘能力倾向　　　　　　　　　　1分　2分　3分　4分　5分
1. 快而准确地抄写资料　　　　　　　( )( )( )( )( )
2. 发现错别字或计算错误　　　　　　( )( )( )( )( )
3. 能很快地查找编码卡片　　　　　　( )( )( )( )( )
4. 较长时间工作能力　　　　　　　　( )( )( )( )( )
5. 一般应用文的写作能力　　　　　　( )( )( )( )( )

(七)眼手运动动协调能力倾向　　　　　1分　2分　3分　4分　5分
1. 玩电子游戏　　　　　　　　　　　( )( )( )( )( )
2. 篮、排、足球运动　　　　　　　　( )( )( )( )( )
3. 乒乓球、羽毛球运动　　　　　　　( )( )( )( )( )
4. 打算盘能力　　　　　　　　　　　( )( )( )( )( )
5. 打字能力　　　　　　　　　　　　( )( )( )( )( )

(八)手指灵巧能力倾向　　　　　　　　1分　2分　3分　4分　5分
1. 灵巧地使用很小的工具　　　　　　( )( )( )( )( )
2. 穿针眼、纺织等使用手指的活动　　( )( )( )( )( )
3. 用手做一件小手工艺品　　　　　　( )( )( )( )( )
4. 使用计数器的灵巧程度　　　　　　( )( )( )( )( )
5. 弹琴(钢琴、电子琴、手风琴等)　　( )( )( )( )( )

(九)手的灵巧能力倾向　　　　　　　　1分　2分　3分　4分　5分
1. 用手把东西分类　　　　　　　　　( )( )( )( )( )
2. 在推拉东西时手的灵活度　　　　　( )( )( )( )( )
3. 很快地削苹果　　　　　　　　　　( )( )( )( )( )
4. 灵活地使用手工工具　　　　　　　( )( )( )( )( )

5. 绘画、雕刻等手工活动的灵活性　　　　　（　）（　）（　）（　）（　）

计分方法：
(1)每种能力倾向得分=5道题得分之和÷(注：得分越低越强，得分越高越弱)
注：第一项为"强"，第二项为"较强"，第三项为"一般"，第四项"较弱"，第五项为"弱"。
(2)将每次平均分数填入附表4.1中。

附表4.1　各项能力的得分

职业能力倾向类别	英文代号	得分
一般学习能力	A	
语言表达能力	B	
算术能力	C	
空间判断能力	D	
形态知觉能力	E	
文秘能力	F	
眼手运动协调能力	G	
手指灵巧能力	H	
手的灵巧能力	I	

(3)根据以上统计结果，可以在附表4.2中查找到适合你的职业。

附表4.2　测试得分与职业对照表

适合职业 \ 英文代号	A	B	C	D	E	F	G	H	I	适合职业 \ 英文代号	A	B	C	D	E	F	G	H	I
生物学家	1	1	2	2	3	3	2	3		职业指导者	2	2	3	4	4	3	4	4	4
建筑师	1	1	1	2	3	3	3			大学教师	1	1	3	3	2	3	4	4	4
测量员	2	2	2	2	3	3	3	3		中专教师	2	2	3	4	3	3	4	4	4
制图员	2	3	2	2	2	2	3	3		职业学习教师	2	2	3	3	3	3	3	3	3
建筑和工程技术	2	2	2	2	3	3	3			小学和幼儿教师	2	2	3	3	3	3	3	3	3
物理科学技术专家	2	2	2	3	3	3	3			内、外、牙科医生	1	1	2	1	2	2	2	2	2
农业、生物学家	2	2	4	2	3	2	3			兽医专家	1	1	2	1	2	3	3	3	3
数学和统计学家	1	1	3	3	2	4	4	4		营养学家	2	2	2	3	3	3	4	4	4

续附表 4.2

适合职业 \ 英文代号	A	B	C	D	E	F	G	H	I	适合职业 \ 英文代号	A	B	C	D	E	F	G	H	I
计算机程序编写者	2	2	2	2	3	3	4	4	4	药物实验室技术专家	2	2	2	3	2	3	3	3	3
经济学家	1	1	1	4	4	2	4	4	4	画家、雕刻家	2	3	4	2	2	5	2	1	2
社会学家	1	1	3	2	2	3	4	4	4	产品设计师	2	2	3	2	2	4	2	2	3
心理学家	1	1	2	2	2	3	4	4	4	舞蹈家	2	3	3	2	3	4	2	3	3
历史学家	1	1	3	4	4	3	4	4	4	演员	2	2	4	3	4	4	4	4	4
哲学家	1	1	4	3	3	4	4	4	4	播音员	2	2	3	4	3	4	4	4	4
政治学家	1	1	3	4	4	3	4	4	4	作家和编辑	2	1	3	3	3	4	4	4	4
政治经济学家	2	2	2	3	3	3	3	3	3	翻译员	2	1	4	4	4	3	4	4	4
社会工作者	2	2	3	4	4	3	4	4	4	体育教练员	2	2	2	4	3	4	4	4	4
法官或律师	1	1	3	4	3	4	4	4	4	秘书	3	3	3	4	3	2	3	3	3
公证人	2	2	3	4	4	3	4	4	4	商业经营管理人员	2	2	3	4	4	3	4	4	4
图书馆管理专家	2	2	3	3	4	2	3	4	4	统计人员	3	3	2	4	3	2	3	3	4

附 录 五

职业倾向测试

测试你对哪种职业的工作有极大的倾向或精力,以便于选择和确定最佳职业。测试方法:以下前 10 题为 A 组,后 10 题为 B 组;每组各题你认为"是"的计 1 分,"不是"的计 0 分,然后,比较两组答案的分组。

1. 当你正在看一本有关谋杀案的小说时,你是否常常能在作者交代结果之前就知道作品中哪个人物是罪犯?(　　)
2. 你是否很少写错别字?(　　)
3. 你是否宁可参加音乐会也不愿待在家里闲聊?(　　)
4. 墙上的画挂歪了,你是否想去扶正?(　　)
5. 你是否常论及自己看或听过的事物?(　　)
6. 你是否宁可读一些散文和小品文也不愿看小说?(　　)
7. 你是否宁愿少做几件事也一定要做好,而不想多做几件事而马马虎虎?(　　)
8. 你是否喜欢打牌或下棋?(　　)
9. 你是否对自己的消费预算有控制?(　　)
10. 你是否喜欢学习能使钟、开关、马达发挥效用的原理?(　　)
11. 你是否很想改变一下日常生活中的一些惯例,使自己有一些充裕的时间?(　　)
12. 你闲暇时是否喜欢参加一些运动,而不愿意看书?(　　)
13. 你是否认为数学不难?(　　)
14. 你是否喜欢与比你年轻的人在一起?(　　)
15. 你能列出 5 个自己认为够朋友的人吗?(　　)
16. 对于你能办到的事情别人求你时,你是乐于助人还是怕麻烦?(　　)
17. 你是否不喜欢太细碎的工作?(　　)
18. 你看书是否很快?(　　)
19. 你是否相信"小心谨慎,稳扎稳打"是至理名言?(　　)

20. 你是否喜欢新朋友、新地方和新东西？（   ）

测试分析：

（1）若 A 组分值比 B 组高，则表明你是精深的人，适合从事具有耐心、谨慎和研究等琐碎的工作，诸如医生、律师、科学家、机械师、修理人员、编辑、哲学家及工程师等。

（2）若 B 组分值高于 A 组，则表明你是广博的人，最大的长处在于成功地与人交往，你喜欢有人来实现你的想法。适合做人事顾问、运动教练、服务员、演员、广告宣传员及推销员等工作。

（3）若 A、B 两组分值大体相等，就表明你不但能处理琐碎细事，还能维持良好的人际关系。适合的工作包括护士、教师、秘书、商人、美容师、艺术家、图书管理员及政治家等。

参 考 文 献

[1] 唐晓林.大学生职业规划和就业指导[M].北京:中国言实出版社,2006.
[2] 周其洪,余少伟.大学生职业规划与就业指导[M].北京:中国国际广播出版社,2009.
[3] 尹忠泽.大学生职业生涯规划[M].长春:吉林大学出版社,2007.
[4] 吴红波.大学生职业发展和就业实务[M].武汉:武汉大学出版社,2008.
[5] 约翰.克拉克.要金钱,还是要生活?———一部通向快乐成功的职业生涯指南[M].费云枫,何宁,译.北京:中国纺织出版社,2003.
[6] 孙天祥.大学生职业发展与就业指导读本[M].北京:高等教育出版社,2008.
[7] 王净,赵国军.大学生职业生涯设计[M].长春:吉林大学出版社,2005.
[8] 李开复.做最好的自己[M].北京:人民出版社,2006.
[9] 姬雪松.行政职业能力测验[M].北京:国家行政学院出版社,2009.
[10] 钟原.大学生职业规划与创业指导[M].武汉:武汉理工大学出版社,2008.
[11] 潘新.职业生涯规划[M].合肥:安徽科学技术出版社,2008.
[12] 鲁宇红.大学生职业生涯规划与就业指导[M].南京:东南大学出版社,2009.
[13] 梁国敏.大学生就业指导[M].天津:天津科学技术出版社,2008.
[14] 周其洪.起航:大学生就业指导[M].北京:中国国际广播出版社,2008.
[15] 于桂兰,魏海燕.人力资源管理[M].北京:清华大学出版社,2004.
[16] 李斌成.大学生职业生涯规划[M].武汉:华中科技大学出版社,2009.
[17] 季跃东.大学生职业发展与就业指导[M].北京:科学出版社,2008.
[18] 张大生.面试王道[M].北京:中国社会出版社,2009.
[19] 孙国伟,周仕俭.就业与创业指导[M].北京:中国商业出版社,2004.
[20] 陈海龙,李忠霖.职业技能训练[M].北京:北京师范大学出版社,2008.
[21] 肖继军.大学生就业力训练教程[M].长春:吉林大学出版社,2011.
[22] 丁雪阳.大学生就业指导与创业教育[M].长春:吉林大学出版社,2011.
[23] 周卫泽.大学生就业与创业实用教材[M].沈阳:辽宁教育出版社,2011.
[24] 韦应学.最新高校大学生从有技能提升与创就业知识培训创新及典型案例分析指导手册[M].北京:人民教育出版社,2011.
[25] 李家华.创业基础[M].北京:北京师范大学出版社,2013.
[26] 谢元锡.大学生职业素质修养与就业指导[M].北京:清华大学出版社,2009.
[27] 闫继臣.大学生职业发展与就业指导[M].北京:中国劳动出版社,2009.

[28]　姚裕群.职业生涯规划与发展[M].2版.北京:经济管理出版社,2007.
[29]　张敏.大学生职业发展与就业指导[M].合肥:合肥工业大学出版社,2000.
[30]　钟谷兰.大学生职业生涯发展与规划[M].上海:华东师范大学出版社,2010.
[31]　周宏岩.大学生职业生涯规划与就业指导[M].北京:化学工业出版社,2008.
[32]　王昆来.大学生职业生涯规划与就业指导[M].北京:科学出版社,2011.